新编21世纪高等职业教育精品教材

金融类

U0794859

金融法规实务

（第二版）

金 涛 刘芳雄 孙 可 编著

中国人民大学出版社

· 北京 ·

图书在版编目（CIP）数据

金融法规实务 / 金涛，刘芳雄，孙可编著. -- 2 版.
北京 ：中国人民大学出版社，2025. 8. --（新编 21 世纪
高等职业教育精品教材）. -- ISBN 978-7-300-33998-6
Ⅰ. D922. 28
中国国家版本馆 CIP 数据核字第 2025CK3353 号

新编 21 世纪高等职业教育精品教材·金融类
金融法规实务（第二版）
金　涛　刘芳雄　孙　可　编著
Jinrong Fagui Shiwu

出版发行	中国人民大学出版社		
社　　址	北京中关村大街 31 号	**邮政编码**	100080
电　　话	010－62511242（总编室）		010－62511770（质管部）
	010－82501766（邮购部）		010－62514148（门市部）
	010－62511173（发行公司）		010－62515275（盗版举报）
网　　址	http://www. crup. com. cn		
经　　销	新华书店		
印　　刷	北京昌联印刷有限公司	**版　　次**	2021 年 4 月第 1 版
开　　本	787 mm×1092 mm　1/16		2025 年 8 月第 2 版
印　　张	14. 5 插页 1	**印　　次**	2025 年 8 月第 1 次印刷
字　　数	274 000	**定　　价**	39. 00 元

第二版前言

党的二十大后，我国金融市场与金融监管体系发生了一定的变化，我们遂决定以党的二十大精神为指引，根据最新立法及教材使用情况反馈进行修订。本次修订删除了原第六章，其余各章的案例及内容进行了相应修订。金涛教授提出修订方案，刘芳雄教授及孙可老师共同参与了具体修订工作，最后由金涛教授统稿。

本次修订后主要内容包括八章：第一章金融市场调控与监管法律，第二章金融市场主体法，第三章金融市场交易基本法律——合同法概要，第四章存贷款合同制度，第五章金融交易的担保法律制度，第六章保险合同法，第七章票据法，第八章证券市场信息披露与证券欺诈。本教材突出关注金融市场法律实务的重点领域，从案例出发，努力做到理论和实践相融合，提高教学的生动性与实践性，不仅可以作为高等职业院校金融类专业学生的金融法教材，还可以作为行业人士自学参考之用。

感谢中国人民大学出版社的支持，促成了本书的修订出版；也感谢江苏经贸职业学院金融学院的同学们，他们在金融法教学中提出的建议和意见对本书大有裨益。

尽管我们做出了很大努力，但肯定还有缺点与疏漏之处，希望读者与教者批评指正。

编　者

目 录

Contents

第一章 ▶ 金融市场调控与监管法律

本章导读

经过改革开放四十多年的发展，我国已初步形成了统一的现代金融市场，对金融市场的不同行业实行分业经营、分业监管的监管体制，这一市场的框架由如下几大市场构成：一是银行及非银行金融机构以提供存贷款服务及信托理财产品为主的资金市场；二是保险市场；三是证券市场；四是金融机构间拆借市场。广义上还包括民间借贷等影子银行市场。相应地，我国按分业经营、分业监管的原则及现代金融市场的调控运转需求，设立了一系列金融调控监管机构。金融市场或金融体系的核心是中央银行，即中国人民银行，其主要承担货币政策制定、实施及结算体系的运转监管职能。央行对金融市场及经济体系进行宏观调控的主要方式是制定与实施货币政策，保障人民币币值稳定，促进经济发展。除证券业之外的金融业（例如银行业、保险业、金融控股公司相关的金融业务及其他金融业务）由国家金融监督管理总局统一监督管理，证券市场则由中国证券监督管理委员会负责监管。金融市场调控与监管的法律主要包括中国人民银行法、银行业监督管理法、保险法和证券法。本章主要介绍中国人民银行法与银行业监督管理法。

学习目标

1. 了解金融市场的基本框架和监管的基本原则；

2. 熟悉中国人民银行的性质与基本职能及中国人民银行在现代金融体系中的核心地位；

3. 掌握中国人民银行法中关于中央银行制定与执行货币政策的方式与工具，以及授予中央银行的主要职权；

4. 掌握银行业监督管理法中授予监管机构的监管权力与行使方式。

第一节　中国人民银行法

案例导入

中国人民银行决定下调存贷款基准利率并降低存款准备金率

2015年10月23日，中国人民银行决定，自2015年10月24日起，下调金融机构人民币贷款和存款基准利率，以进一步降低社会融资成本。其中，金融机构一年期贷款基准利率下调0.25个百分点至4.35%；一年期存款基准利率下调0.25个百分点至1.5%；其他各档次贷款及存款基准利率、人民银行对金融机构贷款利率相应调整；个人住房公积金贷款利率保持不变。同时，对商业银行和农村合作金融机构等不再设置存款利率浮动上限，并抓紧完善利率的市场化形成和调控机制，加强央行对利率体系的调控和监督指导，提高货币政策传导效率。

自同日起，下调金融机构人民币存款准备金率0.5个百分点，以保持银行体系流动性合理充裕，引导货币信贷平稳适度增长。同时，为加大金融支持“三农”和小微企业的正向激励，对符合标准的金融机构额外降低存款准备金率0.5个百分点。

2024年9月20日全国银行间同业拆借中心受权公布贷款市场报价利率（LPR）公告

中国人民银行授权全国银行间同业拆借中心公布，2024年9月20日贷款市场报价利率（LPR）为：1年期LPR为3.35%，5年期以上LPR为3.85%。以上LPR在下一次发布LPR之前有效。

【点评】

中国人民银行决定定向降低存款准备金率，下调金融机构存贷款基准利率，授权全国银行间同业拆借中心每月20日公布当月贷款市场报价利率作为商业银行确定贷款利率的定价基准。这些都是央行货币政策制定与执行职能在法律上的直接体现。

《中国人民银行法》第2条规定，中国人民银行是中华人民共和国的中央银行，中国人民银行在国务院领导下，制定和执行货币政策。第5条规定，中国人民银行就年度货币供应量、利率、汇率和国务院规定的其他重要事项作出的决定，报国务院批准后执行。第 23 条规定，中国人民银行为执行货币政策，可以运用下列货币政策工具：(1) 要求银行业金融机构按照规定的比例交存存款准备金；(2) 确定中央银行基准利率；(3) 为在中国人民银行开立账户的银行业金融机构办理再贴现；(4) 向商业银行提供贷款；(5) 在公开市场上买卖国债、其他政府债券和金融债券及外汇；(6) 国务院确定的其他货币政策工具。中国人民银行为执行货币政策，运用前款所列货币政策工具时，可以规定具体的条件和程序。

2015 年 10 月 23 日，央行公布了中国人民银行决定下调存贷款基准利率并降低存款准备金率的公告，同日，央行有关负责人就降息降准以及放开存款利率上限在答记者问中称，央行对商业银行、农村合作金融机构、村镇银行、财务公司等金融机构不再设置存款利率浮动上限。这标志着我国利率管制基本放开，金融市场主体可按照市场化的原则自主协商确定各类金融产品定价。央行本次下调存贷款基准利率后，由于存贷款利率市场化改革的进一步推进，此后未再发布过调整存贷款基准利率的公告。2019 年 8 月，中国人民银行〔2019〕第 15 号公告决定改革完善贷款市场报价利率（LPR）形成机制，并明确自即日（2019 年 8 月 16 日）起，各银行应在新发放的贷款中主要参考贷款市场报价利率定价，并在浮动利率贷款合同中采用贷款市场报价利率作为定价基准。这是商业银行人民币存贷款利率市场化改革的重要进展。

中国人民银行正是依据上述法律和规定行使其货币政策制定与实施的权力，调整准备金率和存贷款基准利率。需要注意的是，中国人民银行制定和实施货币政策的决定均需报国务院批准后方能实施，因此，中国人民银行作为中央银行，并非如很多国家和地区的中央银行那样独立制定和实施货币政策，中国人民银行始终在中央政府即国务院的领导下开展工作、履行职能。

一、中国人民银行法的立法背景与立法目的

中央银行是一国金融体系的核心，它是发行货币的银行、银行的银行以及政府的银行。我国的中央银行是中国人民银行，在很长时间里其职能包括金融市场的宏观调控和金融监管两方面。随着改革的深化，中国人民银行的金融监管职能逐渐剥离出来，交由专门的金融监管机构即国家金融监督管理总局行使。根据我国金融市场的划分，国务院下设国家金融监督管理总局、中国证监会，对以银行为中心的间接融资市场和保险市场以及证券市场进行分别监管。《中国人民银行法》和《银行业监督管理法》分别明确了我国的中央银行及银行业监督管理的组织框架与职责分工，《保险法》明确了保险监管机构的组织框架与职责分工，《证券法》明确了中国证券监督管理委员会的监

管职责。

《中国人民银行法》第1条明确了该法的立法目的，是为了确立中国人民银行的地位，明确其职责，保证国家货币政策的正确制定和执行，建立和完善中央银行宏观调控体系，维护金融稳定；第2条第1款明确规定，中国人民银行是中华人民共和国的中央银行，第2款则规定，中国人民银行在国务院领导下，制定和执行货币政策，防范和化解金融风险，维护金融稳定。综合第1条和第2条，从立法上对中国人民银行的性质、地位及主要职能进行了明确规定，中国人民银行是中国的中央银行，其基本任务就是"制定和执行货币政策，防范和化解金融风险，维护金融稳定"。

《中国人民银行法》第4条第1款第3项规定，央行发行人民币，管理人民币流通；第7项、第8项规定，央行持有、管理、经营国家外汇储备、黄金储备；经理国库。因而其是国家的银行。《中国人民银行法》第23条第1款第1项规定，央行有权要求银行业金融机构按照规定的比例交存存款准备金；第3项规定，可为在中国人民银行开立账户的银行业金融机构办理再贴现；第4项规定，可以向商业银行提供贷款。因此，中国人民银行是发行货币的银行、政府的银行，又是银行的银行。

（一）中国人民银行的历史沿革

中国人民银行的历史渊源，可以追溯到第二次国内革命战争时期。1931年11月，在江西瑞金召开的"全国苏维埃第一次代表大会"上，通过决议成立"中华苏维埃共和国国家银行"（简称苏维埃国家银行），并发行货币。从土地革命到抗日战争时期一直到中华人民共和国诞生前夕，人民政权被分割成彼此不能连接的区域。各根据地建立了相对独立、分散管理的根据地银行，并各自发行在本根据地内流通的货币。1948年12月1日，以华北银行为基础，合并北海银行、西北农民银行，在河北省石家庄市组建了中国人民银行，并发行人民币，中国人民银行成为中华人民共和国成立后的中央银行，人民币成为法定本位币。

中国人民银行成立至今的七十多年，特别是改革开放以来，在体制、职能、地位、作用等方面，都发生了巨大而深刻的变革。

1. 中国人民银行的创建与国家银行体系的建立（1948—1952年）

1948年12月1日，中国人民银行在河北省石家庄市宣布成立。华北人民政府当天发出布告，由中国人民银行发行的人民币在华北、华东、西北三区统一流通，所有公私款项收付及一切交易，均以人民币为本位货币。1949年2月，中国人民银行由石家庄市迁入北平。1949年9月，中国人民政治协商会议通过《中华人民共和国中央人民政府组织法》，把人民银行纳入政务院的直属单位系列，接受财政经济委员会指导，与财政部保持密切联系，赋予其国家银行职能，承担发行国家货币、经理国家金库、管理国家金融、稳定金融市场、支持经济恢复和国家重建的任务。

在国民经济恢复时期，中国人民银行在中央人民政府的统一领导下，着手建立统一的国家银行体系：一是建立独立统一的货币体系，使人民币成为境内流通的本位币，与各经济部门协同治理通货膨胀；二是迅速普建分支机构，形成国家银行体系，接管官僚资本银行，整顿私营金融业；三是实行金融管理，疏导游资，打击金银外币黑市，取消在华外商银行的特权，禁止外国货币流通，统一管理外汇；四是开展存款、放款、汇兑和外汇业务，促进城乡物资交流，为迎接经济建设做准备。到1952年国民经济恢复时期终结时，中国人民银行作为中华人民共和国的国家银行，建立了全国垂直领导的组织机构体系；统一了人民币发行，逐步收兑了解放区发行的货币，全部清除并限期兑换了国民党政府发行的货币，很快使人民币成为全国统一的货币；对各类金融机构实行了统一管理。中国人民银行充分运用货币发行和货币政策，实行现金管理，开展“收存款、建金库、灵活调拨”，运用折实储蓄和存放款利率等手段调控市场货币供求，扭转了新中国成立初期金融市场混乱的状况，制止了国民党政府遗留下来的长达二十年之久的恶性通货膨胀。同时，按照“公私兼顾、劳资两利、城乡互助、内外交流”的政策，配合工商业的调整，灵活调度资金，支持了国营经济的快速成长，适度地增加了对私营经济和个体经济的贷款；便利了城乡物资交流，为人民币币值的稳定和国民经济的恢复与发展做出了重大贡献。

2. 计划经济体制时期的国家银行（1953—1978年）

在统一的计划体制中，自上而下的人民银行体制，成为国家吸收、动员、集中和分配信贷资金的基本手段。随着社会主义改造的加快，私营金融业纳入了公私合营银行轨道，形成了集中统一的金融体制，中国人民银行作为国家金融管理和货币发行的机构，既是管理金融的国家机关，又是全面经营银行业务的国家银行。

与高度集中的银行体制相适应，从1953年开始建立了集中统一的综合信贷计划管理体制，即全国的信贷资金，不论是资金来源还是资金运用，都由中国人民银行总行统一掌握，实行“统存统贷”的管理办法，银行信贷计划纳入国家经济计划，成为国家管理经济的重要手段。高度集中的国家银行体制，为大规模的经济建设进行全面的金融监督和服务。

中国人民银行担负着组织和调节货币流通的职能，统一经营各项信贷业务，在国家计划实施中具有综合反映和货币监督功能。银行对国有企业提供超定额流动资金贷款、季节性贷款和少量的大修理贷款，对城乡集体经济、个体经济和私营经济提供部分生产流动资金贷款，对农村中的贫困农民提供生产贷款、口粮贷款和其他生活贷款。这种长期资金归财政、短期资金归银行，无偿资金归财政、有偿资金归银行，定额资金归财政、超定额资金归银行的体制，一直延续到1978年，其间虽有几次变动，基本格局变化不大。

3. 从国家银行过渡到中央银行体制（1979—1992年）

1979年1月，为了加强对农村经济的扶植，恢复了中国农业银行。同年3月，为适应对外开放和国际金融业务发展的新形势，改革了中国银行的体制，中国银行成为国家指定的外汇专业银行；同时设立了国家外汇管理局。以后，又恢复了国内保险业务，重新建立中国人民保险公司；各地还相继组建了信托投资公司和城市信用合作社，出现了金融机构多元化和金融业务多样化的局面。

日益发展的经济和金融机构的增加，迫切需要加强金融业的统一管理和综合协调，由中国人民银行来专门承担中央银行职责，成为完善金融体制、更好发展金融业的紧迫议题。1982年7月，国务院批转中国人民银行的报告，进一步强调“中国人民银行是我国的中央银行，是国务院领导下统一管理全国金融的国家机关”，以此为起点开始了组建专门的中央银行体制的准备工作。

1983年9月17日，国务院作出决定，由中国人民银行专门行使中央银行的职能。从1984年1月1日起，中国人民银行开始专门行使中央银行的职能，集中力量研究和实施全国金融的宏观决策，加强信贷总量的控制和金融机构的资金调节，以保持货币稳定；同时新设中国工商银行，人民银行过去承担的工商信贷和储蓄业务由中国工商银行专业经营；人民银行分支行的业务实行垂直领导；设立中国人民银行理事会，作为协调决策机构；建立存款准备金制度和中央银行对专业银行的贷款制度，初步确定了中央银行制度的基本框架。

中国人民银行在专门行使中央银行职能的初期，随着全国经济体制改革深化和经济高速发展，为适应多种金融机构、多种融资渠道和多种信用工具不断涌现的需要，中国人民银行不断改革机制，搞活金融，发展金融市场，促进金融制度创新。中国人民银行努力探索和改进宏观调控的手段和方式，在改进计划调控手段的基础上，逐步运用利率、存款准备金率、中央银行贷款等手段来控制信贷和货币的供给，以求达到“宏观管住、微观搞活、稳中求活”的效果，在制止“信贷膨胀”“经济过热”和促进经济结构调整的过程中，初步培育了运用货币政策调节经济的能力。

4. 逐步强化和完善现代中央银行制度（1993 年至今）

1993 年，按照国务院《关于金融体制改革的决定》，中国人民银行进一步强化金融调控、金融监管和金融服务职责，划转政策性业务和商业银行业务。

1995 年 3 月 18 日，全国人民代表大会通过《中华人民共和国中国人民银行法》，首次以国家立法形式确立了中国人民银行作为中央银行的地位，标志着中央银行体制走向了法制化、规范化的轨道，是中央银行制度建设的重要里程碑。

1998 年，按照中央金融工作会议的部署，改革人民银行管理体制，撤销省级分行，设立跨省区分行，同时，成立人民银行系统党委，对党的关系实行垂直领导，干部垂直管理。

2003 年，按照党的十六届二中全会审议通过的《关于深化行政管理体制和机构改革的意见》和十届人大一次会议批准的国务院机构改革方案，将中国人民银行对银行、金融资产管理公司、信托投资公司及其他存款类金融机构的监管职能分离出来，并和中央金融工委的相关职能进行整合，成立中国银行业监督管理委员会。同年 9 月，中央机构编制委员会正式批准人民银行的“三定”调整意见。12 月 27 日，第十届全国人民代表大会常务委员会第六次会议审议通过了《中华人民共和国中国人民银行法（修正案）》。

有关金融监管职责调整后，中国人民银行新的职能正式表述为“制定和执行货币政策、维护金融稳定、提供金融服务”。同时，明确界定：“中国人民银行为国务院组成部门，是中华人民共和国的中央银行，是在国务院领导下制定和执行货币政策、维护金融稳定、提供金融服务的宏观调控部门。”这种职能的变化集中表现为“一个强化、一个转换和两个增加”。

“一个强化”，即强化与制定和执行货币政策有关的职能。中国人民银行要大力提高制定和执行货币政策的水平，灵活运用利率、汇率等各种货币政策工具实施宏观调控；加强对货币市场规则的研究和制定，加强对货币市场、外汇市场、黄金市场等金融市场的监督与监测，密切关注货币市场与房地产市场、证券市场、保险市场之间的关联渠道、有关政策和风险控制措施，疏通货币政策传导机制。

“一个转换”，即转换实施对金融业宏观调控和防范与化解系统性金融风险的方式。由过去主要是通过对金融机构的设立审批、业务审批、高级管理人员任职资格审查和监管指导等直接调控方式，转变为对金融业的整体风险、金融控股公司以及交叉性金融工具的风险进行监测和评估，防范和化解系统性金融风险，维护国家经济金融安全；转变为综合研究制定金融业的有关改革发展规划和对外开放战略，按照我国加入 WTO

的承诺，促进银行、证券、保险三大行业的协调发展和开放，提高我国金融业的国际竞争力，维护国家利益；转变为加强与外汇管理相配套的政策的研究与制定工作，防范国际资本流动的冲击。

“两个增加”，即增加反洗钱和管理信贷征信业两项职能。指导、部署金融业反洗钱工作，承担反洗钱的资金监测职责，并参与有关的国际反洗钱合作。由中国人民银行管理信贷征信业，推动社会信用体系建设。

这些新的变化，进一步强化了中国人民银行作为我国的中央银行在实施金融宏观调控、保持币值稳定、促进经济可持续增长和防范化解系统性金融风险中的重要作用。随着社会主义市场经济体制的不断完善，中国人民银行作为中央银行在宏观调控体系中的作用将更加突出。面对更加艰巨的任务和更加重大的责任，中央银行在履行新的职责过程中，视野要更广，思路要更宽，立足点要更高。特别是要大力强化与制定和执行货币政策有关的职能，不仅要加强对货币市场、外汇市场、黄金市场等金融市场的规范、监督与监测，还要从金融市场体系有机关联的角度，密切关注其他各类金融市场的运行情况和风险状况，综合、灵活运用利率、汇率等各种货币政策工具实施金融宏观调控。要从维护国家经济金融安全、实现和维护国家利益的高度，研究、规划关系到我国整个金融业改革、发展、稳定方面的重大战略问题。目前，我国经济市场化程度越来越高，货币政策决策面临的环境日趋复杂，金融业长期积累的金融风险仍然较大，改革与重组任务十分艰巨。在此情况下，中央银行要更善于准确把握影响经济金融发展全局的因素，注意研究新情况、开发新工具、探索新方法、解决新问题，并创造性地开展工作，努力做到识大局、讲宏观、懂技术、胆识兼备，充分发挥中央银行在宏观调控中的突出作用。

（二）中国人民银行法的立法目的

《中国人民银行法》第 1 条确定了立法目的：“为了确立中国人民银行的地位，明确其职责，保证国家货币政策的正确制定和执行，建立和完善中央银行宏观调控体系，维护金融稳定，制定本法。”简而言之，立法目的有二：一是确立中国人民银行的地位，明确其职责（直接目的）；二是之所以要确立中国人民银行的地位、明确其职责，是为了保证国家货币政策的正确制定和执行，建立和完善中央银行宏观调控体系，维护金融稳定（间接目的）。

《中国人民银行法》的制定使得我国货币政策的制定和执行实现了制度化、法治化，使得货币政策的制定与执行程序更加稳定、透明，有利于保持我国货币币值的稳定，也使得金融市场的宏观调控更加透明和有效。

二、中国人民银行法概述

(一)《中国人民银行法》的特点

《中国人民银行法》从1979年开始起草，1993年10月草案交国务院法制局，经国务院通过提交全国人大常委会审议。全国人大常委会于1994年经过三次审议，1995年3月18日全国人大第三次会议通过该法。为顺应我国中央银行体制改革的需要，2003年12月27日，十届全国人大常委会第六次会议对《中国人民银行法》进行了较大的修改，以确立中央银行的宏观调控职能与金融监管职能的分离。

《中国人民银行法》的特点是，明确了国务院对中央银行的领导和全国人大常委会对中央银行的监督①。由于大部分国家的中央银行是独立行使货币政策的制定和执行权力的，而《中国人民银行法》既赋予了中国人民银行的中央银行地位和职能，又明确其在国务院的领导下工作，并赋予全国人大对其的监督权，因而具有中国特色，这也符合我国金融市场及其监督管理的历史与现状，体现了我国金融体制的特色。

(二)《中国人民银行法》的结构与主要内容

《中国人民银行法》总计53条，分为八章：

第一章是总则，首先明确规定了中国人民银行的中央银行地位与性质，规定作为我国中央银行的基本任务（第2条）、基本职责（第4条）和在国务院领导下的独立工作机制（第2条、第5条～第7条）；其次明确规定了货币政策的基本目标（第3条），表明货币政策目标的确定性和法治化，央行无权改变；央行作为国家的银行，经理国库，还为金融市场提供重要的基础服务等，具有一定的经营职能，因而在总则中明确了中国人民银行全部资本由国家出资（第8条）。第二章规定了中国人民银行的组织机构（第10条～第15条）。央行的组织机构是履行职责的基础条件，与其他行政机构相比有其独有的特点，如货币政策委员会的设立，跨地区设置的分行与分支机构。第三章是关于人民币的地位、印制与发行和保护的法律规定（第16条～第22条）。第四章规定了中国人民银行的业务（第23条～第30条），主要包括货币政策工具的运用、国库的经理（代理发行、兑付国债和政府债券）、为银行业金融机构开立账户并提供贷款业务，组织银行业金融机构间清算系统并提供清算服务，同时还规定了其不得从事的

---

① 参见《中国人民银行法》第2条、第5条、第6条。

业务。第五章是关于中国人民银行监管职责的有关规定（第 31 条～第 37 条）。第六章规定了中国人民银行独立的财务预算管理制度（第 38 条～第 41 条）。第七章是关于违反中国人民银行法的法律责任的相关规定（第 42 条～第 51 条）。第八章是附则。

（三）中国人民银行的地位与职责

1. 中国人民银行的地位

中国人民银行是我国的中央银行，同时也是国务院领导下的一个主管金融工作的部级政府机关。它专门负责国家货币政策的制定与执行，并通过调控金融市场的运行来维持我国的金融稳定。中国人民银行的全部支出来源于财政，列入中央预算单独管理。其公开市场业务以及其他业务活动形成的净利润全部上缴国库，亏损由中央财政拨款弥补。

2. 中国人民银行的职责

（1）拟订金融业改革、开放和发展规划，承担综合研究并协调解决金融运行中的重大问题、促进金融业协调健康发展的责任。牵头国家金融安全工作协调机制，维护国家金融安全。

（2）牵头建立宏观审慎管理框架，拟订金融业重大法律法规和其他有关法律法规草案，制定审慎监管基本制度，建立健全金融消费者保护基本制度。

（3）制定和执行货币政策、信贷政策，完善货币政策调控体系，负责宏观审慎管理。

（4）牵头负责系统性金融风险防范和应急处置，负责金融控股公司等金融集团和系统重要性金融机构基本规则制定、监测分析和并表监管，视情责成有关监管部门采取相应监管措施，并在必要时经国务院批准对金融机构进行检查监督，牵头组织制定实施系统重要性金融机构恢复和处置计划。

（5）承担最后贷款人责任，负责对因化解金融风险而使用中央银行资金机构的行为进行检查监督。

（6）监督管理银行间债券市场、货币市场、外汇市场、票据市场、黄金市场及上述市场有关场外衍生产品；牵头负责跨市场跨业态跨区域金融风险识别、预警和处置，负责交叉性金融业务的监测评估，会同有关部门制定统一的资产管理产品和公司信用类债券市场及其衍生产品市场基本规则。

（7）负责制定和实施人民币汇率政策，推动人民币跨境使用和国际使用，维护国际收支平衡，实施外汇管理，负责国际国内金融市场跟踪监测和风险预警，监测和管理跨境资本流动，持有、管理和经营国家外汇储备和黄金储备。

（8）牵头负责重要金融基础设施建设规划并统筹实施监管，推进金融基础设施改革与互联互通，统筹互联网金融监管工作。

（9）统筹金融业综合统计，牵头制定统一的金融业综合统计基础标准和工作机制，建设国家金融基础数据库，履行金融统计调查相关工作职责。

（10）组织制定金融业信息化发展规划，负责金融标准化组织管理协调和金融科技相关工作，指导金融业网络安全和信息化工作。

（11）发行人民币，管理人民币流通。

（12）统筹国家支付体系建设并实施监督管理。会同有关部门制定支付结算业务规则，负责全国支付、清算系统的安全稳定高效运行。

（13）经理国库。

（14）承担全国反洗钱和反恐怖融资工作的组织协调和监督管理责任，负责涉嫌洗钱及恐怖活动的资金监测。

（15）管理征信业，推动建立社会信用体系。

（16）参与和中国人民银行业务有关的全球经济金融治理，开展国际金融合作。

（17）按照有关规定从事金融业务活动。

（18）管理国家外汇管理局。

（19）完成党中央、国务院交办的其他任务。

（20）职能转变。完善宏观调控体系，创新调控方式，构建发展规划、财政、金融等政策协调和工作协同机制，强化经济监测预测预警能力，建立健全重大问题研究和政策储备工作机制，增强宏观调控的前瞻性、针对性、协同性。围绕党和国家金融工作的指导方针和任务，加强和优化金融管理职能，增强货币政策、宏观审慎政策、金融监管政策的协调性，强化宏观审慎管理和系统性金融风险防范职责，守住不发生系统性金融风险的底线。按照简政放权、放管结合、优化服务、职能转变的工作要求，进一步深化行政审批制度改革和金融市场改革，着力规范和改进行政审批行为，提高行政审批效率。加快推进“互联网＋政务服务”，加强事中事后监管，切实提高政府服务质量和效果。继续完善金融法律制度体系，做好“放管服”改革的制度保障，为稳增长、促改革、调结构、惠民生提供有力支撑，促进经济社会持续平稳健康发展。

（四）货币政策目标

1. 货币政策目标的内容

《中国人民银行法》第 3 条规定：“货币政策目标是保持货币币值的稳定，并以此促进经济增长。”这里“货币币值的稳定”如何理解？从世界范围看，所有国家或地区发行的纸币都是逐渐贬值的，可以说货币的逐渐贬值是绝对的不可逆转的趋势，但这并不妨碍各国或地区将保持币值稳定作为货币政策的基本目标。在这个意义上，保持币值稳定，是指币值的相对稳定，而非绝对的稳定保值。在经济学上，适度的货币贬值有助于促进投资和消费，进而促进经济增长。一般来说，我国实践中认为2%左右、不超过3%的通货膨胀率就是达到了币值稳定的政策目标，并且这样的低通胀有助于促进经济增长，这同样是货币政策的目标。

2. 货币政策目标的意义

《中国人民银行法》中明确规定货币政策目标，具有下述意义：一是为央行运用货币政策工具提供了明确的方向与目标；二是提供了判断央行货币政策是否达成货币政策目标的法律标准；三是在立法上否定了通货膨胀的货币政策，开始从双重目标制（既要保障货币币值的稳定，又要保障经济的发展）向单一目标制过渡。

3. 货币政策的决定与执行

依法制定和实施货币政策是中央银行最核心的职责。中国人民银行在国务院领导下依法独立决定与执行货币政策，履行职责，开展业务，不受地方政府、各级政府部门、社会团体和个人的干涉。

《中国人民银行法》第5条规定：“中国人民银行就年度货币供应量、利率、汇率和国务院规定的其他重要事项作出的决定，报国务院批准后执行。中国人民银行就前款规定以外的其他有关货币政策事项作出决定后，即予执行，并报国务院备案。”《中国人民银行法》第6条规定：“中国人民银行应当向全国人民代表大会常务委员会提出有关货币政策情况和金融业运行情况的工作报告。”

（五）中国人民银行的组织机构

1. 中国人民银行行长

《中国人民银行法》第10条规定：“中国人民银行设行长一人，副行长若干人。中国人民银行行长的人选，根据国务院总理的提名，由全国人民代表大会决定；全国人民代表大会闭会期间，由全国人民代表大会常务委员会决定，由中华人民共和国主席任免。中国人民银行副行长由国务院总理任免。”《中国人民银行法》第11条规定：“中国人民银行实行行长负责制。行长领导中国人民银行的工作，副行长协助行长工作。”

2. 货币政策委员会

《中国人民银行法》第 12 条规定："中国人民银行设立货币政策委员会。货币政策委员会的职责、组成和工作程序，由国务院规定，报全国人民代表大会常务委员会备案。中国人民银行货币政策委员会应当在国家宏观调控、货币政策制定和调整中，发挥重要作用。"国务院 1997 年 4 月以行政法规的形式发布了《中国人民银行货币政策委员会条例》（2024 年修订），明确货币政策委员会是中国人民银行制定货币政策的咨询议事机构，其职责是，在综合分析宏观经济形势的基础上，依据国家宏观调控目标，讨论货币政策的制定和调整、一定时期内的货币政策控制目标、货币政策工具的运用、有关货币政策的重要措施、货币政策与其他宏观经济政策的协调等涉及货币政策的重大事项，并提出建议。货币政策委员会作出的咨询建议不是任何成员个人的行为，是全体委员的共同决议。

3. 中国人民银行总行与分支机构的关系

《中国人民银行法》第 13 条对总行及分支机构的关系作了规定："中国人民银行根据履行职责的需要设立分支机构，作为中国人民银行的派出机构。中国人民银行对分支机构实行统一领导和管理。中国人民银行的分支机构根据中国人民银行的授权，维护本辖区的金融稳定，承办有关业务。"

目前，中国人民银行总行设在北京，同时在上海设立上海总部。2023 年 8 月，按照《党和国家机构改革方案》关于"统筹推进中国人民银行分支机构改革"的部署，中国人民银行在 31 个省（自治区、直辖市）设立省级分行，在深圳、大连、宁波、青岛、厦门设立计划单列市分行。

第二节　中央银行业务

▶ 案例导入

公开市场业务交易公告〔2024〕第 187 号

为维护银行体系流动性合理充裕，2024 年 9 月 19 日人民银行以固定利率、数量招标方式开展了 5 236 亿元逆回购操作。具体情况如下：

逆回购操作情况

期限	操作量	操作利率
7天	5 236亿元	1.70%

中国人民银行公开市场业务操作室

二〇二四年九月十九日

资料来源：中国人民银行货币政策司。

【点评】

央行逆回购，指央行向一级交易商购买有价证券，并约定在未来特定日期，将有价证券卖给一级交易商的交易行为，逆回购为央行向市场上投放流动性的操作，正回购则为央行从市场收回流动性的操作。简单解释就是主动借出资金，获取债券质押的交易就称为逆回购交易，此时央行扮演投资者，是接受债券质押、借出资金的融出方。

央行〔2024〕第187号公开市场业务交易公告载明：2024年9月19日央行进行了5 236亿元的公开市场逆回购操作，利率为1.70%，向市场释放了5 236亿元的流动性。央行公开市场操作是实现其货币政策目标的重要工具。

一、中央银行的货币政策工具

央行货币政策是通过对货币供应量的调节来实现的，调节货币供应量所运用的特定工具，称为货币政策工具，是实现货币政策的手段。央行可以采用的货币政策工具包括存款准备金、中央银行基准利率、再贴现、向商业银行贷款以及通过公开市场业务买卖国债和外汇等。

（一）存款准备金

存款准备金制度，是指商业银行按照央行规定的比例，将其吸收的存款总额的一定比例款额，缴存央行指定账户。缴存央行指定账户的款额，称为存款准备金。这部分款项与商业银行吸收的存款总额的比例，称为存款准备金率。存款准备金作为货币政策工具的作用是：调节市场货币供应量，从而达到紧缩或放松货币供应量的目的。当存款准备金率提高时，存入央行账户上的款额就增加，市场上的货币供应量就会减少；反之，存款准备金率降低时，市场上的货币供应量就会增加。

（二）中央银行基准利率

中央银行贷款给商业银行的利率，称为央行基准利率。它通常是整个社会利率体系中处于最低水平同时也是最核心地位的利率。央行可以使用该基准利率来调节市场的货币供应量。当央行基准利率提高时，商业银行的资金成本会提高，商业银行就会在央行确定贷款基准利率浮动范围内适当提高市场贷款利率，从而减少向企业等市场主体提供的货币供应量；反之，则会增加市场的货币供应量。

（三）再贴现

贴现，是指票据持有人在票据到期前，以票据质押向商业银行申请贷款的活动。商业银行办理贴现，是向票据持有人提供贷款的一种方式。当商业银行自身需要资金周转，而贴现取得的票据尚未到期时，它可以持票据向中央银行申请贴现，从央行获得贷款，这种贴现称为再贴现。

中央银行根据一定的比率从票据全款中扣取自贴现日至票据到期日的利息，这一比例即为再贴现率，它反映了央行对商业银行提供贴现贷款的利率。当央行调低再贴现率时，会刺激商业银行通过贴现向中央银行借入资金，扩大信贷规模，相应地就增加了市场货币供应量；反之，央行提高再贴现率，就会抑制商业银行再贴现的积极性，进而影响商业银行对客户提供的贷款量，市场货币供应量就会相应缩减。因此，再贴现率是中央银行影响市场货币供应量的一种工具。

（四）向商业银行贷款

中央银行对商业银行贷款也是调节市场货币供应量的一种手段。当央行对商业银行发放的贷款增加时，市场货币供应量增加；当央行收缩对商业银行的贷款时，市场货币供应量就会减少。

央行贷款有一定的条件，一般只对在央行开户的商业银行办理；商业银行申请贷款时，它的信贷资金用途应该正常，贷款用途符合国家的政策；商业银行能够按时缴纳存款准备金，归还贷款有资金保障等。央行贷款的主要用途是解决商业银行临时性资金不足，禁止商业银行用央行贷款发放商业贷款。

（五）公开市场业务

中央银行与一般政府机关的一个重要区别在于它可以在金融市场上从事买卖业务。中央银行从事这类业务的目的不是盈利，而是调节市场货币供应量或汇率等指标，这种业务称为公开市场业务。如中国人民银行总行在上海开设公开市场操作室，由它下达买卖指令，通过一级交易商在二级市场上买卖国债、其他政府债券或外汇。当央行卖出国债或外汇时，就从金融机构手中回收人民币，减少了市场中人民币的供应量；当央行买进国债或外汇时，就向市场投放人民币，从而增加市场中的货币供应量。

二、经理国库与清算业务

我国财政部的预算资金通过委托的方式，由央行管理，财政部不再单独设立国库。目前实行中央国库与地方国库两套体制。中央国库体系中，中央国库的总库设在中国人民银行总行，在地方设有中心支库和支库。地方国库体系中，各级人民银行分支机构再设立地方库。经理国库按《中华人民共和国国家金库条例》办理。

我国目前的结算工具主要有汇票、支票、银行本票、信用卡、汇兑以及委托收款等。央行负有维持结算中心的运行与结算纪律的职责。《中国人民银行法》第 27 条规定："中国人民银行应当组织或者协助组织银行业金融机构相互之间的清算系统，协调银行业金融机构相互之间的清算事项，提供清算服务。具体办法由中国人民银行制定。"

三、中央银行的财务会计管理

（一）中央银行的财务预算管理

中央银行实行独立的财务预算制度。《中国人民银行法》第 38 条规定："中国人民银行实行独立的财务预算管理制度。中国人民银行的预算经国务院财政部门审核后，纳入中央预算，接受国务院财政部门的预算执行监督"。第 39 条规定："中国人民银行每一会计年度的收入减除该年度支出，并按照国务院财政部门核定的比例提取总准备金后的净利润，全部上缴中央财政。中国人民银行的亏损由中央财政拨款弥补。"

（二）中央银行的财务收支与会计制度

《中国人民银行法》第 40 条规定："中国人民银行的财务收支和会计事务，应当执行法律、行政法规和国家统一的财务、会计制度，接受国务院审计机关和财政部门依法分别进行的审计和监督"。第 41 条规定："中国人民银行应当于每一会计年度结束后的三个月内，编制资产负债表、损益表和相关的财务会计报表，并编制年度报告，按照国家有关规定予以公布。中国人民银行的会计年度自公历1月1日起至12月31日止。”

中央银行在金融市场上参与买卖交易活动，具有再贴现和基础货币贷款等功能，还要经理国库、保持储备，目的在于执行货币政策，其财务工作也要服从审计财政部门的监督。但中央银行及其分支机构禁止从事各种经营活动，禁止设立办理各种有营业性收入的商业和事业机构；中央银行参与公开市场操作只能通过总行的操作窗口，统一通过一级交易商进行，而不是自己在金融市场上直接参与；央行分支机构不得擅自从事公开市场买卖活动。

第三节 银行业监督管理法

▶ 案例导入

国家金融监督管理总局行政处罚信息公开表

行政处罚决定书文号	金罚决字〔2024〕30号
被处罚当事人	招商银行股份有限公司
主要违法违规事实	招商银行理财业务存在以下违法违规行为： 一、未能有效穿透识别底层资产 二、信息披露不规范
行政处罚依据	《中华人民共和国银行业监督管理法》第二十一条、第四十六条及相关审慎经营规则
行政处罚决定	罚款350万元
作出处罚决定的机关名称	国家金融监督管理总局
作出处罚决定的日期	2024年6月24日

【点评】

银行业监管机构行政处罚的对象是银行业与非银行金融机构以及保险业机构，处罚依据是《银行业监督管理法》《商业银行法》及银行业监管机构制定（含与央行共同制定）的行政规章，监管处罚的行为主要是监管对象的业务行为。

一、银行业监督管理法的立法背景与立法目的

《银行业监督管理法》是我国第一部先行立法，其后相应的行政机构即银行业监管

机构方开始运作，依法履行监管职能的法律，在我国立法历史上具有重要意义，标志着最高权力机关已决心建立法治政府，政府机构的行政行为必须具有明确的法律授权，并在法律授权的范围内行使权力，体现了“法无授权不可为”的法治政府的基本原则。

《银行业监督管理法》的制定是将中国人民银行定位为中央银行的必然结果，中国人民银行专司中央银行职能，将原中国人民银行对银行业的一般业务监管职能分离出来，由专门的银行业监督管理机构对银行业实施监督管理，央行只保留对银行间结算支付、反洗钱等少数领域的监管职权。

《银行业监督管理法》第1条明确规定了立法目的，即“为了加强对银行业的监督管理，规范监督管理行为，防范和化解银行业风险，保护存款人和其他客户的合法权益，促进银行业健康发展”。立法目的可分为几方面，直接目的是加强对银行业的监督管理，规范监督管理行为；间接目的是防范和化解银行业风险、保护存款人和其他客户的合法权益；宏观目标是为了促进银行业健康发展。这几个目的是互为表里、协调一致的。只有规范监管、加强监管，才能有效防范和化解银行业风险并保护存款人和其他客户的合法利益；只有有效防范和化解银行业风险并保护存款人和其他客户的合法利益，才能促进银行业健康发展，因为对存款人和客户合法利益的保护是银行信用和银行业务的基础，没有对存款人和客户合法利益的充分保护，银行就无法有效开展和发展业务，这本身就是银行业的主要风险来源，将直接导致其生存发展难以为继，更谈不上健康发展。

二、金融监管的目的

我国金融体制改革的目标之一，就是要建立符合中国国情的金融监管体制。我国目前的金融监管体系的主体包括国家金融监督管理总局、证监会，同时，中国人民银行也承担了一部分金融监管的工作。各金融监管机构在全国各地建立了众多分支机构，组成了严密的金融市场监管网。金融监管也同市场管理部门、司法机关协同配合来实现监管目标。

（一）保证金融安全

金融监管的首要目的是保证金融业的安全，保持金融市场运行的稳健。一方面，金融作为社会经济活动的资金分配渠道，被称为经济活动的“血液循环系统”，资金的流动分配如同血液，没有有效的资金流动和分配，经济活动就会僵化、低效甚至停滞。同时，金融也事关每个普通百姓的个人和家庭财富的安全保障。另一方面，金融业是负债经营的行业，以运作别人的钱为主要方式，以负债经营、受托经营为基本特征，存在着一家金融机构倒闭就可能引发整个市场系统性危机的潜在风险。因此，维持存款人、委托人、投资人对金融市场的信心，防范和及时化解金融风险就成为关键。

防范金融风险主要有三道防线：一是日常监管。它属于预防性的监管手段。二是救助措施，如最后贷款人制度，即央行对陷于信用危机的商业银行提供紧急贷款，或者直接进行接管，以化解单个金融机构的流动性危机蔓延到整个金融市场的危险，维护存款人信心。三是善后措施，如存款保险制度。当金融机构破产倒闭时，由存款保险机构对一定金额以下的存款或客户资金给予保付。我国这三道防线的制度体系已经建立起来，并已付诸实施。具体而言，已经建立了以银行业监管机构为主体的日常监管体系，中央银行的最后贷款人在法律上虽未明确规定，但《中国人民银行法》第 30 条、第 32 条均提及，经国务院批准，央行可以对金融机构发放特别贷款。实践中央行已多次向证券公司、银行及非银行金融机构提供紧急救助贷款，以防止特定金融机构的倒闭引发系统性危机，央行已经扮演了最后贷款人的角色。《存款保险条例》于 2014 年 10 月 29 日由国务院第 67 次常务会议通过，2015 年 5 月 1 日起正式施行。因此，我国已初步建立了较为完备的金融风险防范机制。

（二）保护存款人和投资者的合法权益

对金融市场实行监管的最终目的是保护存款人和投资者的合法利益。金融市场是一个信用市场，参加金融市场的公众存款人和大众投资者的合法利益必须受到有效保护。如果公众存款人和大众投资者的利益不能受到有效保护，他们就会远离金融市场，离开公众资金的支持，金融市场就会成为“无源之水、无本之木”。

（三）提高商业银行信贷资产的质量

由于历史原因，我国商业银行承担了过多的政策性贷款业务，导致不良资产比例过高。因此，《商业银行法》第 1 条明确将提高商业银行信贷资产质量作为一项法律义务来规定，对金融机构的监管当然包括对资产质量的监管，并将提高信贷资产质量作为监管的目的之一。

三、银行业监督管理法的主要内容

2003 年 3 月 10 日，全国人大批准了《国务院机构改革方案》，决定设立中国银行业监督管理委员会（2018 年 4 月与中国保监会合并成为中国银行保险监督管理委员会，

2023 年 5 月在中国银行保险监督管理委员会基础上组建国家金融监督管理总局）。2003 年 4 月 26 日，第十届全国人大常委会第二次会议作出《关于中国银行业监督管理委员会履行原由中国人民银行履行的监督管理职责的决定》。2003 年 12 月 27 日，十届全国人大常委会第六次会议通过了《中华人民共和国银行业监督管理法》（以下简称《银行业监督管理法》），自 2004 年 2 月 1 日起正式施行。《中国人民银行法》和《商业银行法》同时作了修改。这是我国政府机构建制第一次"法律先行"，体现了立法者对金融监管必须依法监管的充分认识与重视。

《银行业监督管理法》第一章总则部分规定了立法目的，国务院银行业监督管理机构的监管范围、监管目标与监管原则。第二章规定了银行业监督管理机构的组织架构、工作机制。第三章着重规定了银行业监管机构的监督管理职责。第四章规定了监督管理措施。银行业监管机构的监督管理措施包括非现场监管和现场检查的方式和内容，银行业金融机构高管的监管谈话制度及业务活动重要事项的说明义务，责令披露制度、限期改正及限制经营、接管重组权，金融机构撤销权，对董事、高管及直接责任人员通知出境管理机关依法阻止其出境、申请禁止财产转移权、账户查询和申请冻结权、检查调查权等。第五章是银行业监管机构的行政处罚权和违法行为刑事责任的有关规定。

四、监管分工

（一）银行业监管机构的监管范围与职责

依照《银行业监督管理法》第 2 条的规定，银行业监管机构负责对全国银行业金融机构及其业务活动进行监督管理。

银行业监管机构的职责主要包括几方面：一是行政监管规章和监管规则的制定权及银行业金融机构的审慎经营规则的制定权；二是对银行业金融机构的设立、变更、终止及业务范围的审查批准权；三是对银行业金融机构业务范围内的业务品种的审查批准和备案权；四是对银行业金融机构的董事和高级管理人员的任职资格管理权；五是对银行业金融机构的业务活动及其风险状况进行非现场监管和现场检查权，对银行业金融机构实行并表监督管理；六是建立有关制度机制，包括银行业金融机构监督管理评级体系和风险预警机制、银行业突发事件的发现、报告岗位责任制度，会同中国人民银行、国务院财政部门等有关部门建立银行业突发事件处置制度，制定银行业突发事件处置预案。

（二）中央银行保留的监管职责

1. 央行的监督检查权

根据《中国人民银行法》，央行的监督检查权有两种形式，即对特定行为的监督检查权和对特定机构的全面检查监督权。

《中国人民银行法》第 32 条规定："中国人民银行有权对金融机构以及其他单位和个人的下列行为进行检查监督：（一）执行有关存款准备金管理规定的行为；（二）与中国人民银行特种贷款有关的行为；（三）执行有关人民币管理规定的行为；（四）执行有关银行间同业拆借市场、银行间债券市场管理规定的行为；（五）执行有关外汇管理规定的行为；（六）执行有关黄金管理规定的行为；（七）代理中国人民银行经理国库的行为；（八）执行有关清算管理规定的行为；（九）执行有关反洗钱规定的行为。"

《中国人民银行法》第 34 条规定："当银行业金融机构出现支付困难，可能引发金融风险时，为了维护金融稳定，中国人民银行经国务院批准，有权对银行业金融机构进行检查监督。"

2. 央行的统计与征信管理职责

《中国人民银行法》第 36 条规定："中国人民银行负责统一编制全国金融统计数据、报表，并按照国家有关规定予以公布。"

《中国人民银行职能配置、内设机构和人员编制规定》（"三定方案"）明确，中国人民银行的职责包括"管理征信业，推动建立社会信用体系"。

五、银行业监管机构的监管与处罚措施

（一）监督管理措施

银行业监管机构对银行业金融机构的监管包括市场准入监管与持续经营监管。市场准入涉及金融机构的设立、管理人员的任职资格以及从业人员资格等方面的管理。持续经营监管措施包括现场监管与非现场监管。

1. 现场监管

为履行现场监管职责，国家金融监督管理总局有权进入银行业金融机构进行检查，询问银行业金融机构的工作人员，要求其对有关检查事项作出说明，检查银行业金融

机构运用电子计算机管理业务数据的系统，查阅、复制银行业金融机构与检查事项有关的文件、资料，对可能被转移、隐匿或者毁损的文件、资料予以封存。国家金融监督管理总局进行现场检查，应当经相关负责人批准。检查人员不得少于二人，并应当出示合法证件和检查通知书，否则金融机构有权拒绝检查。

2. 非现场监管

非现场监管主要通过资料审查来实施。国家金融监督管理总局有权要求银行业金融机构报送经审计的财务资料、统计报表、经营管理资料以及审计报告。此外，国家金融监督管理总局根据履行职责的需要，可以与银行业金融机构董事、高级管理人员进行监督管理谈话，要求对所属机构的业务活动和风险管理的重大事项作出说明。

3. 账户查询与冻结

当银行业金融机构及其工作人员涉嫌金融违法时，经国家金融监督管理总局或者其省级派出机构负责人批准，监管机构有权查询上述机构、人员以及关联行为人的账户。对涉嫌转移或者隐匿违法资金的，经相关负责人批准，可以申请司法机关予以冻结。

（二）对银行业金融机构的特别限制措施

特别限制措施是金融监管者直接干预被监管对象的经营活动，对其业务扩张、资产运用或者分配行为等进行特别限制，是金融监管上有中国特色的一个制度。

当银行业金融机构发生违反审慎经营规则的行为时，通常会带来过大的信用风险或法律风险。如高息揽储、盲目扩张贷款业务，或者不规范经营，对股东过度分配股息红利等，会削弱金融机构的偿付能力，引发潜在的信用危机。对此国家金融监督管理总局或者其省级派出机构有权令其限期改正。违规的金融机构逾期未改正的，或者其行为严重危及自身的稳健运行，损害存款人和其他客户合法权益的，监管机构可以依法对其经营管理活动采取特定的限制措施，以控制风险的进一步扩大。

特别限制措施包括：（1）责令暂停部分业务、停止批准开办新业务；（2）限制分配红利和其他收入；（3）限制资产转让；（4）责令控股股东转让股权或者限制有关股东的权利；（5）责令调整董事、高级管理人员或者限制其权利；（6）停止批准增设分支机构。

受到限制的金融机构进行整改后，应当向作出特别限制措施的监管机构提交报告，由后者进行验收。已符合有关审慎经营规则的，监管机构应当自验收完毕之日起三日内解除特别限制措施。

（三）接管、重组与撤销金融机构

银行业金融机构已经或可能发生信用危机，严重影响存款人和其他客户合法权益的，国家金融监督管理总局可以依法对该银行业金融机构实行接管或者促成机构重组。如果有严重违法经营、经营管理不善等情形，不予撤销将严重危害金融秩序、损害公众利益的，监管机构有权将该金融机构予以撤销。

在接管、机构重组或者撤销清算期间，监管机构有权要求该银行业金融机构的董事、高级管理人员和其他工作人员继续履行职责。必要时，经国家金融监督管理总局负责人批准，对直接负责的董事、高级管理人员和其他直接责任人员，可以采取限制出境措施，或者申请司法机关禁止其转移、转让财产或者对其财产设定其他权利。

（四）对违反金融监管法规行为的处罚措施

违反金融监管法规行为的主体既包括金融机构及其从业人员，也包括未经批准从事金融活动的企事业单位和个人。

1. 对金融业机构、人员的处罚

对违反金融监管法规的金融机构，国家金融监督管理总局可以采取的行政处罚措施包括责令改正、没收非法所得、罚款等。对于情节特别严重或者逾期不改正的，国家金融监督管理总局有权责令停业整顿或者吊销其经营许可证。构成犯罪的，依法追究刑事责任。

对金融机构违法违规经营负有直接责任的董事、高级管理人员和其他直接责任人员，国家金融监督管理总局除有权责令相关金融机构对上述人员给予纪律处分外，还可以直接对上述人员给予警告，处以罚款，或对其采取市场禁入措施，即取消直接负责的董事、高级管理人员一定期限直至终身的任职资格，禁止上述董事、高级管理人员和其他直接责任人员一定期限直至终身从事银行业工作。

2. 对违反市场准入规则的机构或人员的处罚

任何单位或个人未经批准擅自设立银行业金融机构或者非法从事银行业金融机构的业务活动，由国家金融监督管理总局予以取缔。构成犯罪的，依法追究刑事责任。尚不构成犯罪的，有违法所得的，由国家金融监督管理总局没收违法所得，违法所得 50 万元以上的，并处 1 倍以上 5 倍以下罚款；没有违法所得或者违法所得不足 50 万元的，处 50 万元以上 200 万元以下罚款。

思考练习

一、单选题

1. 货币政策目标是（　　）。

A. 保持存贷款基准利率稳定

B. 保持货币币值稳定，并以此促进经济增长

C. 保持央行基准利率稳定

D. 保持存款准备金率稳定

2.《中国人民银行法》第3条规定的“保持货币币值稳定”的含义是（　　）。

A. 人民币币值绝对稳定

B. 人民币币值相对稳定，通胀率在2%左右，不超过3%

C. 通胀率在3%以上

D. 通胀率在2%以下

3. 下列货币政策中，可以增加货币供应量的是（　　）。

A. 降低存款准备金率　　B. 提高央行基准利率

C. 提高再贴现率　　D. 卖出国债或外汇

4.《中华人民共和国银行业监督管理法》自（　　）开始实施。

A. 2003年3月19日　　B. 2003年12月27日

C. 2004年2月1日　　D. 2006年10月27日

5. 我国对银行业负有监管职责的机构是（　　）。

A. 中国银行　　B. 中国证监会

C. 国家金融监督管理总局　　D. 财政部

二、多选题

1.《中国人民银行法》体现了我国金融体制的特色，具体体现在（　　）。

A. 赋予了中国人民银行以中央银行的地位与职能

B. 明确了国务院对中国人民银行的领导

C. 明确了全国人大常委会对中国人民银行的监督权

D. 中国人民银行独立行使中央银行的职权，不受其他机构领导和监督

2.《中国人民银行法》的立法目的是（　　）。

A. 确立中国人民银行的地位，明确其职责

B. 保证国家货币政策的正确制定和执行

C. 建立和完善中央银行宏观调控体系

D. 维护金融稳定

3. 中国人民银行是中央银行，中央银行是（　　）。

A. 办理存贷款业务的商业银行　　B. 发行货币的银行

C. 银行的银行　　D. 政府的银行

4. 中国人民银行作为中央银行，其基本职责包括（　　）。

A. 制定和执行货币政策　　B. 发行人民币

C. 经理国库　　D. 制定和实施人民币汇率政策

5. 以下属于金融监管三道防线的是（　　）。

A. 最后贷款人制度　　B. 存款准备金制度

C. 存款保险制度　　D. 信息披露制度

三、案例分析题

2019 年 5 月 24 日，中国人民银行、中国银行保险监督管理委员会联合发布公告，鉴于包商银行股份有限公司出现严重信用风险，为保护存款人和其他客户合法权益，依照《中华人民共和国中国人民银行法》《中华人民共和国银行业监督管理法》和《中华人民共和国商业银行法》的有关规定，中国银行保险监督管理委员会决定自 2019 年 5 月 24 日起对包商银行实行接管，接管期限一年。

根据有关法律法规的规定，由中国人民银行、中国银行保险监督管理委员会会同有关方面组建接管组，对包商银行实施接管。自接管开始之日起，接管组全面行使包商银行的经营管理权，并委托中国建设银行股份有限公司托管包商银行业务。建设银行组建托管工作组，在接管组指导下，按照托管协议开展工作。

接管后，包商银行正常经营，客户业务照常办理，依法保障银行存款人和其他客户的合法权益。

问

1. 案例中，中国人民银行主要发挥了什么职能？体现了金融监管的什么目的？

2. 根据相关法律法规规定，中国银行保险监督管理委员会依法对包商银行实施接管。在何种情况下，国务院银行业监督管理机构可以对银行实施接管或促成机构重组？

第二章 ▶ 金融市场主体法

本章导读

我国目前已经形成了统一的分业经营、分业监管的现代金融市场体系，这一市场的框架由如下几大市场构成：一是银行及非银行金融机构以提供存贷款服务及信托理财产品为主的资金市场；二是保险机构的保险市场；三是证券市场；四是金融机构间拆借市场。广义上还包括民间借贷等影子银行市场。相应地，按分业经营、分业监管的原则，不同金融市场存在不同的金融市场主体，设有专门的法律对这些主体的设立组织与运作进行专门的规制。具体而言，在资金市场上主要的市场主体即金融机构包括商业银行、信托公司、小额贷款公司、融资租赁公司、财务公司及金融资产管理公司，一般将这些金融机构分为两类，即商业银行与非银行金融机构；保险市场的主体主要包括保险公司、保险经纪公司、保险代理公司和公估机构；证券市场的主体则包括证券公司、不同证券市场的上市公司及非上市公司，保险市场主体及证券市场主体主要由保险法、证券法及公司法来规范，本章不予涉及。本章主要介绍资金市场的主体法，具体包括商业银行法，以及对信托公司、金融租赁公司、财务公司、金融资产管理公司进行规范的相关法律。

学习目标

1. 了解金融市场的主体及其在金融市场的地位；

2. 熟悉商业银行的概念与市场准入要求、经营范围，以及审慎经营与监管的相关法律规范；

3. 了解外资银行的概念与监管的特别规范。

第一节 商业银行法

案例导入

南京银行及其组织架构

南京银行成立于1996年2月8日，是全国20家系统重要性银行之一，是一家具有独立法人资格的股份制商业银行和上市银行，实行一级法人经营管理体制。南京银行历经两次更名，先后于2001年、2005年引入国际金融公司和法国巴黎银行入股，在全国城商行中率先启动上市辅导程序并于2007年在主板成功上市。目前注册资本为103.44亿元，截至2024年二季度末，资产规模2.48万亿元，存款总额1.4万亿元，贷款总额1.2万亿元，上半年实现营业收入262亿元，实现归属于上市公司股东的净利润115亿元。位列英国《银行家》杂志公布的全球1 000家大银行第91位、全球银行品牌500强排行榜第113位。南京银行自2007年设立第一家分行以来，2016年实现北京、上海、杭州及江苏省内设区市全覆盖，2023年实现江苏省县域网点全覆盖。

南京银行组织架构如图2-1所示。

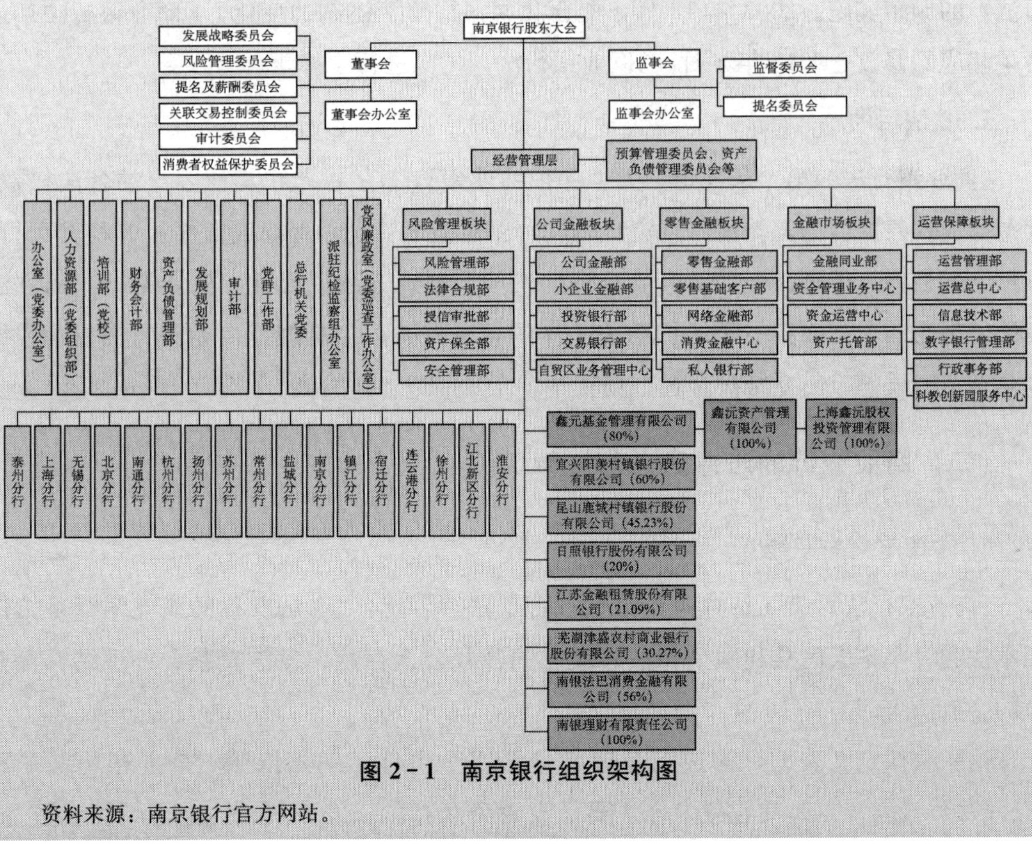

图2-1 南京银行组织架构图

资料来源：南京银行官方网站。

【点评】

南京银行是一家由城市商业银行改制而成的全国性股份制上市商业银行，截至2020年3月底，其第一大股东为法国巴黎银行，持股达14.87%，因此，这也是一家中外合资的股份制银行。商业银行是金融市场最重要的市场主体。

一、商业银行法概述

（一）立法背景与立法目的

1. 立法经过

《中华人民共和国商业银行法》（以下简称《商业银行法》）于1995年5月10日由第八届全国人大常委会第十三次会议通过。与市场经济的基本立法一样，《商业银行法》是伴随着市场经济体制的确立而诞生的，这一法律从1979年开始起草，经过16年才得以公布实施。党的十四大上正式确立了建立社会主义市场经济体制的改革目标后，市场经济体制运行所必需的大量商事立法在1995年集中颁布，这才有了《商业银行法》的颁布实施。2003年12月，配合我国银行监管体制的变化，《商业银行法》进行了相应的修改。2015年8月，《商业银行法》再次进行了修正。

2. 立法目的

《商业银行法》第1条规定，为了保护商业银行、存款人和其他客户的合法权益，规范商业银行的行为，提高信贷资产质量，加强监督管理，保障商业银行的稳健运行，维护金融秩序，促进社会主义市场经济的发展，制定本法。因此，商业银行法的立法目的表现为四个方面：一是保护相关主体的合法权益；二是规范商业银行的行为，提高信贷资产质量；三是维护金融市场秩序；四是促进经济发展。

（二）商业银行的法律定义与法律地位

1. 法律定义与职能

《商业银行法》第2条对商业银行进行了法律界定："本法所称的商业银行是指依照本法和《中华人民共和国公司法》设立的吸收公众存款、发放贷款、办理结算等业务的企业法人。"

这一法律定义表明，构成商业银行包括四个要件：一是依照《商业银行法》和《公司法》设立；二是其业务内容主要是吸收公众存款、发放贷款、办理结算业务等；

三是企业，即商业银行是以营利为目的的经济组织；四是法人，即具有独立的法律人格，是营利法人，拥有独立的财产，具有民事权利能力与民事行为能力，能够独立地承担民事责任。

《民法典》第 57 条规定，法人是具有民事权利能力和民事行为能力，依法独立享有民事权利和承担民事义务的组织。第 58 条规定，法人应当依法成立。法人应当有自己的名称、组织机构、住所、财产或者经费。第 60 条规定，法人以其全部财产独立承担民事责任。《民法典》第 76 条还规定，以取得利润并分配给股东等出资人为目的成立的法人，为营利法人。营利法人包括有限责任公司、股份有限公司和其他企业法人等。因此，商业银行是营利法人，是独立享有民事权利和承担民事义务的经济组织，商业银行在法律上被赋予了独立的法律人格。正因如此，商业银行才得以成为独立的金融市场主体，其作为独立的市场主体，以营利为目的，自主经营，自负盈亏。

商业银行的核心业务是吸收公众存款、发放贷款与办理结算业务。这些业务造就商业银行成为金融体系中最主要的资金分配渠道，集信用中介（存贷款职能）、支付中介（结算职能）、信用创造（存贷款职能综合运用时即创造信用，贷款贷出后再存入银行，在此存款基础上又可发放贷款，由此创造信用）职能于一身。这些特点把商业银行与其他非银行金融机构区分开来，如信托公司、金融租赁公司、财务公司等。

2. 法律地位与组织形式

《商业银行法》第 2 条对商业银行定义的同时也明确了商业银行的法律组织形式与法律地位。商业银行作为企业和营利法人，以营利为目的，由于其依《公司法》设立，因此其法律组织形式只能是公司，且只能是有限责任公司或股份有限公司。依照《公司法》第 2 条的规定，公司是指依照《公司法》在中国境内设立的有限责任公司和股份有限公司。因此公司的类型有有限责任公司和股份有限公司。实践中，我国的大型商业银行，如中国工商银行、中国农业银行、中国银行和中国建设银行在改制上市前均是国有独资公司，改制上市后则成为上市的股份有限公司。所谓国有独资公司，是指国家单独出资、由国务院或者地方人民政府授权本级人民政府国有资产监督管理机构履行出资人职责的有限责任公司。

商业银行在法律性质上是营利法人，即以营利为目的，具有民事权利能力和民事行为能力，依法独立享有民事权利和承担民事义务的经济组织，也就是《商业银行法》第 2 条所称的企业法人。概而言之，商业银行的法律性质与组织形态是公司制企业法人。

《商业银行法》第 4 条规定："商业银行以安全性、流动性、效益性为经营原则，实行自主经营，自担风险，自负盈亏，自我约束。商业银行依法开展业务，不受任何单位和个人的干涉。"作为金融市场主体的商业银行在法律上是具有独立人格的经营主体，"自主经营，自担风险，自负盈亏，自我约束"理所当然地成为其基本的经营原则，否则就不足以成为真正的市场主体。

二、商业银行的市场准入与退出

（一）银行业的特许经营

《商业银行法》第 11 条规定："设立商业银行，应当经国务院银行业监督管理机构审查批准。未经国务院银行业监督管理机构批准，任何单位和个人不得从事吸收公众存款等商业银行业务，任何单位不得在名称中使用'银行'字样。"这是商业银行法关于商业银行特许经营的专门规定，商业银行设立必须经中国金融监督管理总局审查批准后才能设立经营，这种批准即商业银行设立的特许制。

（二）商业银行的市场准入

1. 商业银行的设立条件

《商业银行法》第 12 条规定："设立商业银行，应当具备下列条件：（一）有符合本法和《中华人民共和国公司法》规定的章程；（二）有符合本法规定的注册资本最低限额；（三）有具备任职专业知识和业务工作经验的董事、高级管理人员；（四）有健全的组织机构和管理制度；（五）有符合要求的营业场所、安全防范措施和与业务有关的其他设施。设立商业银行，还应当符合其他审慎性条件。"

《商业银行法》第 13 条规定："设立全国性商业银行的注册资本最低限额为十亿元人民币。设立城市商业银行的注册资本最低限额为一亿元人民币，设立农村商业银行的注册资本最低限额为五千万元人民币。注册资本应当是实缴资本。"

2. 设立商业银行应当具备的其他条件

《商业银行法》第 28 条规定，任何单位和个人购买商业银行股份总额百分之五以上的，应当事先经国务院银行业监督管理机构批准。《银行业监督管理法》第 17 条规定，申请设立银行业金融机构，或者银行业金融机构变更持有资本总额或者股份总额达到规定比例以上的股东的，国务院银行业监督管理机构应当对股东的资金来源、财务状况、资本补充能力和诚信状况进行审查。

《商业银行法》第 27 条规定："有下列情形之一的，不得担任商业银行的董事、高级管理人员：（一）因犯有贪污、贿赂、侵占财产、挪用财产罪或者破坏社会经济秩序罪，被判处刑罚，或者因犯罪被剥夺政治权利的；（二）担任因经营不善破产清算的公司、企业的董事或者厂长、经理，并对该公司、企业的破产负有个人责任的；（三）担任因违法被吊销营业执照的公司、企业的法定代表人，并负有个人责任的；（四）个人所负数额较大的债务到期未清偿的。"本条规定了银行高级管理人员任职的四项消极条件，即有四项条件之任何一项者，不得担任银行高级管理人员。

《中资商业银行行政许可事项实施办法》（以下简称《银行行政许可办法》，2022 年修正）第 79 条规定："申请中资商业银行董事和高级管理人员任职资格，拟任人应当符合以下基本条件：（一）具有完全民事行为能力；（二）具有良好的守法合规记录；（三）具有良好的品行、声誉；（四）具有担任拟任职务所需的相关知识、经验及能力；（五）具有良好的经济、金融从业记录；（六）个人及家庭财务稳健；（七）具有担任拟任职务所需的独立性；（八）履行对金融机构的忠实与勤勉义务。"本条规定了银行业高级管理人员任职所应具备的积极条件。《银行行政许可办法》第 80 条、第 81 条进一步规定了银行高管任职的消极条件，将下述相关人员排除在银行高级管理人员任职范围之外，其第 80 条规定："拟任人有下列情形之一的，视为不符合本办法第 79 条第（二）项、第（三）项、第（五）项规定的条件，不得担任中资商业银行董事和高级管理人员：（一）有故意或重大过失犯罪记录的；（二）有违反社会公德的不良行为，造成恶劣影响的；（三）对曾任职机构违法违规经营活动或重大损失负有个人责任或直接领导责任，情节严重的；（四）担任或曾任被接管、撤销、宣告破产或吊销营业执照的机构的董事或高级管理人员的，但能够证明本人对曾任职机构被接管、撤销、宣告破产或吊销营业执照不负有个人责任的除外；（五）因违反职业道德、操守或者工作严重失职，造成重大损失或恶劣影响的；（六）指使、参与所任职机构不配合依法监管或案件查处的；（七）被取消终身的董事和高级管理人员任职资格，或受到监管机构或其他金融管理部门处罚累计达到 2 次以上的；（八）不具备本办法规定的任职资格条件，采取不正当手段以获得任职资格核准的。"第 81 条规定："拟任人有下列情形之一的，视为不符合本办法第七十九条第（六）项、第（七）项规定的条件，不得担任中资商业银行董事和高级管理人员：（一）截至申请任职资格时，本人或其配偶仍有数额较大的逾期债务未能偿还，包括但不限于在该金融机构的逾期贷款；（二）本人及其近亲属合并持有该金融机构 5%以上股份，且从该金融机构获得的授信总额明显超过其持有的该金融机构股权净值；（三）本人及其所控股的股东单位合并持有该金融机构 5%以上股份，且从该金融机构获得的授信总额明显超过其持有的该金融机构股权净值；（四）本人或其配偶在持有该金融机构5%以上股份的股东单位任职，且该股东单位从该金融机构获得的授信总额明显超过其持有的该金融机构股权净值，但能够证明授信与本人及其配偶没有关系的除外；（五）存在其他所任职务与其在该金融机构拟任、现任职务有明显利益冲突，或明显分散其在该金融机构履职时间和精力的情形。”

《银行行政许可办法》第7条还规定：“设立中资商业银行法人机构，还应当符合其他审慎性条件，至少包括：（一）具有良好的公司治理结构；（二）具有健全的风险管理体系，能有效控制各类风险；（三）发起人股东中应当包括合格的战略投资者；（四）具有科学有效的人力资源管理制度，拥有高素质的专业人才；（五）具备有效的资本约束与资本补充机制；（六）有助于化解现有金融机构风险，促进金融稳定。”

（三）商业银行的设立与变更

《银行行政许可办法》具体规定了设立银行的程序，第14条规定中资商业银行法人机构设立须经筹建和开业两个阶段。

1. 筹建阶段

（1）筹建申请与审批。筹建商业银行，应当由发起人各方共同向国家金融监督管理总局提交筹建申请，由国家金融监督管理总局受理、审查并决定。发起人应提交《商业银行法》第14条所规定的申请文件和资料。

《商业银行法》第14条规定：“设立商业银行，申请人应当向国务院银行业监督管理机构提交下列文件、资料：（一）申请书，申请书应当载明拟设立的商业银行的名称、所在地、注册资本、业务范围等；（二）可行性研究报告；（三）国务院银行业监督管理机构规定提交的其他文件、资料。”

第15条规定：“设立商业银行的申请经审查符合本法第十四条规定的，申请人应当填写正式申请表，并提交下列文件、资料：（一）章程草案；（二）拟任职的董事、高级管理人员的资格证明；（三）法定验资机构出具的验资证明；（四）股东名册及其出资额、股份；（五）持有注册资本百分之五以上的股东的资信证明和有关资料；（六）经营方针和计划；（七）营业场所、安全防范措施和与业务有关的其他设施的资料；（八）国务院银行业监督管理机构规定的其他文件、资料。”第16条规定：“经批准设立的商业银行，由国务院银行业监督管理机构颁发经营许可证，并凭该许可证向工商行政管理部门办理登记，领取营业执照。”

《银行行政许可办法》第15条规定，国有商业银行法人机构、股份制商业银行法人机构的筹建申请，应当由发起人各方共同向国家金融监督管理总局提交，国家金融监督管理总局受理、审查并决定。国家金融监督管理总局自受理之日起 4 个月内作出批准或不批准的书面决定。城市商业银行法人机构的筹建申请，应当由发起人各方共同向拟设地省级派出机构提交，拟设地省级派出机构受理并初步审查，国家金融监督管理总局审查并决定。国家金融监督管理总局自收到完整申请材料之日起 4 个月内作出批准或不批准的书面决定。

（2）筹建。《银行行政许可办法》第 16 条规定，中资商业银行法人机构的筹建期为批准决定之日起 6 个月。

国有商业银行、股份制商业银行法人机构未能按期筹建的，该机构筹建组应当在筹建期限届满前 1 个月向国家金融监督管理总局提交筹建延期报告。筹建延期不得超过一次，筹建延期的最长期限为 3 个月。

城市商业银行法人机构未能按期筹建的，该机构筹建组应当在筹建期限届满前 1 个月向所在地省级派出机构提交筹建延期报告。筹建延期不得超过一次，筹建延期的最长期限为 3 个月。

该机构筹建组应当在上述规定的期限届满前提交开业申请，逾期未提交的，筹建批准文件失效，由决定机关办理筹建许可注销手续。

2. 开业申请与审批

《银行行政许可办法》第 17 条规定，国有商业银行、股份制商业银行法人机构的开业申请应当向国家金融监督管理总局提交，由国家金融监督管理总局受理、审查并决定。国家金融监督管理总局自受理之日起 2 个月内作出核准或不予核准的书面决定。

城市商业银行法人机构的开业申请应当向所在地省级派出机构提交，由所在地省级派出机构受理、审查并决定。省级派出机构自受理之日起 2 个月内作出核准或不予核准的书面决定，抄报国家金融监督管理总局。

3. 开业登记

《银行行政许可办法》第 18 条规定，中资商业银行法人机构应当在收到开业核准文件并按规定领取金融许可证后，根据工商行政管理部门的规定办理登记手续，领取营业执照。

国有商业银行、股份制商业银行法人机构应当自领取营业执照之日起 6 个月内开业。未能按期开业的，应当在开业期限届满前 1 个月向国家金融监督管理总局提交开业延期报告。开业延期不得超过一次，开业延期的最长期限为 3 个月。

城市商业银行法人机构应当自领取营业执照之日起 6 个月内开业。未能按期开业的，应当在开业期限届满前 1 个月向所在地省级派出机构提交开业延期报告。开业延期不得超过一次，开业延期的最长期限为 3 个月。

中资商业银行法人机构未在上述规定期限内开业的，开业核准文件失效，由决定机关办理开业许可注销手续，收回其金融许可证，并予以公告。

4. 商业银行的变更登记事项

《商业银行法》第 24 条规定："商业银行有下列变更事项之一的，应当经国务院银行业监督管理机构批准：（一）变更名称；（二）变更注册资本；（三）变更总行或者分支行所在地；（四）调整业务范围；（五）变更持有资本总额或者股份总额百分之五以上的股东；（六）修改章程；（七）国务院银行业监督管理机构规定的其他变更事项。更换董事、高级管理人员时，应当报经国务院银行业监督管理机构审查其任职资格。"

（四）银行分支机构的设立

《商业银行法》第 22 条规定："商业银行对其分支机构实行全行统一核算，统一调度资金，分级管理的财务制度。商业银行分支机构不具有法人资格，在总行授权范围内依法开展业务，其民事责任由总行承担。"第 23 条规定："经批准设立的商业银行及其分支机构，由国务院银行业监督管理机构予以公告。商业银行及其分支机构自取得营业执照之日起无正当理由超过六个月未开业的，或者开业后自行停业连续六个月以上的，由国务院银行业监督管理机构吊销其经营许可证，并予以公告。"因此，商业银行的分支机构不具备法人资格，其民事责任由总行承担。但为了方便银行分支机构参与诉讼，《中国人民银行关于对商业银行分支机构民事责任问题的复函》（银条法［1995］37 号）中明确：商业银行的分支机构具有诉讼主体资格，商业银行的分支机构在总行授权范围内开展业务时发生纠纷引起民事诉讼的，应以分支机构作为诉讼主体，而不应以其总行作为诉讼主体，分支机构可以承担相应的民事责任，如果数额过大难以承担时，最终由总行承担责任。

（五）违反准入许可的法律责任

《商业银行法》第 81 条规定："未经国务院银行业监督管理机构批准，擅自设立商业银行，或者非法吸收公众存款、变相吸收公众存款，构成犯罪的，依法追究刑事责任；并由国务院银行业监督管理机构予以取缔。"《刑法》第 174 条规定了擅自设立金融机构罪和伪造、变造、转让金融机构经营许可证、批准文件罪。伪造、变造、转让商业银行经营许可证或者批准文件的，构成犯罪的，依法追究刑事责任。

（六）银行的退出

1. 接管

《商业银行法》第 64 条规定：“商业银行已经或者可能发生信用危机，严重影响存款人的利益时，国务院银行业监督管理机构可以对该银行实行接管。接管的目的是对被接管的商业银行采取必要措施，以保护存款人的利益，恢复商业银行的正常经营能力。被接管的商业银行的债权债务关系不因接管而变化。”第 65 条规定：“接管由国务院银行业监督管理机构决定，并组织实施。国务院银行业监督管理机构的接管决定应当载明下列内容：（一）被接管的商业银行名称；（二）接管理由；（三）接管组织；（四）接管期限。接管决定由国务院银行业监督管理机构予以公告。”

2. 银行的退出（终止）与清算

《商业银行法》第 72 条规定：“商业银行因解散、被撤销和被宣告破产而终止。”《商业银行法》第 69 条至第 71 条分别对银行解散、被撤销及被宣告破产进行了规范。第 69 条规定：“商业银行因分立、合并或者出现公司章程规定的解散事由需要解散的，应当向国务院银行业监督管理机构提出申请，并附解散的理由和支付存款的本金和利息等债务清偿计划。经国务院银行业监督管理机构批准后解散。商业银行解散的，应当依法成立清算组，进行清算，按照清偿计划及时偿还存款本金和利息等债务。国务院银行业监督管理机构监督清算过程。”第 70 条规定：“商业银行因吊销经营许可证被撤销的，国务院银行业监督管理机构应当依法及时组织成立清算组，进行清算，按照清偿计划及时偿还存款本金和利息等债务。”第 71 条规定：“商业银行不能支付到期债务，经国务院银行业监督管理机构同意，由人民法院依法宣告其破产。商业银行被宣告破产的，由人民法院组织国务院银行业监督管理机构等有关部门和有关人员成立清算组，进行清算。商业银行破产清算时，在支付清算费用、所欠职工工资和劳动保险费用后，应当优先支付个人储蓄存款的本金和利息。”《企业破产法》第 134 条规定：“商业银行、证券公司、保险公司等金融机构有本法第二条规定情形的，国务院金融监督管理机构可以向人民法院提出对该金融机构进行重整或者破产清算的申请。国务院金融监督管理机构依法对出现重大经营风险的金融机构采取接管、托管等措施的，可以向人民法院申请中止以该金融机构为被告或者被执行人的民事诉讼程序或者执行程序。金融机构实施破产的，国务院可以依据本法和其他有关法律的规定制定实施办法。”第 2 条规定情形，即“企业法人不能清偿到期债务，并且资产不足以清偿全部债务或者明显缺乏清偿能力”。因此，商业银行的破产申请只能由国务院金融监管机构向人民法院提起，未赋予债权人申请破产的权利。

三、商业银行的业务范围与监管的法律规定

（一）商业银行的业务范围

《商业银行法》第 3 条规定："商业银行可以经营下列部分或者全部业务：（一）吸收公众存款；（二）发放短期、中期和长期贷款；（三）办理国内外结算；（四）办理票据承兑与贴现；（五）发行金融债券；（六）代理发行、代理兑付、承销政府债券；（七）买卖政府债券、金融债券；（八）从事同业拆借；（九）买卖、代理买卖外汇；（十）从事银行卡业务；（十一）提供信用证服务及担保；（十二）代理收付款项及代理保险业务；（十三）提供保管箱服务；（十四）经国务院银行业监督管理机构批准的其他业务。经营范围由商业银行章程规定，报国务院银行业监督管理机构批准。商业银行经中国人民银行批准，可以经营结汇、售汇业务。"由此可见，《商业银行法》对银行的经营范围进行了严格的限制。

《商业银行法》第 43 条规定："商业银行在中华人民共和国境内不得从事信托投资和证券经营业务，不得向非自用不动产投资或者向非银行金融机构和企业投资，但国家另有规定的除外。"这是关于金融业分业经营的法律规定。我国金融行业实行严格的分业经营、分业监管，银行业不得经营证券、信托、保险、不动产投资等业务，同样的，证券业、信托业、保险业也只能经营各自行业的业务，不得跨业经营，当然也不得经营银行业务。但未来法律对分业经营的规制或有松动的趋势，《商业银行法》第 43 条的"但书"为此预留了金融业综合经营的可能空间。平安集团就是一个典型的综合金融集团，旗下既有银行牌照，又有保险、证券和信托牌照。

概括起来，商业银行的业务主要可分为三类，即负债业务、资产业务和中间业务。负债业务主要指吸收公众存款业务，资产业务主要指贷款业务，中间业务则涵盖资产业务、负债业务以外的其他业务。资产业务与负债业务须反映在商业银行资产负债表中，称为表内业务；中间业务则不在资产负债表中反映，主要指银行提供的结算、代理和保管箱等服务性业务，称为表外业务。

（二）分业经营的例外规制

《商业银行法》第 42 条规定："借款人到期不归还担保贷款的，商业银行依法享有要求保证人归还贷款本金和利息或者就该担保物优先受偿的权利。商业银行因行使抵

押权、质权而取得的不动产或者股权，应当自取得之日起二年内予以处分。”依照银行业分业经营的法律规定，商业银行不得直接持有股票、公司债券或其他股权、不动产；但由于银行的贷款业务往往要求借款人提供物的担保，且物的担保主要是不动产抵押或股权质押，一旦借款人不能按期归还担保贷款，银行往往通过行使担保物权来实现债权，这样就不可避免地导致商业银行因为行使担保物权而被动取得不动产和股权，这又与《商业银行法》第 43 条关于分业经营的规定相冲突。为了解决这一法律冲突，《商业银行法》规定，对银行因行使抵押权、质权而取得的不动产或者股权，应当自取得之日起二年内予以处分。这一担保物处分期限的规定解决了银行行使担保物权与分业经营法律规定的冲突问题。

（三）同业拆借业务管理

《商业银行法》第 46 条规定：“同业拆借，应当遵守中国人民银行的规定。禁止利用拆入资金发放固定资产贷款或者用于投资。拆出资金限于交足存款准备金、留足备付金和归还中国人民银行到期贷款之后的闲置资金。拆入资金用于弥补票据结算、联行汇差头寸的不足和解决临时性周转资金的需要。”这一规定对同业拆借资金的用途进行了严格的规范。

所谓同业拆借，是金融机构因为资金周转需要，相互之间借入、借出的资金头寸。其特点是期限短、无担保、利率低，且利率是按资金供求关系由市场确定的，即利率是拆入与拆出方协商议定的合同利率。同业拆借分为同业拆出与同业拆入。同业拆出是指金融机构把自己的闲置资金提供给其他金融机构使用，同业拆入是指金融机构从其他金融机构处借入资金，同业拆借可以及时调配银行结算账户上的头寸。同业拆借必须通过全国统一的同业拆借网络进行，不得私下进行。《同业拆借管理办法》规定银行业拆入资金的最长期限不超过 1 年，其他金融机构拆入资金的最长期限为 7 天、3 个月；金融机构拆出资金的最长期限不得超过对手方由央行规定的拆入资金最长期限。

四、商业银行的审慎经营与监管

（一）经营原则

商业银行经营的“三原则”是安全性、流动性、效益性。安全性原则是指银行经营首先要确保经营安全、保护存款人利益、保证金融市场的稳定与安全。流动性原则是指商业银行的资金要保持较高程度的经常流动的状态，即要保持银行资产的高度流动性，确保银行的支付能力。银行经营资产的流动性是安全性的基础，没有了流动性，就没有银行经营的安全性。效益性原则是指商业银行本身的经济效益，也指符合国家宏观经济和产业政策指导的金融业整体效益。这是商业银行作为营利性法人的基本特性，商业银行是以营利为目的的企业法人，没有效益性原则，商业银行就不能成为独立的市场主体，也就不再是商业银行。

（二）商业银行的审慎监管

1. 资本充足率监管

资本充足率是指银行资本与经过风险加权后的银行资产之比。《商业银行法》第 39 条规定，商业银行的资本充足率不低于 8%。8%的资本充足率是在 1988 年由国际清算银行下的巴塞尔委员会制定的《巴塞尔协议》中首先确立的，作为国际公认的控制银行信贷风险的主要措施。我国现行的《银行资本充足率管理办法》规定，商业银行资本充足率不得低于 8%，核心资本充足率不得低于 4%。

2. 其他资产负债比例监管

《商业银行法》第 39 条还规定了流动性资产余额比例限制、同一借款人贷款余额比例限制。商业银行贷款，应当遵守下列资产负债比例管理的规定："（二）流动性资产余额与流动性负债余额的比例不得低于百分之二十五；（三）对同一借款人的贷款余额与商业银行资本余额的比例不得超过百分之十；（四）国务院银行业监督管理机构对资产负债比例管理的其他规定。"《商业银行法》第 40 条规定了关系人贷款限制："商业银行不得向关系人发放信用贷款；向关系人发放担保贷款的条件不得优于其他借款人同类贷款的条件。前款所称关系人是指：（一）商业银行的董事、监事、管理人员、信贷业务人员及其近亲属；（二）前项所列人员投资或者担任高级管理职务的公司、企业和其他经济组织。"

3. 银行不良贷款与风险防范

《商业银行法》第 57 条规定："商业银行应当按照国家有关规定，提取呆账准备金，冲销呆账。"

2007 年中国银监会发布的《贷款风险分类指引》将商业银行贷款根据其风险大小分为五类：正常、关注、次级、可疑、损失，其中后三类合称为不良贷款。正常类贷款指借款人能够履行合同，没有足够理由怀疑贷款本息不能按时足额偿还。关注类贷款指尽管借款人目前有能力偿还贷款本息，但存在一些可能对偿还产生不利影响的因素。次级类贷款指借款人的还款能力出现明显问题，完全依靠其正常营业收入无法足额偿还贷款本息，即使执行担保，也可能会造成一定损失。可疑类贷款指借款人无法足额偿还贷款本息，即使执行担保，也肯定要造成较大损失。损失类贷款指在采取所有可能的措施或一切必要的法律程序之后，本息仍然无法收回，或只能收回极少部分。

贷款损失准备金（即呆账准备金）在银行业内一般称“拨备”。通常，商业银行根据央行《银行贷款损失准备计提指引》的规定和历史经验数据，对正常、关注、次级、可疑以及损失类贷款的计提比例分别为1%、2%、25%、50%和100%。银行计提的贷款损失准备与其不良贷款之间的比率称为拨备覆盖率，其计算公式为：

拨备覆盖率=(贷款损失准备金计提余额/不良贷款余额)×100%

它代表着银行对信贷资产预期损失风险进行补偿的能力。通常拨备覆盖率为150%比较合理，既保障了对不良资产损失进行足够的补偿，也没有因此增加费用、不合理地降低当期利润。

第二节　外资银行法律制度

▶ 案例导入

花旗银行及其监管

花旗银行（Citibank）是花旗集团旗下的一家零售银行，其主要前身是1812年6月16日成立的“纽约城市银行”（City Bank of New York），经过两个世纪的发展、并购，已经成为美国最大的银行之一，花旗银行在全球超过160个国家和地区开展业务，是在中国最具有影响力的国际银行。花旗银行在中国的历史可追溯至1902年5月，是首家在中国开业的美国银行。2007年4月，花旗银行成为首批注册成为本地法人银行的国际银行之一。花旗银行（中国）有限公司为美国花旗银行有限公司全资所有。目前，花旗银行（中国）有限公司在全国12个城市（北京、长沙、成都、重庆、大连、广州、贵阳、杭州、南京、上海、深圳和天津）拥有分支网点。

2017年8月11日，上海银监局发布六张行政处罚单，其中花旗银行部分分行因发放房地产贷款违反利率规定，以及信用卡违规整改不力，叠加共罚没 1 064 万元。据上海银监局开出的罚单（沪银监罚决字〔2017〕27 号）显示，2015 年 1 月至 10 月，经花旗银行（中国）有限公司审批同意，辖下部分分行在发放部分房地产贷款时，违反利率规定，且该行对低风险客户的信用卡发卡授信管理不审慎，截至 2015 年末逾期未改正。上海银监局依据《中华人民共和国银行业监督管理法》第 45 条第 4 项、第 46 条第 5 项，以及《商业银行信用卡业务监督管理办法》（银监会令 2011 年第 2 号）第 108 条的规定，对该行作出责令改正，罚没 1 064 万元的行政处罚决定。

【点评】

花旗银行是世界上全球化程度最高的金融服务连锁公司，2007 年 4 月，花旗银行成为首批注册成为本地法人银行的国际银行之一。花旗银行在中国经营应当遵守《商业银行法》和《外资银行管理条例》，受其母国美国和东道国中国的金融监管机构的双重监管，作为中国法人银行，其业务范围享受国民待遇，其在开展业务过程中违反中国法律法规或规章，中国金融监管机构有权对其进行行政处罚。

一、外资银行概述

（一）外资银行的概念

外资银行是指在我国境内设立的、由外国银行单独出资或者与其他外国金融机构或中国境内机构合资经营的银行类机构。

按现行《外资银行管理条例》确定的分类，外资银行分为外商独资银行、中外合资银行、外国银行分行、外国银行代表处四种形式。

（二）外资银行的法律地位

外商独资银行和中外合资银行是在中国注册成立的商业银行，法律地位上均是中国法人，依中国法律设立并自主经营，独立承担法律责任。

一般外资银行在东道国的法律地位按下述原则确定：

1. 对等互惠原则

一般东道国只对准许其本国国民进入外国金融市场开办银行的国家的国民开放本国金融市场，准许其设立外资银行；外国金融机构进入东道国金融市场的条件、经营范围依其母国如何对待东道国国民为参照。

2. 国民待遇原则

指外资银行在东道国享有同当地银行一样的待遇。这在《服务贸易总协定》中作为一项特定义务列明，规定第一成员方应在其承担义务计划表所列的部门中，依据表中所列的各种条件和资格，给予其他成员方的服务和服务提供者以国民待遇。这种待遇要求东道国对外资银行既不采取任何歧视措施，也不必予以特别优惠。

3. 保护主义原则

目前大部分国家和地区在准许外资银行进入本国（地区）的同时又在市场准入条件、业务范围、营业地域等方面加以限制，以此来保护本国（地区）金融业。只有我国香港地区作为自由港，其《银行业条例》给予外资银行与本地注册的银行完全的同等待遇。

二、外资银行监管立法

（一）立法概述

2001 年底，为履行我国加入世界贸易组织的承诺，国务院公布了修订后的《外资金融机构管理条例》并于 2002 年 2 月 1 日起施行。2006 年 12 月 11 日是我国加入世界贸易组织五周年的日子，也是国内金融业五年过渡保护期的结束。依“入世”承诺，我国应解除对外资银行从事人民币业务的地域限制与客户限制。2006 年 11 月 11 日国务院公布了新的《外资银行管理条例》，并于同年 12 月 11 日正式施行，其后分别于 2014 年 11 月、2019 年 9 月两次修订。

（二）《外资银行管理条例》的特点

我国《外资银行管理条例》具有下述特点：

一是全面履行“入世”承诺，取消人民币业务的地域和客户限制。

二是体现国民待遇原则。外资法人银行除设立条件按入世承诺外，准入程序、业务范围、监管标准尽量与中资银行一致。

三是遵循国际监管惯例，实行法人导向政策。对不具有本地法人资格的外国银行分行的人民币业务进行适度限制。所谓法人导向政策的内容是，外资银行必须依其法人资格所在国经营本币零售业务，这是各国对外资银行监管的普遍做法。

三、外资金融机构的监管内容

（一）设立与登记

1. 最低注册资本与营运资金

外商独资银行、中外合资银行的注册资本最低限额为 10 亿元人民币或等值的自由兑换货币，注册资本应是实缴资本。

外国银行分行应当由其总行无偿拨付不少于 2 亿元人民币或等值的自由兑换货币的营运资金。

2. 对外资银行股东资格的监管

《外资银行管理条例》对外商独资银行、中外合资银行的股东资格进行了规范，要求其具有持续营利能力、信誉良好，无重大违法违规记录，具有从事国际金融活动的经验，具有有效的反洗钱制度，外方股东受到所在国家或地区金融监管当局的有效监管等。对外商独资银行及中外合资银行的唯一或控股股东是外方金融机构的，还应具备下列条件：（1）为商业银行；（2）资本充足率符合所在国或地区以及中国银行业监管机构的规定。

3. 对设立外国银行分行的特别规定

拟设分行的外国银行还应具备下列条件：资本充足率符合所在国或地区以及中国银行业监管机构的规定。

（二）其他监管内容

1. 外资金融机构高级管理人员任职资格的规定

外资银行董事、高级管理人员、首席代表的任职资格应当符合国务院银行业监管机构规定的条件，并经国家金融监督管理总局批准。

2. 外资银行的业务范围

（1）外商独资银行、中外合资银行的业务范围与《商业银行法》确定的商业银行的业务范围基本一致。

（2）外国银行分行按法人导向政策确定其业务范围。与国内银行及外资法人银行（外商独资和中外合资银行）相比，外国银行分行业务范围受到的限制主要有三方面：一是不得从事银行卡业务；二是对中国境内公民吸收的人民币存款不得少于每笔 50 万元，且为定期存款；三是不得对中国境内居民个人提供人民币贷款业务。银行卡、个人消费信贷及居民个人的人民币活期存款或小额定期存款均属典型的商业银行零售业务，故外国银行只能从事对个人的人民币批发业务。

（三）关于双重监管

巴塞尔委员会1975年发布的《对银行国外机构监管的原则》明确指出：任何银行的国外机构都不能逃避监管，母国与东道国都有监管责任，双方应通力合作。该文件1983年修改稿和1992年《国际银行监管最低标准》规定，原则上应当由母国对跨国银行承担统一监管责任。《巴塞尔协议》1983年修订稿指出：如果东道国认为金融机构的母国对该机构的监管是不力的，则东道国可以禁止这种经营活动在本国的继续，或附加特定条件。

第三节　非银行金融机构法律制度

案例导入

2024年1月2日，委托人甲与A信托公司达成设立信托的意向书，对信托财产、信托受益人等事项作了约定，并约定双方于2024年1月15日签订信托合同。此前，委托人甲曾立下一份遗嘱，以其在资产管理运作方面有丰富经验的好友乙作为受托人，让乙管理甲死后的财产，受益人为甲的妻子和两个子女。后由于委托人甲出国，订立合同的事就此耽搁。2024年1月20日，委托人甲告知A信托公司他将于2024年2月1日回国，计划2月7日双方签订信托合同，合同由A信托公司依据意向书拟定。委托人甲在回国途中所乘飞机失事，甲不幸死亡。同年2月5日，甲的妻子在清理甲的遗产时发现遗嘱并交于乙，乙承诺接受该信托。A信托公司得知委托人甲遇难的消息后要求作为受托人管理其信托财产。那么，A信托公司与乙谁有权作为受托人管理信托财产？

【点评】

信托公司是重要的非银行金融机构，是信托行业的主要市场主体。它按信托合同约定受托管理信托财产，收益按信托合同约定条款由受益人享有，收取管理信托财产费用。受托人管理的信托财产具有独立性，与委托人、受托人、受益人的财产相区别，不受委托人、受托人、受益人债务追索或破产追索。依照《信托法》的规定，依法成立并有效的信托应具备几个要件：一是信托目的合法；二是信托财产确定且为委托人合法所有；三是受益人或受益人范围确定。本案例中，甲与A信托公司的信托合同尚未签订，因此信托合同并未成立，更未生效。委托人甲通过遗嘱设立了遗嘱信托，受托人乙接受了该遗嘱信托，乙承诺接受信托时遗嘱信托成立，乙作为受托人管理信托财产，这一信托属于民事信托，受托人无须具备特定的资质或条件。

非银行金融机构是针对商业银行而言的。以商业银行为主体的间接融资方式是资金融通的主渠道，银行以外的金融机构，如信托公司、金融租赁公司、财务公司和金融资产管理公司，在不同领域以不同的方式提供融资服务，但这些银行以外的金融机构均无权吸收公众存款和提供结算服务，这类金融机构习惯上统称为非银行金融机构。典型的非银行金融机构仅包括信托公司、金融租赁公司、财务公司和金融资产管理公司、贷款公司、汽车金融公司等，它们从事批发金融业务，不得吸收公众存款，而用自用资金或来自特定渠道的大额资金发放贷款或进行其他融资服务，由国家金融监督管理总局监管。

一、信托公司

信托公司是经银行业监管机构批准设立、以经营信托业务为主的非银行金融机构。信托公司及其信托业务主要由《信托法》《公司法》《民法典》《信托公司管理办法》《信托公司集合资金信托计划管理办法》来进行规范。

（一）信托概述

1. 信托与信托法律关系

《信托法》第2条规定：“本法所称信托，是指委托人基于对受托人的信任，将其财产权委托给受托人，由受托人按委托人的意愿以自己的名义，为受益人的利益或者特定目的，进行管理或者处分的行为。”这里的“信托”指的是信托行为，而委托人的信托行为产生的委托人与受托人、受益人之间的权利义务关系则称为信托法律关系。委托人，又称信托人，是指把自己的财产以信托的方式，委托给受托人经营（管理或处分）的人；受托人，又称被信托人，是指接受信托财产，并按约定的信托合同对信托财产进行经营的人，可以是自然人或法人。受益人，是指信托人指定的接受信托财产在经营中产生的利益的人，其享有的权利称为受益权。受益人可以是第三人，也可以是委托人自己，在信托合同中要明确。受益人是第三人的信托称为他益信托，受益人是委托人本人时，信托称为自益信托。委托人、受托人实施信托行为，确定委托人、受托人、受益人之间权利义务关系的协议称为信托合同。

2. 信托的基本构成要素

设立信托的行为是法律行为，设立信托须具备三要素（要件）：一是信托目的确定合法。信托行为的内容来源于委托人之意思，委托人须有明确的设立信托的意思，且信托内容应当合法。二是信托财产确定。信托是财产管理制度，没有信托财产，信托就失去了存在的载体，信托也就无法存在，因此合法确定的信托财产是设立信托的基本要素之一。三是受益人确定。设立信托阶段，应有明确的或至少可以明确的受益人。只有这样，信托目的才有承载的利益主体，信托才能被强制执行。[①]

3. 信托财产的独立性

根据《信托法》第 14 条的规定，信托财产，是受托人因承诺信托而取得的财产以及受托人因信托财产的管理运用、处分或其他情形而取得的财产。

《信托法》第 15 条至第 17 条是信托财产独立性的相关规范。所谓信托财产的独立性，是指信托财产独立于委托人、受托人与受益人，具体而言，信托财产与委托人未设立信托的财产相区别，与属于受托人所有的财产（一般称固有财产）相区别，且除设立信托前债权人已对信托财产享有优先受偿权，或因受托人处理信托事务产生债务，或信托财产本身应担负的税款外，对信托财产不得强制执行。换言之，由于信托财产是独立于委托人、受托人、受益人的财产，只要信托财产存续，信托财产不因委托人、受托人或受益人的原因受强制执行。委托人、受托人、受益人的债权人，无论是普通债权人还是优先债权人或破产债权人均不得主张对信托财产强制执行。

《信托法》第 15 条规定，信托财产与委托人未设立信托的其他财产相区别。设立信托后，委托人死亡或者依法解散、被依法撤销、被宣告破产时，委托人是唯一受益人的，信托终止，信托财产作为其遗产或者清算财产；委托人不是唯一受益人的，信托存续，信托财产不作为其遗产或者清算财产；但作为共同受益人的委托人死亡或者依法解散、被依法撤销、被宣告破产时，其信托受益权作为其遗产或者清算财产。

4. 受托人义务

《信托法》第 25 条规定："受托人应当遵守信托文件的规定，为受益人的最大利益

① 赵廉慧．信托法解释论．北京：中国法制出版社，2015.

处理信托事务。受托人管理信托财产，必须恪尽职守，履行诚实、信用、谨慎、有效管理的义务。”受托人义务主要包括信托合同的约定义务及法定的信义义务。约定义务主要指受托人须严格按信托合同履行的义务；而法定的信义义务则指忠实义务、谨慎义务和有效管理义务。忠实义务是指受托人须忠实于受益人的利益去处理信托事务。

（二）信托公司概述

1979 年，国务院批准成立了中国国际信托投资公司，金融信托开始恢复发展。2007 年 1 月中国银监会发布了修订后的《信托公司管理办法》，对信托公司设立、业务范围及监管制度都作出了明确的规定。同时银监会还发布了新的《信托公司集合资金信托计划管理办法》，对信托公司的主要信托业务进行了规范。

《信托公司管理办法》第 2 条规定：“本办法所称信托公司，是指依照《中华人民共和国公司法》和本办法设立的主要经营信托业务的金融机构。本办法所称信托业务，是指信托公司以营业和收取报酬为目的，以受托人身份承诺信托和处理信托事务的经营行为。”这就清晰地界定了信托公司的信托业务是营业信托，即以营利为目的的信托业务。

二、金融租赁公司

（一）融资租赁的概念

融资租赁，是指金融租赁公司作为出租人，根据承租人对租赁物和出卖人的选择，将其从出卖人处购得的租赁物按合同约定出租给承租人使用，向承租人收取租金的交易活动。2024 年国家金融监督管理总局公布的《金融租赁公司管理办法》对设立金融租赁公司进行了规范。金融租赁公司，是指经国家金融监督管理总局批准设立的，以经营融资租赁业务为主的非银行金融机构。

（二）融资租赁的特点

1. 租赁对象一般是固定资产

由于固定资产的价值往往比较高，企业直接购买会占用大量资金甚至根本买不起，此时便需要向第三方的金融租赁公司进行融资租赁，由金融租赁公司根据承租人（即经营中需要该固定资产的企业）对租赁物（往往是大型设备等固定资产）及出卖人的选择购买该固定资产，并出租给承租人。

2. 融资与融物相结合

承租人在租赁设备的同时解决了购置设备的资金来源，先行得到设备，将租物与借钱合为一体（租物即是借款）。

3. 所有权与使用权分离

在租期内，设备的使用权归承租人，设备的所有权仍归出租人。但承租人在租期内有责任对设备进行维护保养，租赁期满后依融资租赁合同享有续租、留购、退还等选择权。

4. 以租金形式分期归还本息

承租人先以较少的投资取得设备使用权，同时用使用租赁物所新创造的价值支付租金，并取得一定的收益，即“借鸡生蛋，以蛋还钱”，租金的本质是购买固定资产的本金与利息的分期归还。

三、财务公司

（一）财务公司的概念

银保监会 2022 年修订的《企业集团财务公司管理办法》（以下简称《财务公司管理办法》）是设立和管理财务公司的依据。

所谓财务公司，指以加强企业集团资金集中管理和提高企业集团资金使用效率为目的，为企业集团成员单位提供财务管理服务的非银行金融机构。财务公司只能由企业集团、外资跨国集团或外资投资性公司在中国境内设立。《财务公司管理办法》第 2 条规定：“本办法所称财务公司，是指以加强企业集团资金集中管理和提高企业集团资金使用效率为目的，依托企业集团、服务企业集团，为企业集团成员单位（以下简称成员单位）提供金融服务的非银行金融机构。外资跨国集团或外资投资性公司为其在中国境内的成员单位提供金融服务而设立的外资财务公司适用本办法的相关规定。”

《财务公司管理办法》第 3 条对企业集团、成员单位、外资跨国集团和外资投资性公司进行了界定。企业集团是指在中华人民共和国境内依法登记，以资本为联结纽带、以母子公司为主体、以集团章程为共同行为规范，由母公司、子公司、参股公司及其他成员企业或机构共同组成的企业法人联合体。成员单位包括母公司及其作为控股股东的公司（以下简称控股公司）；母公司、控股公司单独或者共同、直接或者间接持股 20%以上的公司，或者直接持股不足 20%但处于最大股东地位的公司；母公司、控股公司下属的事业单位法人或者社会团体法人。外资跨国集团是指在中华人民共和国境外依法登记的跨国企业集团。外资投资性公司是指外资跨国集团在中国境内独资设立的从事直接投资的公司。外资跨国集团或外资投资性公司适用《财务公司管理办法》中对母公司的相关规定。设立财务公司须具备法定的设立条件并按法定程序设立。

（二）财务公司注册资本来源与业务范围

1. 注册资本来源

财务公司的注册资本金应当主要从成员单位中募集，并可以吸收成员单位以外的合格的境内外法人金融机构出资。

2. 业务范围

《财务公司管理办法》第 19 条规定，财务公司可以经营下列部分或者全部本外币业务：（1）吸收成员单位存款；（2）办理成员单位贷款；（3）办理成员单位票据贴现；（4）办理成员单位资金结算与收付；（5）提供成员单位委托贷款、债券承销、非融资性保函、财务顾问、信用鉴证及咨询代理业务。第 20 条规定，符合条件的财务公司，可以向银保监会（现为国家金融监督管理总局）及其派出机构申请经营下列本外币业务：（1）从事同业拆借；（2）办理成员单位票据承兑；（3）办理成员单位产品买方信贷和消费信贷；（4）从事固定收益类有价证券投资；（5）从事套期保值类衍生产品交易；（6）银保监会批准的其他业务。

四、金融资产管理公司

（一）概念

1999 年国务院决定成立华融、长城、东方、信达四家金融资产管理公司，分别收购管理处置工、农、中、建四大国有银行剥离的不良资产，以便四大国有银行改制上市。

2000 年 11 月 10 日，国务院发布实施《金融资产管理公司条例》，该条例第 2 条规定：金融资产管理公司，是指经国务院决定设立的收购国有银行不良贷款，管理和处置因收购国有银行不良贷款形成的资产的国有独资非银行金融机构。

（二）设立与业务范围

1. 设立

《金融资产管理公司条例》第 5 条规定，金融资产管理公司的注册资本为人民币

100 亿元，由财政部核拨。第 6 条规定，金融资产管理公司由中国人民银行颁发《金融机构法人许可证》，并向工商行政管理部门依法办理登记。

2. 业务范围

《金融资产管理公司条例》第 10 条规定了金融资产管理公司的业务范围，金融资产管理公司在其收购的国有银行不良贷款范围内，管理和处置因收购国有银行不良贷款形成的资产时，可以从事下列业务活动：（1）追偿债务；（2）对所收购的不良贷款形成的资产进行租赁或者以其他形式转让、重组；（3）债权转股权，并对企业阶段性持股；（4）资产管理范围内公司的上市推荐及债券、股票承销；（5）发行金融债券，向金融机构借款；（6）财务及法律咨询，资产及项目评估；（7）中国人民银行、中国证券监督管理委员会批准的其他业务活动。

思考练习

一、单选题

1. 法人以其（　　）独立承担民事责任。

A. 股东财产　　B. 全部财产

C. 债权人财产　　D. 不动产

2. 全国性商业银行的注册资本最低限额为（　　）。

A. 一亿元人民币　　B. 十亿元人民币

C. 五千万元人民币　　D. 二十亿元人民币

3. 商业银行分支机构不具有法人资格，其民事责任由（　　）承担。

A. 商业银行分支机构自行　　B. 中国人民银行

C. 商业银行总行　　D. 存款保险公司

4. 我国《外资银行管理条例》遵循国际惯例，实行法人银行导向政策，对不具备中国法人资格的外国银行分行的人民币业务进行适度限制，外国银行分行在中国只能经营（　　）。

A. 东道国货币零售业务　　B. 东道国货币的所有业务

C. 其法人所在国本币零售业务　　D. 其法人所在国本币批发业务

5. 按照我国《信托法》，下列有关信托财产描述正确的是（　　）。

A. 受益人可以随时处分信托财产

B. 信托财产属于第三人

C. 信托财产由受益人占有

D. 信托财产应当与受托人的固有财产相分离

二、多选题

1. 商业银行在中国境内不得从事（　　），但国家另有规定的除外。

A. 信托投资业务　　B. 证券经营业务

C. 保险业务　　D. 非自用不动产投资

2.《商业银行法》第 27 条规定，有下列（　　）情形之一的，不得担任商业银行的董事、高级管理人员。

A. 因犯贪污、贿赂、侵占财产、挪用财产罪或破坏社会经济秩序罪，被判处刑罚，或者因犯罪被剥夺政治权利的

B. 担任因经营不善破产清算的公司、企业的董事或者厂长、经理，并对该公司、企业的破产负有个人责任的

C. 担任因违法被吊销营业执照的公司、企业的法定代表人，并负有个人责任的

D. 个人所负数额较大的债务到期未清偿的

3. 2007 年，银监会发布的《贷款风险分类指引》将商业银行贷款根据其风险大小进行分为五类，其中的（　　）称为不良贷款。

A. 关注类贷款　　B. 次级类贷款

C. 可疑类贷款　　D. 损失类贷款

4. 融资租赁的特点有（　　）。

A. 租赁对象一般是固定资产　　B. 融资与融物相结合

C. 所有权与使用权分离　　D. 以租金形式分期归还本息

5. 以下属于我国四大金融资产管理公司的有（　　）。

A. 信达资产管理公司　　B. 华融资产管理公司

C. 华夏资产管理公司　　D. 长城资产管理公司

三、案例分析题

某市甲信托投资企业在与乙企业签订的信托协议中约定，由甲信托投资企业负责将乙企业的自有闲余资金 3 000 万元用于投资，期限四年。在甲信托投资企业对该笔资金的运行过程中发生了如下事件：（一）甲信托投资企业的主管部门在年度检查中，发觉该企业将乙企业的信托资金存储在自己的资金账户上进行管理，且未单独立账。（二）在该笔资金投资两年后，乙企业得到了丰厚回报，甲信托投资企业提出自下一年度起要按投资回报的三成分享收益。（三）第四年，甲信托投资企业因业务繁忙，无暇

专顾，委托丙信托投资企业管理营运乙企业信托资金中的800万元，后者因管理不慎，导致了300万元的损失。

问

1. 甲信托投资企业对乙企业的信托财产在账目设置管理上存在什么问题？

2. 甲信托投资企业能否要求与乙企业按投资回报的三成分享收益？为什么？

3. 甲信托投资企业将800万元信托资金委托丙信托投资企业管理运营的行为是否恰当？为什么？

第三章 ▶ 金融市场交易基本法律——合同法概要

本章导读

金融市场交易是金融市场主体之间在市场中自愿进行的金融产品交易。它与一般实物交易的不同主要在于交易对象的不同，金融市场交易的金融产品主要是证券、服务或合同，是为了满足服务与融资需求而产生的交易，金融产品往往以证券或合约的形式出现，如股票、债券等证券产品以证券形式出现，而理财产品、保险产品、信托产品及存贷款服务等往往以理财合同、保险合同、存单和贷款合同形式出现。金融市场交易本身也都是通过合同行为来达成的，无论是证券市场的证券交易、期货交易、存贷款行为、借贷行为，还是购买理财产品、保险产品和信托产品，都是合同行为，同时大量的金融产品本身就是以合同形式出现的。因而，合同法对金融市场交易具有特别重要的基础地位。本章将着重讨论合同法的基本原理，为后续学习各种不同类型的金融市场交易规则与法律打下基础。

学习目标

1. 了解合同与合同法的基本精神与基本原则；
2. 熟悉合同与合同法的基本概念；
3. 掌握合同订立与成立、生效的程序与要件；
4. 了解合同无效、效力待定与撤销的一般原理与一般规定。

第一节 合同的概念与订立

▶ 案例导入

李某与靳某等借款合同纠纷案

2023年6月12日，靳某、董某与李某就靳某向李某借款人民币20万元签订《协议书》一份，载明："甲方（房屋出售方）：靳某。乙方（房屋购买方）：董某。丙方（款项出借方）：李某。甲、乙、丙三方经友好协商，就甲方向丙方借款一事自愿达成如下协议，三方承诺共同遵守：1. 甲方向丙方借款人民币20万元整，丙方以银行转账或现金的方式向甲方支付该款项；2. 现甲方已就出售位于某市某区某路×号院×号楼×层×号房屋与乙方达成房屋出售协议，乙方同意以银行按揭的方式购买上述房屋；3. 就甲方向丙方所借上述款项20万元，乙方同意在所购上述房屋的银行批贷函下发或领取房屋产权登记通知下发后当日，由乙方直接向丙方偿还（户名：李某，开户行：工商银行，账号：×××），甲方承担连带保证责任；4. 本协议履行过程中，如有争议，三方协商解决，协商不成的，任何一方均可向丙方所在地法院起诉，因解决此纠纷过程中，守约方所产生的费用包括但不限于诉讼费、交通费等均由违约方承担；5. 本协议一式三份，三方各执一份，自三方签字之日起生效。同日，靳某向李某出具《收条》一份，载明："今在某路我爱我家门口车里收到李某借款现金人民币贰拾万元整。特此证明。收款人：靳某。见证人：顾某。"2023年11月12日，靳某通过中国工商银行账户转账支付李某25 000元。后董某拒绝向李某偿还借款，李某遂将董某和靳某诉至法院，要求偿还借款本息。

某市某区人民法院认为：依法成立的合同受法律保护。当事人对自己提出的诉讼请求所依据的事实或者反驳对方诉讼请求所依据的事实有责任提供证据加以证明，否则应承担不利的法律后果。李某持有三方签订的债务转移协议书及靳某出具已收到李某借给20万元的证明，已经形成较为完整的证据链，可以据此确认董某已成为李某新的债务人，双方当事人之间已形成借贷法律关系，董某自愿承担还款义务。董某辩称已向靳某履行了足额给付购房款义务，协议书是因重大误解而签订，但其事后并未及时行使撤销权，协议书应属合法有效。民间借贷合同约定了还款期限，到期后借款人未偿还借款的，贷款人主张逾期利息，应当自合同到期之日的次日起，参照同期贷款基准利率或贷款基础利率向贷款人支付逾期利息。现李某要求董某偿还借款及利息的诉讼请求，有事实及法律依据，本院予以支持，具体数额以本院认定为准。靳某作为担保人在协议书上签字，应承担连带还款责任。综上，依照《中华人民共和国民法典》第551条、第577条，第688条，《中华人民共和国民事诉讼法》第一百四十四条之规定，判决如下：一、被告董某于本判决生效之日起十日内偿还原告李某借款本金177 856元；二、被告董某于本判决生效之日起十日内给付原告李某逾期利息（以177 856元为基数，按照同期LPR利率支付自二〇二三年十一月十三日始计算至付清之日止）；三、被告靳某对上述债务承担连带清偿责任；四、驳回原告李某其他诉讼请求。

【点评】

本案的焦点是董某因重大误解签订了债务转移协议书，但其事后并未及时行使撤销权，《协议书》是否合法有效。《民法典》第147条规定，基于重大误解实施的民事法律行为，行为人有权请求人民法院或者仲裁机构予以撤销。《最高人民法院关于适用〈中华人民共和国民法典〉总则编若干问题的解释》第19条规定："行为人对行为的性质、对方当事人或者标的物的品种、质量、规格、价格、数量等产生错误认识，按照通常理解如果不发生该错误认识行为人就不会作出相应意思表示的，人民法院可以认定为民法典第一百四十七条规定的重大误解。"构成重大误解有两个要件：(1) 行为人对行为的性质、对方当事人或者标的物的品种、质量、规格、价格、数量等的错误认识；(2) 使行为的后果与自己的意思相悖。

本案中董某对债务转移协议书的认识构成了重大误解，但其未在法定除斥期间90天内申请撤销该协议，该协议因而成为有效协议。董某应当履行该协议所确定的债务，即偿还原告李某借款本金及相应利息。

一、合同与合同法概述

（一）合同

1. 合同的概念

《民法典》第三编专门对合同进行了规范，第463条规定，本编调整因合同产生的民事关系。《民法典》第 464 条第 1 款对何谓合同进行了界定，称合同是民事主体之间设立、变更、终止民事法律关系的协议。《民法典》第 464 条第 2 款规定，婚姻、收养、监护等有关身份关系的协议，适用有关该身份关系的法律规定；没有规定的，可以根据其性质参照适用本编规定。这表明合同法上的合同不包括身份合同。

2. 合同的法律性质

合同具有如下法律性质和特征：

（1）合同是一种民事法律行为。合同以意思表示为要素，并且按意思表示的内容赋予法律效果，故为民事法律行为。

《民法典》第 133 条规定，民事法律行为是民事主体通过意思表示设立、变更、终止民事法律关系的行为。第 136 条第 1 款规定，民事法律行为自成立时生效，但是法律另有规定或者当事人另有约定的除外；第 136 条第 2 款规定，行为人非依法律规定或者未经对方同意，不得擅自变更或者解除民事法律行为。第 143 条规定，具备下列条件的民事法律行为有效：（1）行为人具有相应的民事行为能力；（2）意思表示真实；（3）不违反法律、行政法规的强制性规定，不违背公序良俗。

意思表示由效果意思与表意行为所构成，其中效果意思是指当事人自主地建立民事法律关系并接受法律效果约束的内心意思，表意行为则是通过法律允许的方式将内心意思表达于外部。二者合一为主观心理与客观行为。

（2）合同是两个以上当事人意思表示一致的法律行为。合同的成立必须有两方以上的当事人，他们互相为意思表示，并且意思表示一致。这是合同区别于单方法律行为的重要标志。

（3）合同是以设立、变更、终止民事权利义务关系为目的的民事法律行为。合同的目的在于设立、变更、终止民事权利义务关系。所谓设立，是指当事人通过意思表示，使他们之间产生民事权利义务关系的行为。所谓变更，是指当事人对于已经设立的民事权利义务关系，通过意思表示使其发生变化，形成新的民事权利义务关系的行为。所谓终止，是指当事人通过意思表示，使他们之间既有的民事权利义务关系归于消灭的行为。

（4）合同是当事人各方在平等、自愿的基础上产生的法律行为。当事人各方在订立合同时的法律地位是平等的，所为意思表示是自主自愿的，合同的主体是自然人、法人、非法人组织。

（5）合同法上的合同关系仅限于财产关系，身份关系（如婚姻、收养等关系）的协议不属于《民法典》合同编的合同。

（二）合同法

合同法，即有关合同的法律规范的总称，是调整平等主体之间的交易关系的法律。它包括界定合同的法律规范，订立合同的法律规范，合同成立条件的法律规范，合同内容的法律规范，合同效力的法律规范，合同无效、被撤销、效力未定的法律规范，合同履行的法律规范，合同救济的法律规范，合同消灭的法律规范，合同解释和适用的法律规范，各种不同类型的法律规范（有名合同）等。

我国合同法的主要规范包括《民法典》第三编合同编，《民法典》第一编总则编、第二编物权编中关于物权担保合同的法律规范，以及最高人民法院的司法解释中的合同法规范。

在现代社会，合同法调整平等主体之间基于平等、自愿原则而发生的转让物品或权利、完成工作等交易关系，故合同法是交易法。这些交易关系中的交易标的价值或交换价值用货币来衡量评价，具有财产价值，故合同法是财产法。交易关系由当事人自主自愿设立、变更或终止，合同法规范大多反映的是当事人交易的模式或交易规则，允许当事人依其意思加以改变，故合同法基本上为任意法。合同法全面规制市场交易活动，是市场经济的核心交易规则，故其为市场经济社会的基本法律。

二、合同的订立

（一）合同订立的概念

合同订立，指缔约人为意思表示并达成合意的行为。它描述的是缔约各方自接触、洽商直至达成合意的过程，是动态行为和静态协议的统一体，因此订立合同是一个行为过程与状态。《民法典》第 471 条规定，当事人订立合同，可以采取要约、承诺方式或者其他方式。

（二）要约

1. 要约的概念

要约，是一方当事人以缔结合同为目的，向对方当事人提出合同条件，希望对方当事人接受的意思表示。《民法典》第 472 条规定，要约是希望与他人订立合同的意思表示，该意思表示应当符合下列条件：（1）内容具体确定；（2）表明经受要约人承诺，要约人即受该意思表示约束。

这表明，构成要约必须符合以下条件：(1) 要约必须是特定人所为的意思表示，即要约人（发出要约之人）向相对人（受要约人）所作出的含有合同条件的意思表示，旨在得到受要约人的承诺并成立合同。(2) 要约必须向相对人（受要约人）发出。要约必须经过相对人的承诺才能成立合同。相对人一般是特定人，但特殊情况下，相对人也可以是不特定人，如悬赏广告即是针对不特定人发出的，一旦不特定的相对人承诺，依然成立合同。(3) 要约必须具有缔结合同的目的。要约人发出要约的目的在于订立合同，这一目的必须在要约中明确表达出来，方能使受要约人明确要约人之订约目的。这一要件使要约区别于要约邀请，要约邀请的目的是希望他人向自己发出要约的意思表示，不以直接订约为目的。(4) 要约的内容必须具体明确。要约内容不明确，受要约人便不能清楚了解要约的具体内容，难以作出承诺的意思表示。要约的内容必须具备足以使合同成立的主要条件即主要条款，如标的、数量、质量、价款或者报酬、履行期限、地点和方式等。要约还应明确表明，受要约人一旦承诺，要约人即受该要约约束，且一经受要约人承诺，合同即告成立。

2. 要约邀请

要约邀请，又称要约引诱，是希望他人向自己发出要约的意思表示。《民法典》第473条第1款规定，要约邀请是希望他人向自己发出要约的意思表示。拍卖公告、招标公告、招股说明书、债券募集办法、基金招募说明书、商业广告和宣传、寄送的价目表等为要约邀请。要约邀请的目的不是订立合同，而是邀请相对人（大多是不特定的）向其为要约的意思表示。

但是，如果商业广告的内容清楚、确定，并足以使相对人知晓其对待义务，可构成要约。《民法典》第473条第2款也规定，商业广告和宣传的内容符合要约条件的，构成要约。对于悬赏广告，《民法典》第499条规定，悬赏人以公开方式声明对完成特定行为的人支付报酬的，完成该行为的人可以请求其支付。这表明符合条件的悬赏广告，构成要约。

3. 要约的效力

要约的法律效力，又称要约的拘束力，是指要约的生效及对要约人、受要约人的拘束力。它包括如下内容：

(1) 要约生效的时间。采用到达主义，要约到达受要约人时生效。

(2) 对要约人的拘束力。要约一经生效，要约人即受到要约的拘束，不得随意撤销或对要约加以限制、变更或扩张。这一拘束力是为了维护交易安全，保护受要约人的合法权益。

（3）要约赋予受要约人以承诺权。受要约人在要约生效时即取得承诺的权利，或者说取得依其承诺而成立合同的法律地位。本质上，这一拘束力是一种权利，可以承诺，也可以不予承诺。

（4）要约的存续期间。指要约发生法律效力的期间，即受要约人得以承诺的期间，简称为承诺期间。分为要约中定有承诺期间的情形和未定有承诺期间的情形，对后者，区分对话和非对话方式作出要约。以对话方式作出的，承诺应即时作出；以非对话方式作出的，承诺应当在合理期限内到达要约人。（《民法典》第 481 条）

（三）承诺

1. 承诺的概念与构成要件

承诺，是受要约人作出的同意要约以成立合同的意思表示（《民法典》第 479 条）。承诺的构成要件如下：

（1）承诺必须由受要约人作出。承诺是要约人的相对人的行为，只有受要约人享有承诺的资格，因此，承诺须由受要约人作出。受要约人为特定人时，承诺由该特定人作出；受要约人为不特定人时，承诺由该不特定人中的任何人作出。受要约人的代理人可代为承诺。

（2）承诺须向要约人作出。受要约人承诺的目的在于同要约人订立合同，故承诺只有向要约人作出才有意义。向要约人的代理人作出承诺有同样的意义。

（3）承诺的内容必须与要约的内容一致。承诺是受要约人愿意按照要约的内容与要约人订立合同的意思表示，所以，欲取得成立合同的法律效果，承诺就必须在内容上与要约的内容一致。如果受要约人在承诺中对要约的内容加以扩张、限制或者变更，便不构成承诺，而应视为对要约的拒绝而构成反要约。

（4）承诺必须在承诺的有效期限内作出。要约在其存续期间内才有效力，包括一旦受要约人承诺便可成立合同的效力，因此，承诺必须在此期间内作出。凡在要约的存续期间届满后承诺，都构成迟到的承诺，除要约人及时通知受要约人该承诺有效的以外，不发生承诺的效力，应视为新要约（《民法典》第 486 条）。

2. 承诺的方式

承诺的方式，指承诺人采用何种方式将承诺通知送达要约人。《民法典》第 480 条对承诺的方式作了规定：承诺应当以通知的方式作出；但是，根据交易习惯或者要约表明可以通过行为作出承诺的除外。

3. 承诺的生效

《民法典》第 483 条规定“承诺生效时合同成立”。具体而言，非对话人之间采用合同书形式订立合同的场合，若承诺生效与双方当事人签字或盖章的时间一致，则承诺生效合同成立；反之，则最后签字或盖章的时间为合同成立之时。承诺生效，在诺成合同场合使合同成立；在实践合同场合，若交付标的物先于承诺生效，同样使合同成立，若交付标的物在承诺生效之后，则合同自交付标的物时成立。

例如，消费者在商场购物，我们可以从交易过程的分析来理解合同订立的过程中何为要约、何为承诺。

当消费者甲看中一件风衣后，开始试穿，如果满意，甲即开始询价。比如风衣标价 2 000 元，甲提出八折即 1 600 元能否卖，柜长乙根据其价格权限会给出新报价，比如只能打九折 1 800 元，甲则继续还价，称太贵，还价到 1 700 元，这时乙会请示领导或提供其他优惠给出新价格如 1 750 元，并称这是最低价了。此情形下甲同意以 1 750 元成交。这一讨价还价的过程，就是不断“要约—反要约—反要约……承诺”的过程。甲第一次报价八折 1 600 元即为甲向乙（代表商场）的要约，乙给出报价 1 800 元为反要约，甲再次还价至 1 700 元为第二个反要约，乙最后报价 1 750 元为第三次反要约，甲最终同意以 1 750 元成交为承诺。要约、反要约可以不断地重复多次，但承诺只能有一次。承诺到达对方时（此处为甲明确作出同意以 1 750 元价格成交的表示），风衣买卖合同成立。之后甲付款、乙交付风衣的过程为风衣买卖合同的履行。

第二节　合同的效力

▶ 案例导入

顾某华与被上诉人周建某房屋买卖合同纠纷案

某市某区人民法院经审理查明：顾某华与丈夫周某胜有四子（长子周大某、二子周根某、三子周来某、四子周建某即本案被上诉人）三女（长女周某兰、二女周某珍、小女周某红）。顾某华与周某胜及周建某均系某市航运实业总公司职工。顾某华夫妻与周建某夫妻及周某（系周建某之子）五人共同生活并居住于某市航运一村

×幢×室。1994 年 1 月顾某华以购房人的身份参加房改，与某市航运实业总公司签订了《湖州市区公有住房买卖协议书》，出资 5 268.15 元价款购买了某市航运一村×幢×室房屋（建筑面积 55.92 平方米）50%的产权。周某胜于 1994 年 10 月 25 日病故，顾某华与周建某夫妻等四人仍继续共同生活与居住。1999 年 6 月 30 日顾某华又出资 8 557.97 元购买了上述房屋剩余 50%的产权，同年 7 月 1 日顾某华委托周建某之妻胡某花与某市航运实业总公司签订了《某市区公有住房买卖协议书》，并将该房屋产权登记在顾某华名下。顾某华的七个子女当时均已知晓该房屋产权登记在顾某华名下。因涉及国家对房产交易税收的调整因素，2003 年 9 月 27 日顾某华在长子周大某的陪同下前往房产管理部门与作为周建某代理人的胡某花以周建某的名义签订房屋买卖合同一份，将房屋以买卖形式过户至周建某名下，房屋买卖合同载明价款为 60 000 元，但周建某至今未支付该房款。2020 年 11 月，顾某华的子女对顾某华赡养及湖州航运一村×幢×室房屋产权过户问题发生纠纷，经社区的人民调解委员会调解未果。2021 年 8 月 16 日顾某华的长子周大某、二子周根某、三子周来某、小女周某红作为原告将其母顾某华、周建某作为被告诉至原审法院，以其母顾某华与周建某恶意串通为理由，请求判决确认其母顾某华与周建某于 2003 年 9 月 27 日签订的房屋买卖合同无效，案件审理后，周大某等四人于同年 9 月 16 日申请撤回起诉。2023 年，顾某华以受周建某欺骗将房屋过户至周建某名下为由诉至原审法院，要求撤销房屋买卖合同，将前述房屋重新登记至顾某华名下。

法院认为：双方于 2003 年 9 月 27 日签订的房屋买卖合同合法有效，应受法律保护。顾某华要求撤销该房屋买卖合同的请求，不予支持。理由如下：1. 签订房屋买卖合同时，顾某华、周建某双方均具有完全民事行为能力。2. 顾某华亲自到房产管理部门并在房屋买卖合同上摁印，证明顾某华同意将房产过户给周建某，尤其是有顾某华的长子周大某陪同其前往房产管理部门，顾某华及其长子更应知晓前往房产管理部门的目的和将产生的法律后果。3. 顾某华的长女周某兰、二女周某珍均知晓顾某华将房屋出售给周建某的事实。4. 顾某华至今未提供其受周建某欺骗而将房屋出售给周建某的证据，要求撤销已经发生法律效力的房屋买卖合同，不符合法律规定和生活常理。5. 即使顾某华先前不知该房屋被过户之事，但在 2020 年 11 月 28 日为赡养之事发生纠纷，经人民调解委员会调解时，顾某华及其他子女已知晓该房屋被过户至周建某名下的事实，顾某华应及时行使撤销权。顾某华在 2023 年提起撤销权诉讼，已超过《中华人民共和国民法典》第 152 条规定的一年期间，顾某华已不享有行使撤销权的权利。综上所述，顾某华的诉讼请求缺乏事实和法律依据，故不予支持。原审法院据此，依照《中华人民共和国合同法》第六条、第八条，《中华人民共和国民事诉讼法》第六十四条第一款，《最高人民法院关于民事诉讼证据的若干规定》第二条之规定，判决：驳回顾某华的诉讼请求。

本案的争议焦点：一是顾某华与周建某签订的房屋买卖合同是否存在欺诈行为而应予撤销；二是顾某华行使撤销权是否超过法律规定的一年除斥期间。

【点评】

本案所涉房屋买卖合同依法成立，具有法律效力。顾某华主张其受周建某欺骗而将房屋出售给周建某，就负有举证其因受欺诈而签订合同的义务，顾某华未能提供其受欺诈的证据，因而无权要求撤销已经发生法律效力的房屋买卖合同。基于案涉合同是合法有效的，不存在顾某华是否行使其撤销权的问题。因而本案判决是正确的。

一、合同的有效与生效

合同的效力，即合同的法律效力，指法律赋予依法成立的合同具有拘束当事人各方乃至第三人的强制力。合同的效力，从根本上说，是合同法等法律赋予合同的，由国家强制力保障，在债务人违约时，法律依守约方的请求通过司法程序强制违约方实际履行或承担其他不利后果。《民法典》就合同的效力问题规定了有效合同、无效合同、可撤销合同、效力待定合同等四种情况。

（一）合同的有效

合同有效，指合同符合《民法典》第 143 条规定的有效要件时的状态。根据《民法典》第 143 条的规定，具备下列条件的民事法律行为有效：

（1）行为人具有相应的民事行为能力。《民法典》第 2 条规定了民法调整的平等主体包括自然人、法人和非法人组织。自然人签订合同，原则上须有完全民事行为能力，限制民事行为能力人和无民事行为能力人不得亲自缔约，由其法定代理人代为签订，但纯获利益或被免除义务的合同除外，限制民事行为能力人可签订与其年龄、智力和精神健康状况相适应的合同。

（2）意思表示真实。指缔约人的表示行为应真实地反映其内心的效果意思，即其效果意思与表示行为相一致。意思表示不真实，对合同效力的影响视具体情形而定，《民法典》针对不同情形作了不同的规定。

（3）不违反法律、行政法规的强制性规定，不违背公序良俗。

（二）合同的生效

《民法典》第 502 条第 1 款规定：“依法成立的合同，自成立时生效，但是法律另有规定或者当事人另有约定的除外。”这是合同何时生效的法律规定，生效的前提当然是合同有效，无效的合同是不可能发生法律效力的。

生效的合同对当事人具有法律约束力，国家法律予以保护，当事人应当按照约定履行自己的义务，不得擅自变更或解除合同；无效合同不具有法律约束力。

二、合同的无效

（一）合同无效的界定

所谓合同无效，是指合同严重欠缺有效要件，合同内容不具有法律约束力且不发生履行效力。

无效合同自始没有法律约束力，国家不予承认和保护。

（二）合同不成立与合同无效的区别

合同不成立是指因欠缺合同成立的要件，而导致合同未成立。合同成立的要件包括合同主体适格、意思表示一致、标的确定可能，欠缺任一要件，合同均不能成立。

合同无效则是指合同虽然成立，但欠缺有效要件而导致合同无效。

（三）合同无效的情形

《民法典》第 508 条规定：“本编对合同的效力没有规定的，适用本法第一编第六章的有关规定。”这是合同效力的援引条款。《民法典》总则编第六章对民事法律行为的效力作了全面系统的规定，包括民事法律行为的无效情形。合同属于双方或多方民事法律行为，合同编没有规定的，自然应该适用《民法典》总则编第六章的有关规定。《民法典》第 144 条规定，无民事行为能力人实施的民事法律行为无效；第 146 条规定，行为人与相对人以虚假的意思表示实施的民事法律行为无效；第 153 条规定，违反法律、行政法规的强制性规定的民事法律行为无效，但是，该强制性规定不导致该民事法律行为无效的除外；第 154 条规定，行为人与相对人恶意串通，损害他人合法权益的民事法律行为无效。《民法典》第 506 条规定：“合同中的下列免责条款无效：（一）造成对方人身损害的；（二）因故意或者重大过失造成对方财产损失的。”具体而言，合同无效有如下情形：

1. 无民事行为能力人签订的合同无效

自然人的民事行为能力因年龄、智力、精神健康状况不同划分为三种不同类型：第一类是完全民事行为能力人，指年满18周岁的成年人；16周岁以上的未成年人，以自己的劳动收入为主要生活来源的，视为完全民事行为能力人。完全民事行为能力人可以独立实施民事法律行为。第二类是限制民事行为能力人，包括8周岁以上的未成年人以及不能完全辨认自己行为的成年人。限制民事行为能力人可以独立实施纯获利益的民事法律行为或者与其年龄、智力、精神健康状况相适应的民事法律行为。第三类是无民事行为能力人，包括不满8周岁的未成年人以及不能辨认自己行为的成年人。8周岁以上的未成年人不能辨认自己行为的，也为无民事行为能力人。无民事行为能力人由其法定代理人代理实施民事法律行为。无民事行为能力人自行实施的民事法律行为无效，其签订的合同也当然无效。

2. 合同当事人以虚假的意思表示签订的合同无效

《民法典》第146条第1款规定："行为人与相对人以虚假的意思表示实施的民事法律行为无效。"所谓虚假的意思表示，又称虚伪表示，是指行为人与相对人都知道自己所表示的意思并非真意，通谋作出与真意不一致的意思表示。这种虚假的意思表示表面上希望达成的法律效果，不是双方希望达成的真实效果，即双方均不希望此行为能够真正地发生法律上的效力。这一"意思表示"所指向的法律效果并非当事人的内心真意，双方对此互相知晓，如果认定其为有效，有悖于意思自治的原则。因而，对通过虚假的意思表示实施的民事法律行为的效力应当予以否定，以虚假的意思表示签订的合同无效。

3. 违反法律、行政法规的强制性规定的合同无效，违反公序良俗的合同无效

《民法典》第153条规定："违反法律、行政法规的强制性规定的民事法律行为无效，但是该强制性规定不导致该民事法律行为无效的除外。违反公序良俗的民事法律行为无效。"

在民事法律行为有效的三项要件中，不违反法律、行政法规的强制性规定以及不违反公序良俗，体现的是对个人意思自治与行为限制的一项重要条件。由于强制性规定和公序良俗背后体现的是对国家利益、社会公共利益的维护，世界各国的民事立法均将违反这些规定及违背公序良俗的行为确定为无效。民事法律行为违反强制性规定无效有一种例外，即当强制性规定本身并不导致民事法律行为无效时，民事法律行为并不无效。某些强制性规定尽管要求民事主体不得违反，但其并不导致民事法律行为无效。违反法律规定的后果应由违法一方承担，没有违法的当事人不应承受一方违法的后果。例如，一家经营水果的商店出售种子，农户购买了该种子，该商店违法经营种子，必须承担违法责任，但出于保护农户的目的，不宜认定该买卖行为无效。如果该种子质量合格，且农户已将种子播种下地并长出幼苗，若认定买卖无效，则水果店应返还所收种子钱款，而农户应返还种子，因种子已播种，无法返还，则要返还相应种子的价款，水果店要承担合同无效所致的损害，最终导致农户与水果店双输的结果，因此不宜认定该买卖行为无效。

合同行为是民事法律行为，因此，违反法律、行政法规的强制性规定的合同无效，违反公序良俗的合同无效。

4. 合同当事人恶意串通，损害他人合法权益的合同无效

《民法典》第154条规定："行为人与相对人恶意串通，损害他人合法权益的民事法律行为无效。"所谓恶意串通，是指行为人与相对人互相勾结，为谋取私利而实施的损害他人合法权利的民事法律行为。恶意串通的民事法律行为在主观上要求双方有互相串通、为谋取私利而损害他人合法权益的目的，客观上表现为实施了一定形式的行为来达到这一目的。双方串通的目的是通过损害他人来实现自己的利益。因此法律上对这种恶意串通行为确定为无效，能够最大限度地实现对第三方合法权益的保护。相应地，合同当事人恶意串通，损害他人合法权益的合同当然无效。

5. 《民法典》第506条规定情形的合同中的免责条款无效

合同中的免责条款是指合同双方当事人在合同中约定的免除或者限制一方或双方当事人责任的条款。现代合同中的免责条款一般具有如下特征：一是免责条款具有约定性，是双方当事人协商同意的合同的组成部分。二是免责条款应当以明示的方式作出，以默示的方式作出的免责通常是无效的。三是免责条款具有免责性。免责条款的目的就是排除或限制当事人的民事责任。一般来说，当事人经过充分协商确定的免责条款，只要是建立在当事人自愿的基础上，又不违反社会公共利益的，法律承认免责条款的效力。但是，对于严重违反诚信原则和社会公共利益的免责条款，法律是禁止的，否则不但会造成免责条款的滥用，而且会严重损害一方当事人的利益，也不利于保护正常的合同交易。《民法典》正是基于上述原因规定了一定情形的免责条款无效，第506条规定："合同中的下列免责条款无效：（一）造成对方人身损害的；（二）因故意或者重大过失造成对方财产损失的。"

（四）格式合同条款及其免责条款无效

格式合同条款，指合同条款由当事人一方预先拟定，对方只有同意该条款方能成

立合同。一方所提供的合同条款，是格式合同条款，简称为格式合同或格式条款，又称定型化契约或定型化契约条款，或叫标准合同或标准合同条款。

格式合同条款的法律特征：(1) 格式条款具有广泛性、持久性和细节性。(2) 格式条款具有单方事先决定性。(3) 格式条款具有不变性。(4) 格式条款以书面明示为原则。(5) 提供格式条款的一方具有绝对的优势地位，使其有可能将预定的格式条款强加于对方，从而排除或降低双方就格式条款进行协商的可能性。

《民法典》第 496 条第 1 款规定："格式条款是当事人为了重复使用而预先拟定，并在订立合同时未与对方协商的条款。"第 496 条第 2 款规定："采用格式条款订立合同的，提供格式条款的一方应当遵循公平原则确定当事人之间的权利和义务，并采取合理的方式提示对方注意免除或者减轻其责任等与对方有重大利害关系的条款，按照对方的要求，对该条款予以说明。提供格式条款一方未履行提示或者说明义务，致使对方没有注意或者理解与其有重大利害关系的条款的，对方可以主张该条款不成为合同的内容。"《民法典》第 498 条规定："对格式条款的理解发生争议的，应当按照通常理解予以解释。对格式条款有两种以上解释的，应当作出不利于提供格式条款一方的解释。格式条款和非格式条款不一致的，应当采用非格式条款。"此即格式条款的不利解释原则。

《民法典》第 497 条规定："有下列情形之一的，该格式条款无效：(一) 具有本法第一编第六章第三节和本法第五百零六条规定的无效情形；(二) 提供格式条款一方不合理地免除或者减轻其责任、加重对方责任、限制对方主要权利；(三) 提供格式条款一方排除对方主要权利。"

三、合同的撤销

可撤销合同是指因合同符合法定可撤销情形，经有撤销权的当事人行使撤销权，使已经生效的合同归于无效的合同。可撤销合同的撤销要由有撤销权的当事人通过行使撤销权来实现；可撤销合同的撤销须由人民法院或仲裁机构做出。《民法典》第 147 条至第 151 条规定了四种可撤销的民事法律行为，相应地，这四种情形的合同可撤销。

(一) 因重大误解订立的合同

误解指表意人所表示出来的意思与其真实意思不一致，而这种不一致是表意人为意思表示时所不知或误认的。其构成需满足如下要件：意思表示成立；表示行为与效果意思不一致；不一致为表意人所不知或误认并归责于自己。重大误解，指民事主体在从事民事活动时对行为的性质、对方当事人及标的物的品种、价格、质量、规格和数量的错误认识，使行为后果与自己的意思相悖，并将造成较大利益损失。《民法典》第147条规定："基于重大误解实施的民事法律行为，行为人有权请求人民法院或者仲裁机构予以撤销。"因此，因重大误解订立的合同可以撤销。

（二）因一方或第三人欺诈订立的合同

《民法典》第148条规定："一方以欺诈手段，使对方在违背真实意思的情况下实施的民事法律行为，受欺诈方有权请求人民法院或者仲裁机构予以撤销。"民法中的欺诈，一般指行为人故意欺骗他人，使对方陷入错误判断，并基于此错误判断作出意思表示的行为。欺诈的构成要件一般包括四项：一是行为人须有欺诈之故意。这种故意既包括使对方陷入错误判断的故意，也包括诱使对方基于此错误判断而作出意思表示的故意。二是行为人须有欺诈的行为。这种行为既可以是故意虚构虚假事实，也可以是故意隐瞒应当告知的真实情况等。三是受欺诈人因行为人的欺诈行为陷入错误判断，即欺诈行为与错误判断之间存在因果关系。四是受欺诈人基于错误判断作出意思表示。合同欺诈，指一方当事人为了获取非法利益，故意捏造虚假情况，或歪曲、掩盖真实情况，使相对人陷入错误认识，并因此作出不符合真意的意思表示，从而订立、履行合同的行为。一方以欺诈手段，使对方在违背真实意思的情况下订立的合同，受害方有权请求人民法院或者仲裁机构撤销该合同。

除了因合同一方当事人的欺诈行为致对方陷入错误判断，并据此作出意思表示外，第三人的欺诈也可能致合同当事人陷入错误判断并作出错误的意思表示。当然，这里的第三人一般是与合同当事人一方存在某种关系的特定人，其实施欺诈的目的有可能是为了帮助与其有特定关系的当事人达成目的，也有可能是最终为了实现自己的目的，如第三人为了达到使A尽快偿还所欠其债务的目的，劝说B购买A所收藏的仿真画作，谎称该画作为真品，B信以为真，购买了该画作，A用所得的价款偿还了对该第三人的债务。故《民法典》第149条规定："第三人实施欺诈行为，使一方在违背真实意思的情况下实施的民事法律行为，对方知道或者应当知道该欺诈行为的，受欺诈方有权请求人民法院或者仲裁机构予以撤销。"

（三）一方或第三人以胁迫手段使对方订立的合同

所谓胁迫，是指行为人通过威胁、恐吓等不法手段对他人思想上施加强制，由此使他人产生恐惧心理并基于这种恐惧心理作出意思表示的行为。胁迫的构成要件一般包括：一是胁迫人主观上有胁迫的故意，即故意实施胁迫行为使他人陷入恐惧以及基于此恐惧心理作出意思表示。二是胁迫人客观上实施了胁迫的行为，即以将要实施某种加害行为威胁受胁迫人，以此使受胁迫人产生心理恐惧。三是胁迫须具有不法性，包括手段或目的的不法性，反之则胁迫不成立。四是受胁迫人基于胁迫产生的恐惧心理作出意思表示，即意思表示的作出与胁迫存在因果关系。

《民法典》第150条规定："一方或者第三人以胁迫手段，使对方在违背真实意思的情况下实施的民事法律行为，受胁迫方有权请求人民法院或者仲裁机构予以撤销。"

(四) 一方利用对方处于危困状态、缺乏判断能力等订立的显失公平的合同

《民法典》第151条规定："一方利用对方处于危困状态、缺乏判断能力等情形，致使民事法律行为成立时显失公平的，受损害方有权请求人民法院或者仲裁机构予以撤销。"显失公平，包括两项要件：一是主观上民事法律行为的一方当事人利用了对方处于危困状态、缺乏判断能力等情形。所谓危困状态，一般指因陷入某种暂时性的急迫困境而对于金钱、物的需求极为迫切等。二是客观上民事法律行为成立时显失公平。显失公平指双方当事人在民事法律行为中的权利义务明显失衡、显著不相称。显失公平的判断时点限定为民事法律行为成立时。

行使撤销权的期间一般为1年，重大误解的为90天，自知道撤销事由时起算，最长期间为5年，自行为发生时起算。《民法典》第152条规定："有下列情形之一的，撤销权消灭：（一）当事人自知道或者应当知道撤销事由之日起一年内、重大误解的当事人自知道或者应当知道撤销事由之日起九十日内没有行使撤销权；（二）当事人受胁迫，自胁迫行为终止之日起一年内没有行使撤销权；（三）当事人知道撤销事由后明确表示或者以自己的行为表明放弃撤销权。当事人自民事法律行为发生之日起五年内没有行使撤销权的，撤销权消灭。"

四、效力待定合同

合同虽然成立，但其效力能否发生，尚未确定，对于某些方面不符合合同生效的要件，但并不属于上述无效合同或可撤销合同，法律允许根据情况予以补救的合同，为效力待定合同。

在以下情况下，法律允许采取补救措施，使之成为有效合同：

（1）限制民事行为能力人订立的合同，经其法定代理人追认后，该合同有效。《民法典》第 145 条规定：“限制民事行为能力人实施的纯获利益的民事法律行为或者与其年龄、智力、精神健康状况相适应的民事法律行为有效；实施的其他民事法律行为经法定代理人同意或者追认后有效。”

（2）行为人没有代理权、超越代理权或者代理权终止后以被代理人名义订立的合同，未经被代理人追认，对被代理人不发生效力，由行为人承担责任。相对人可以催告被代理人在一个月内予以追认。追认的意思表示自到达相对人时生效，合同自订立时生效。《民法典》第 171 条规定：“行为人没有代理权、超越代理权或者代理权终止后，仍然实施代理行为，未经被代理人追认的，对被代理人不发生效力。”

五、合同的主要分类

（一）诺成合同与实践合同

以合同的成立是否须交付标的物或完成其他给付为标准，可将合同分为诺成合同与实践合同。

诺成合同，指双方当事人的意思表示一致即成立的合同。买卖合同是典型的诺成合同。贷款合同也是诺成合同。

实践合同，又称要物合同，指除双方当事人的意思表示一致以外，尚须交付标的物或完成其他给付才能成立的合同。储蓄存款合同和自然人之间的借款合同即属实践合同。

（二）要式合同与不要式合同

以合同的成立是否必须采用法律或当事人要求的形式为标准，可将合同分为要式合同和不要式合同。

要式合同，指法律或当事人要求必须具备一定形式的合同。反之，法律或当事人不要求必须具备一定形式的合同，即为不要式合同。不要式合同并非拒绝合同采取书面形式，只是法律不强求特定的形式，允许当事人自由选择合同形式，当事人完全可以约定合同采取特定的形式，如书面形式等。法律规定为要式合同的，形式在法律效力上也不完全一致，某些要式合同，不具备法定形式则合同不成立；有的要式合同，不具备法定形式只是不生效或是仅仅不能向法院诉请强制执行。

（三）双务合同与单务合同

以给付义务是否由双方当事人互负为标准，可将合同分为双务合同和单务合同。

双务合同，是双方当事人互负对待给付义务的合同，即一方当事人之所以负给付义务，是因为取得对方当事人的对等给付。如买卖、租赁、借款合同均属之。

单务合同，是仅一方当事人负给付义务的合同。赠与、借用合同为其代表。

第三节 违约责任

案例导入

陈某诉某市某房地产开发有限公司商品房预售合同纠纷案

2019 年 5 月 17 日，陈某（原告）与某市某房地产开发有限公司（被告）签订《某市商品房买卖合同（预售）》，订明原告向被告购买某市某区江南大道以东、华东路以南、某路以北地段××广场自编 B1 幢 27 层××号房，房价总额 3 081 547 元。

被告同意原告以分期付款方式支付房款。逾期付款的违约责任：如果原告未能按照本合同第八条约定的期限将各期房款支付至预售款监控账号，被告有权要求原告每日按未支付房价款 0.05%的标准支付违约金；经被告催告，逾期超过 30 日仍未支付的，被告有权解除合同。

交房条件：该商品房项目工程竣工验收合格，并取得建设工程质量监督机构出具的商品房建设项目符合验收管理规定的《建设工程质量监督报告》和规划、公安消防、人防、环保部门出具的认可文件或准许使用文件。满足供水、供气、供电及通邮等必要居住条件，并取得公共服务单位出具的永久供水、供气、供电、通邮的证明文件。被告应当在 2020 年 6 月 30 日前将作为本合同标的物的房屋交付原告使用。（第十四条）延期交房的违约责任：每逾期交付房屋一日的，被告向原告支付已付房价款万分之零点五的违约金，合同继续履行。如果遇有以下特殊原因，被告交房的时间可以相应延期，且双方互不追究责任：被告取得施工许可证之日以后，如遇日降雨量达 25 毫米以上（含 25 毫米）或者八级（含八级强风）以上的强风或者高温达 35 摄氏度以上（含 35 摄氏度）的异常天气；被告的施工遭遇异常地质状况；

由于政府行为和不能预见、不能避免或者不能控制的事件等原因延期及地铁公司施工地铁通道和风亭等原因延期；除政府行为、不能预见或地铁公司施工等原因外，上述其他原因造成的延期不得超过180个工作日，如延期超过180个工作日的，从超过该180个工作日之次日起至实际交付之日止，每逾期一日，被告向原告支付已付房价款万分之零点五的违约金，合同继续履行。（合同附件七）关于《合同》第十二条交房条件的另行约定，双方同意该商品房的交房条件为：（一）该商品房经建设工程规划验收合格；（二）供水、供电、供气及通邮等。上述合同签订后，原告依合同约定付清了房款。双方确认涉案房地产项目于2018年9月16日取得建筑工程施工许可证。后因被告未依约按时交付房屋，原告诉至法院，要求被告支付迟延交房违约金。

法院审理后认为：原、被告签订的《某市商品房买卖合同（预售）》是双方当事人的真实意思表示，没有违反法律、行政法规的强制性规定，是合法有效的合同，对双方均有约束力。

根据合同约定，被告应当在2020年6月30日前将符合约定条件的商品房交付给原告使用。上述合同还约定，被告取得施工许可证之日以后，如遇日降雨量达25毫米以上（含25毫米）或者八级（含八级强风）以上的强风或者高温达35摄氏度以上（含35摄氏度）的异常天气，被告可以顺延交房期限。根据被告提供的气象资料，双方签订合同之日至2020年6月30日期间存在合同约定的异常天气的天数为41天。被告至今未向原告交房已构成违约，应承担违约责任。

因涉案房屋尚未取得竣工验收备案表，也未经建设工程规划验收合格，并未达到法定的最低交楼标准，故原告现在要求被告交付房屋依据不足，本院不予支持。原告要求被告支付迟延交房违约金，合法合理，本院予以支持。根据合同约定，存在合同约定的异常天气时被告交房的时间可以相应延期，被告无须承担违约责任，故迟延交房违约金应从2020年8月11日起计至房屋交付使用之日止。被告主张本案合同签订之前的异常天气也应作为免责的依据，该意见无理，本院不予采纳。因涉案房屋尚未交付，房屋何时交付无法确定，故本案迟延交房违约金计算至本判决生效之日止为宜。

关于迟延交房违约金标准的问题。合同约定，原告延期支付房款，每日须按未付房价款0.05%的标准支付违约金给被告，而被告延期交房，每日只需支付房价款万分之零点五的违约金，双方的违约责任明显不对等，不符合权利义务相一致的原则，故原告请求将迟延交房违约金调整为每日按房价款的万分之二计算，合法合理，本院予以支持。

综上所述，根据《中华人民共和国合同法》第四十四条第一款、第六十条第一款、第一百零七条、第一百一十四条第二款以及《最高人民法院关于民事诉讼证据的若干规定》第八条第二款的规定，判决如下：被告某市某房地产开发有限公司在本判决生效之日起10日内向原告陈某支付迟延交房违约金（从2020年8月11日起计至本判决生效之日止，每日按3 081 547元的万分之二的标准计算）。

【点评】

本案焦点如下：一是被告的迟延交付是否构成违约？二是迟延交付天数如何计算？三是按天计算的迟延交付违约金标准是什么？是按每逾期一日，房价款的万分之零点五计算，还是按原告要求的每天万分之二计算？法院首先认定被告迟延交付构成违约；在迟延交付天数的计算上，扣除了合同约定的异常天气天数41天；由于合同对原、被告违约金计算标准即违约责任约定严重不对等，故支持了原告按逾期天数每日支付房款的万分之二计算违约金的诉求。

一、违约责任概述

（一）违约责任的概念

违约责任，即违反合同的民事责任，是指合同当事人一方不履行合同义务或者履行合同义务不符合约定时，依照法律规定或者合同约定所承担的法律责任。《民法典》第577条规定："当事人一方不履行合同义务或者履行合同义务不符合约定的，应当承担继续履行、采取补救措施或者赔偿损失等违约责任。"

承担违约责任的主要形式有继续履行、采取补救措施、赔偿损失、支付违约金、给付或者双倍返还定金等。

一般认为，债务是法律规定或合同约定的当事人当为的行为，而责任是债务人不履行债务时国家强制债务人履行或承担其他负担的表现形式。违约责任是合同债务人不履行合同债务时所产生的民事责任。现代合同法上，违约责任仅指违约方向守约方承担的财产责任，与行政责任、刑事责任完全分离，属于民事责任的一种。

（二）违约责任的性质

（1）违约责任是一种财产责任。我国合同法中，违约责任方式包括继续履行、采取补救措施、赔偿损失、支付违约金等，它们均可以用货币来计量，因而属于财产责任。

（2）违约责任的惩罚性。惩罚性可以通过支付高于实际损失数额的赔偿金，或者高于或等于实际损失数额的违约金来体现，还可以通过强制实际履行同时支付违约金或赔偿金来体现，无论何种方式，都会使违约方感受到法律对其过错违约行为的否定性评价，使违约方明白过错违约不仅不会获得利益，反而会在物质利益上受到损害，降低其信誉，将来可能导致其遭受更大的损失；如果其认真履行合同，则不会受到这种物质利益和信誉上的损害，相反会不断提升其信誉，有利于其不断拓展经营业务。

（3）违约责任的补偿性。指违约责任具有填补守约方损失的法律性质。在守约方的损失为财产损失时，违约责任的补偿性通过支付违约金、赔偿金和其他方式来体现，从可能性变为现实性。

违约责任是同时具备惩罚性和补偿性还是仅具其一，取决于违约责任是过错责任还是无过错责任。过错责任以过错为主观要件，其必然具有惩罚性，同时违约方承担违约责任后使得守约方的实际损失得到填补，故其又具有补偿性。无过错违约责任只具有补偿性，不具备惩罚性。

（4）违约责任是当事人不履行合同债务时所产生的民事责任。违约责任以合同债务的存在为前提，违约责任的成立必须以合同当事人违约或不履行合同债务为要件，从而将违约责任与侵权责任相区分。

（5）违约责任可以由当事人在法律允许的范围内约定。合同关系因当事人的协议而成立，合同关系遭受破坏时，作为补救措施的违约责任自然可以由当事人以协议自行约定，当事人的约定应在法律要求的范围内进行。

（6）违约责任是违约方向相对人（守约方）承担的民事责任。这是民法自己行为自己责任原则与合同相对性的必然要求。自己行为自己责任，是指民事主体应当对自己行为及其法律后果承担责任；合同相对性，是指合同是特定的合同当事人之间的权利义务关系，相应地违约责任也仅限于合同当事人之间的责任，对合同当事人以外的人没有约束力。

二、违约责任的构成要件

违约责任，是当事人违约时国家强制其继续履行或承担损害赔偿、支付违约金等的民事责任。

一般认为，违约责任的构成要件包括违约行为、守约方受有损失、违约行为与受有损失之间存在因果关系。但不同的违约责任方式往往有不同的要求，如强制继续履行的构成要件为：违约行为、守约方请求违约方继续履行、违约方尚能继续履行。

（一）违约行为

违约行为，是违反合同债务的行为，又叫不履行合同债务。这里的合同债务，既包括当事人在合同中约定的义务，又包括法律直接规定的义务，还包括根据法律原则和精神的要求，当事人必须遵守的义务。后两种义务，如债务人必须交付合格的标的物的义务，不得欺诈对方当事人的义务等。违约行为是当然的违法行为，即违约方违反了受现行合同法保护的合同，但如果存在不可抗力等阻却违法的事实，即使当事人客观上违反了受法律保护的合同，也不具有违法性，从而往往不需要承担违约责任。

（二）违约行为的形态

1. 预期违约

按违约行为发生的时间，可分为预期违约和届期违约。违约行为发生于合同履行期限届满之前的，为预期违约，又称为先期违约。《民法典》第 578 条规定：“当事人一方明确表示或者以自己的行为表明不履行合同义务的，对方可以在履行期限届满前请求其承担违约责任。”

预期违约的构成要件包括：一是应存在有效的债务；二是履行期限届满前当事人一方有明确的不履行的意思表示；三是应有履行的能力；四是应为违法，所谓违法是指违反合同约定或法定义务，并不属于合法行使抗辩权的行为。

2. 不能履行

不能履行，又称给付不能，指债务人在客观上没有履行能力的未履行行为。不能履行包括事实上的不能履行和法律上的不能履行。事实上的不能履行，是指由于自然原因导致的不能履行，如在以特定物为标的的合同中，该特定物毁损灭失，为不能履行；法律上的不能履行，是指即使债务人有能力履行，甚至愿意履行，但法律禁止履行，也构成不能履行。

3. 迟延履行

迟延履行，又称逾期履行，是指债务人能够履行，但在履行期限届满时却未履行债务的情形。构成迟延履行，一是存在有效的债务，二是能够履行，三是履行已届履行期限，四是债务人未履行。

在合同明确规定履行期限时，债务人在履行期限届满时未履行债务，即构成迟延履行。在合同未明确规定履行期限时，债权人应先催告债务人履行，债务人未在指定的期限内履行，构成迟延履行。

4. 不完全履行

不完全履行，又称不完全给付或不适当履行，指债务人虽然履行了债务，但其履行不符合合同约定，即履行不符合合同债务本旨的情形。

不完全履行主要包括如下几种类型：（1）履行在数量上不完全，常表现为数量短缺。（2）标的品种、规格、型号等不符合合同约定，或标的物有缺陷。（3）加害给付。与标的物质量不合格相比，给债权人造成的损害比未履行还大，并且有侵权的性质。（4）履行方法的不适当。指实现履行目的的手段不完全、不适当，如本应一次履行却分期履行，本应选择最近的运输路线却选择较远的运输路线等。

5. 拒绝受领和受领迟延

《民法典》第 589 条规定："债务人按照约定履行债务，债权人无正当理由拒绝受领的，债务人可以请求债权人赔偿增加的费用。在债权人受领迟延期间，债务人无须支付利息。"

受领迟延，指债权人没有接受债务人的履行，或没有为债务人履行债务提供必要的协助。受领迟延的构成，须具备以下条件：（1）债务内容的实现以债权人的受领或其他协助为必要。（2）债务人依债务本旨提供了履行。（3）债权人受领拒绝或受领不能。所谓受领拒绝，指对于已提供的给付，债权人无理由地拒绝受领；所谓受领不能，指债权人不能提供给付完成所必需的协助的事实。

三、免责条件

（一）概念

所谓免责条件，指法律明文规定的当事人对其不履行合同不承担违约责任的条件。我国法律规定的免责条件，主要有不可抗力、货物本身的自然性质、货物的合理损耗、债权人的过错等。

（二）免责条件的类型

1. 不可抗力

《民法典》第 590 条规定，当事人一方因不可抗力不能履行合同的，根据不可抗力的影响，部分或者全部免除责任，但是法律另有规定的除外。因不可抗力不能履行合同的，应当及时通知对方，以减轻可能给对方造成的损失，并应当在合理期限内提供证明。当事人迟延履行后发生不可抗力的，不免除其违约责任。《民法典》第 180 条第 2 款规定，不可抗力是不能预见、不能避免且不能克服的客观情况。

2. 货物本身的自然性质、货物的合理损耗

根据《民法典》第 832 条的规定，承运人证明运输过程中货物的毁损、灭失是因不可抗力、货物本身的自然性质或者合理损耗造成的，不承担赔偿责任。

3. 债权人的过错

因债权人的过错使债务人不履行或不完全履行合同，债务人不负违约责任。根据《民法典》第 832 条的规定，承运人证明运输过程中的货物毁损、灭失是由于托运人、收货人的过错造成的，承运人不承担赔偿责任。《民法典》第 591 条规定，当事人一方违约后，对方应当采取适当措施防止损失的扩大；没有采取适当措施致使损失扩大的，不得就扩大的损失请求赔偿。当事人因防止损失扩大而支出的合理费用，由违约方承担。《民法典》第 592 条规定，当事人都违反合同的，应当各自承担相应的责任。当事人一方违约造成对方损失，对方对损失的发生有过错的，可以减少相应的损失赔偿额。《民法典》的这些规定都体现了因债权人过错所致违约行为或损失，债务人不负或减小相应的违约责任。

思考练习

一、单选题

1. 合同是（　　）当事人意思表示一致的法律行为。

A. 一方　　B. 双方　　C. 两方以上　　D. 多方

2. 下列属于要约的是（　　）。

A. 商业广告　　B. 拍卖公告　　C. 招股说明书　　D. 悬赏广告

3. 根据《民法典》的规定，合同成立的时间是（　　）。

A. 要约到达受要约人时　　B. 承诺发出时

C. 合同确认书签订时　　D. 承诺生效时

4. 无民事行为能力人签订的合同（　　）。

A. 有效　　B. 效力待定　　C. 可撤销　　D. 无效

5. 除补偿性外，违约责任还具有下列哪种性质？（　　）

A. 自愿性　　B. 平等性　　C. 惩罚性　　D. 强制性

二、多选题

1. 自然人的民事行为能力因其年龄、智力、精神健康状况的不同分为下述三种类型：（　　）。

A. 完全民事行为能力人　　B. 限制民事行为能力人

C. 普通民事行为能力人　　D. 无民事行为能力人

2. 已经成立的合同，具备下列（　　）条件的有效。

A. 行为人具有相应的民事行为能力

B. 不违反部门规章

C. 意思表示真实

D. 不违反法律、行政法规的强制性规定，不违背公序良俗

3. 可撤销合同包括以下哪种情形？（　　）

A. 因重大误解订立的合同

B. 因一方或第三人欺诈订立的合同

C. 一方或第三人以胁迫手段使对方订立的合同

D. 一方利用对方处于危困状态、缺乏判断能力等订立的显失公平的合同

4. 违约责任的构成要件包括（　　）。

A. 一方有违约行为存在

B. 守约方受有损失

C. 合同无效

D. 违约行为与受有损失之间存在因果关系

5. 以下属于合同免责事由的情形有（　　）。

A. 政府或部门的有关规定

B. 货物本身的自然性质、货物的合理损耗

C. 不可抗力

D. 债权人的过错

三、案例分析题

甲油料厂与某供销社订立一份农副产品供销合同，双方约定由供销社在 1 个月内向甲油料厂供应黄豆 30 吨，每吨单价 1 000 元。在合同履行期间，乙公司找到供销社表示愿意以每吨 1 500 元的单价购买 20 吨黄豆，供销社见其出价高，就将 20 吨本来准备运给甲油料厂的黄豆卖给了乙公司，致使只能供应 10 吨黄豆给甲油料厂。甲油料厂要求供销社按照合同的约定供应剩余 20 吨黄豆，供销社表示无法按照原合同的条件供

货，并要求解除合同。甲油料厂不同意，坚持要求供销社履行合同。

问

1. 甲油料厂的要求是否有法律依据？为什么？

2. 在合同没有明确约定的情况下，甲油料厂要求供销社继续履行合同有无法律依据？为什么？

3. 供销社能否仅赔偿损失或仅支付违约金而不继续履行合同？为什么？

第四章 ▶ 存贷款合同制度

本章导读

合同法是金融市场交易的基本法律，存贷款合同则是间接融资市场最基本的交易业务规则。在我国，间接融资市场规模远远大于直接融资的资本市场，是我国金融市场的基础，因此，银行业的存贷款合同制度就构成了金融市场最重要的合同法律制度。存贷款合同从合同法的界定看属于借款合同，存款合同的出借人是储户，贷款合同的出借人则是商业银行或其金融机构，但存贷款合同与一般借款合同或者说民间借贷合同具有重大区别。存贷款合同本质上是商业银行与社会公众及市场主体之间的资金融通合同，是金融市场资金流通和供应的主渠道，兼有为公众提供公共金融服务的功能，事关无数公众的财产安全，同时其资金流向是否符合国家宏观调控和产业政策的需要，直接影响我国的经济发展速度与发展质量，影响货币资金资源的配置效率与商业银行的盈利，因此，存贷款合同受到法律的严格规制与金融监管机构的严格监管。

学习目标

1. 掌握存贷款合同的法律性质与主要内容；
2. 熟悉存贷款合同的特点；
3. 掌握存贷款合同规制的主要内容；
4. 掌握民间借贷合同的内容及效力；
5. 掌握维护银行卡账户安全的要点。

第一节　存款合同与储蓄法律制度

▶ 案例导入

刘某存款合同纠纷案

2018 年 8 月 17 日，刘某在建设银行某支行处存入 85 000 元，领取金额为 85 000 元的存单一份，存期一年，整存整取，年息为 3.25%，支取方式：密码。2019 年 2 月 18 日，刘某又在建设银行某支行处存入 20 000 元，领取金额为 20 000 元的存单一份，存期一年，整存整取，年息为 3.25%，支取方式：密码。刘某办理以上两笔存单业务时，其填写的个人开户与电子银行服务申请表载明《领用协议》及《客户须知》等内容。其中《客户须知》第 6 条约定，存折、存单、卡等遗失、被盗，或密码泄露、被改、遗忘应尽快向银行申请挂失，若存款在挂失前或挂失失效后已被他人支取，银行不负责任；第 8 条约定，办理提前支取和挂失业务时，须向银行提供客户本人有效身份证件；代理客户办理存款提前支取和挂失业务的，还须出示代理人的有效身份证件，密码挂失不允许代办。

2019 年 3 月 17 日，张某持其本人与刘某的身份证、其与刘某的结婚证、以上两张存单原件到建设银行某支行处，请他人在两份挂失申请书上申请人一栏填写“刘某”，将以上两张存单的密码进行挂失。而后张某请他人代为在两张存单及利息的领取手续上填写“刘某”，办理领取存款及利息手续，同时请他人代为填写了一张存单申请表，将刘某名下的两张存单本金 105 000 元转存为张某本人的存单，存期一年，整存整取，年息为 3.25%，支取方式为密码。2019 年 4 月 1 日，张某将两份存单中的 105 000 元存款及相应利息全部取出。

2019 年刘某在建设银行某支行查询，被告知两张存单被他人提前支取。刘某遂向法院起诉，要求建设银行某支行向其支付存款 105 000 元本息。

法院认为：刘某分别于 2018 年 8 月 17 日在建设银行某支行处存入 85 000 元的存单一份、于 2019 年 2 月 18 日在建设银行某支行处存入 20 000 元的存单一份，并对存款种类、存期、支取方式、利息等权利义务进行具体约定，刘某、建设银行某支行之间的储蓄存款合同关系依法成立并生效。刘某向建设银行某支行存入两张存单时，按照建设银行某支行的要求填写了个人开户与电子银行服务申请表，该申请表载明的《客户须知》内容系向社会公开，建设银行某支行应当按照《客户须知》的内容履行审查义务。申请表《客户须知》第 8 条载明“密码挂失不允许代办”，故建设银行某支行在办理业务时，应遵守该规范。在该规范已经明确“密码挂失不允许代办”的情况下，不应认定夫妻之间可代办存单的密码挂失。

本案争议焦点在于 2019 年 3 月 17 日张某在将两张存单密码挂失并取款转存的过程中，建设银行某支行是否严格履行约定义务，继而是否应继续向刘某支付两张存单的存款及利息。

法院认为：首先，张某明确 2019 年 3 月 17 日办理挂失业务时，刘某并未到场签字，系由他人代为签字，经一审法院询问，建设银行某支行表示其审查了刘某的身份证，并且当时是一男一女到现场，不需要申请笔迹鉴定。在建设银行某支行对张某于 2019 年 3 月 17 日到建设银行某支行处办理挂失业务的情况及基本流程均认可，张某明确表示刘某并未到场签字，系由他人代签的情况下，应由建设银行某支行对两份挂失申请书上系刘某本人的签名承担进一步的举证责任。

经法院询问，建设银行某支行表示不申请笔迹鉴定，亦无法提供 2019 年 3 月 17 日办理挂失过程的影像资料。故一审法院认定建设银行某支行在办理两份存单的密码挂失业务时，未尽到相应的审查义务。

关于建设银行某支行是否应继续向刘某支付两张存单的存款及利息，一审法院认为，本案中，储蓄存款合同关系的主体系建设银行某支行与刘某，建设银行某支行未按约定办理密码挂失，未保障交易安全，此后将两份存单中存款 105 000 元及相应利息支付给张某，并不能认定为其向刘某履行了相应的义务。理由如下：本案系合同之诉，基于储蓄存款合同义务，建设银行某支行应向刘某支付存款 105 000 元，故法院对刘某要求建设银行某支行支付存款 105 000 元的诉讼请求予以支持。关于刘某主张 6 500 元的利息部分，一审法院认为，两份存单约定期限内，建设银行某支行应按年利率 3.25%支付利率，即 3 412.5 元；存单约定期限外至建设银行某支行实际支付利息之日，应按建设银行公布的同期同类存款利率计算利息，现刘某主张利息 6 500 元，在以上计算的利息范围以内，一审法院予以支持。

综上，依照《中华人民共和国合同法》第六十条，《储蓄管理条例》第三条、第二十五条，《中华人民共和国民事诉讼法》第六十四条第一款，《最高人民法院关于民事诉讼证据的若干规定》第五条之规定，判决：中国建设银行股份有限公司某支行支付刘某存款 105 000 元及利息 6 500 元，于判决生效后十日内履行完毕。案件受理费 2 530 元，由中国建设银行股份有限公司某支行负担。

【点评】

本案是一个简单的储蓄合同纠纷。刘某至建设银行某支行将105 000元办理了定期存款，凭密码支取，且《客户须知》载明“密码挂失不允许代办”。该存款尚未到期，刘某却发现存款已被他人支取，遂诉至法院，要求存款行向其支付存款本息。本案的焦点在于该存款的提前支取是否符合存款合同约定，存款银行在办理提前支取手续时是否尽到法定和约定的义务。银行负有保障存款资金安全的义务，该义务既是法定的，也是约定义务，由于该行办理取款时未履行其约定的注意义务，构成违约，故应当依储蓄合同约定向刘某支付该存款本息。

一、存款的概念

所谓存款，是存款人存入银行或者非银行金融机构的货币资金。《商业银行法》将存款区分为个人储蓄存款和单位存款。

二、存款法律关系的性质与特点

（一）存款法律关系的性质

法律上，存款表示银行与存款人之间的债权债务关系。存款人与银行因存款行为而成立了存款合同关系，存款合同关系成立后，存款人是合同债权人，银行是合同债务人。

存款合同关系建立后，存款人有权在任何时候要求银行还本付息，即提款时银行有义务还本付息；银行有权将存款人存入的货币资金作为自有资金发放贷款，并收取贷款利息和服务费。银行主要利用存贷息差来获取业务收入。

《商业银行法》第29条规定：“商业银行办理个人储蓄存款业务，应当遵循存款自愿、取款自由、存款有息、为存款人保密的原则。”这一规定概括了存款合同关系的主要内容。

（二）存款法律关系的特点

（1）存款合同为实践性合同。当存款人将资金存入银行，并经银行签发存折、存单或存款凭证时，存款合同成立。

（2）存款所有权自货币交付时起转移。因存款为货币资金，是特殊的种类物，一旦存款人将款项存入银行，即丧失该货币资金的所有权而成为银行的债权人，银行成为存款人的债务人，并且银行同时成为该货币资金的所有权人，可以自主支配该货币资金，如发放贷款或开展其他业务。

（3）存款法律关系是特殊的债权债务关系。与一般债权债务关系相比较，存款关系具有特殊性。特殊性主要表现为存款期限不固定，取决于存款人的实际需求。不论是活期存款还是定期存款，只要存款人未主动要求提款，银行可一直使用该资金，而存款人也得以继续存有存款本金和利息。

（4）存款关系具有一定的公共服务性。银行应公平对待所有存款人，不得拒绝存款。

（5）存款关系的具体内容依具体存款类型而定。不同存款形式的具体规则内容往往体现为各银行发布的《业务须知》或直接印在存单背面，这些内容构成了存款合同的具体内容，包括如何计息、如何挂失、如何提取存款本息等。

三、储蓄存款合同

（一）储蓄的概念

《储蓄管理条例》第3条规定，储蓄是指个人将属于其所有的人民币或者外币存入储蓄机构，储蓄机构开具存折或者存单作为凭证，个人凭存折或者存单可以支取存款本金和利息，储蓄机构依照规定支付存款本金和利息的活动。

储蓄一般有几种类型：活期储蓄、定期储蓄、定活两便和零存整取等，具体内容一般在银行的《业务须知》中载明。

（二）储蓄存款合同的主要内容

1. 计息结息

储蓄是金融机构与储户之间的储蓄存款合同关系，利率应当是当事人之间意思表示一致即协商一致的结果。但是我国尚未实现利率市场化，存款利率是受管制的利率，属于中国人民银行规定的基准利率之一，只能在央行确定的存款基准利率上下一定幅度内浮动，商业银行必须遵照执行。

2. 提前支取、代取和挂失

（1）提前支取。根据“取款自由”的原则，无论活期还是定期存款，储户均可随时支取，只是提前支取时计息办法有所不同而已。提前支取的，储户应凭存单或存折、本人（存款人）的身份证明办理。

（2）代取。定期储蓄存款人本人如不能亲自来取，可委托他人代取，凭存单、存款人身份证件及委托代取人身份证件办理。活期存款凭存折及密码代取，不需查验证件。

（3）挂失。存单、存折或预留印鉴如有遗失，应当凭本人的身份证件，说明丢失原因，并提供存款日期、户名、储蓄种类等信息，及时向原存款银行挂失止付。

3. 储蓄存款的保护

《商业银行法》第 29 条明确规定，商业银行办理个人储蓄存款业务，有为存款人保密的义务。个人储蓄存款，商业银行有权拒绝任何单位或者个人查询、冻结、扣划，但法律另有规定的除外。即除非法律明确规定的机关在法定情形下有权对个人储蓄存款查询、冻结、扣划，其他的任何单位或者个人不得查询、冻结、扣划个人储蓄存款。

这里的法律是指全国人大及其常委会制定通过，由国家主席以主席令形式予以发布的法律，不包括行政法规、地方性法规及规章等规范性文件。只有获得法律明确授权的司法机关、行政机关、军事机关或其他有权机关可以查询、冻结、扣划个人的银行存款，银行有协助办理的义务。

4. 存款人死亡后存款提取、过户的规定

存款人死亡后，合法继承人为证明自己的身份和有权取得存款，应当向当地公证机构申请办理继承权证明书。银行凭此办理。

如果存款的继承权发生争议，由人民法院裁判确定，银行凭法院的判决书、裁定书或调解书办理。

四、单位存款制度

（一）单位存款的概念

《人民币单位存款管理办法》第 3 条规定，单位存款是指企业、事业、机关、部队和社会团体等单位在金融机构办理的人民币存款，包括定期存款、活期存款、通知存款、协定存款及经中国人民银行批准的其他存款。

单位存款可以分为企业存款和财政性存款。企业存款是企业在生产经营中由于货币资金收支在数额上和时间上的不一致，使得部分资金暂时闲置而形成的存款。财政性存款是指各级财政金库和机关、部队以及学校、团体等事业单位预算资金有直接联系的各项资金在银行形成的存款。

（二）单位存款制度的主要内容

单位存款主要由《人民币单位存款管理办法》（1997 年）、《人民币银行结算账户管理办法》（2003 年）、《商业银行法》和《反洗钱法》（2006 年颁布、2024 年修订）来进行规范。具体包括以下几种制度：

1. 对单位定期存款的管理

单位办理定期存款时，须提交开户申请书、营业执照正本等，并预留印鉴。接受存款的银行给存款单位开具“单位定期存款开户证实书”，证实书仅为存款单位开户证实，不得作为质押的权利凭证。支取定期存款时，存款单位应出具证实书并提供预留印鉴，银行为其办理支取手续，同时收回证实书。存款单位支取定期存款，只能存入其基本存款账户，不得用于结算或从定期存款账户中提取现金。

2. 禁止公款私存与单位存款的保护

《商业银行法》第 48 条第 2 款规定，任何单位和个人不得将单位的资金以个人名义开立账户存储。《商业银行法》第 30 条规定，对单位存款，商业银行有权拒绝任何单位或者个人查询，但法律、行政法规另有规定的除外。

五、存单纠纷

（一）存单纠纷范围及处理依据

一般存单纠纷，是指当事人以存单或进账单、对账单、存款合同等凭证为主要证据向人民法院提起诉讼的存单纠纷案件和金融机构向人民法院提起的确认存单或进账单、对账单、存款合同等凭证无效的存单纠纷案件。

处理一般存单纠纷的主要依据是《最高人民法院关于审理存单纠纷案件的若干规定》（1997 年颁布，2020 年修正）。

（二）存单概述

存单是银行对存款人出具的证明其在该银行的存款金额的书面凭证。

存单与存折是银行办理储蓄业务出具的两种信用凭证。其中，存单通常用于一次存取、金额较大、存期较长的定期存款业务，例如整存整取、定活两便储蓄等。存折则通常用于一段时期内收付次数较多，具有连续性的储蓄种类，如活期储蓄、零存整取等储蓄种类。

在法律性质上，存单既是债权凭证，也是债权债务合同的书面形式，是存款人与银行之间存款合同关系的直观证明。

（三）存单纠纷案件的范围

（1）存单持有人以存单为重要证据向人民法院提起诉讼的纠纷案件；

（2）当事人以进账单、对账单、存款合同等凭证为主要证据向人民法院提起诉讼的纠纷案件；

（3）金融机构向人民法院起诉要求确认存单、进账单、对账单、存款合同等凭证无效的纠纷案件；

（4）以存单为表现形式的借贷纠纷案件。

（四）处理规则

人民法院在审理一般存单纠纷案件中，除应审查存单、进账单、对账单、存款合同等凭证的真实性外，还应审查持有人与金融机构间存款关系的真实性，并以存单、进账单、对账单、存款合同等凭证的真实性以及存款关系的真实性为依据，作出正确处理。

（1）持有人以上述真实凭证为证据提起诉讼的，金融机构应当对持有人与金融机构间是否存在存款关系负举证责任。如金融机构有充分证据证明持有人未向金融机构交付上述凭证所记载的款项的，人民法院应当认定持有人与金融机构间不存在存款关系，并判决驳回原告的诉讼请求。

（2）持有人以上述真实凭证为证据提起诉讼的，如金融机构不能提供证明存款关系不真实的证据，或仅以金融机构底单的记载内容与上述凭证记载内容不符为由进行抗辩的，人民法院应认定持有人与金融机构间存款关系成立，金融机构应当承担兑付款项的义务。

（3）持有人以在样式、印鉴、记载事项上有别于真实凭证，但无充分证据证明系伪造或变造的瑕疵凭证提起诉讼的，持有人应对瑕疵凭证的取得提供合理的陈述。如持有人对瑕疵凭证的取得提供了合理陈述，而金融机构否认存款关系存在的，金融机构应当对持有人与金融机构间是否存在存款关系负举证责任。如金融机构有充分证据证明持有人未向金融机构交付上述凭证所记载的款项的，人民法院应当认定持有人与金融机构间不存在存款关系，判决驳回原告的诉讼请求；如金融机构不能提供证明存款关系不真实的证据，或仅以金融机构底单的记载内容与上述凭证记载内容不符为由进行抗辩的，人民法院应认定持有人与金融机构间存款关系成立，金融机构应当承担兑付款项的义务。

（4）存单纠纷案件的审理中，如有充足证据证明存单、进账单、对账单、存款合同等凭证系伪造、变造，人民法院应在查明案件事实的基础上，依法确认上述凭证无效，并可驳回持上述凭证起诉的原告的诉讼请求或根据实际存款数额进行判决。如有《最高人民法院关于审理存单纠纷案件的若干规定》第三条中止审理情形的，人民法院应当中止审理。

第二节　贷款合同法律制度

▶ 案例导入

某银行诉王某等贷款合同纠纷案

2021 年 8 月 1 日，被告王某向原告某银行借款 1 500 000 元，约定年利率为 8.4%。至 2022 年 7 月 30 日，被告王某尚欠本金及利息、罚息 1 394 424.97 元。2024 年 3 月 28 日，原告起诉至某县人民法院，要求判令被告王某偿还原告借款本金 1 190 100 元，利息、罚息 204 324.97 元，违约金 11 901 元，合计 1 406 325.97 元及 2023 年 10 月 15 日至实际给付之日的利息、罚息；其他被告承担连带赔偿责任；律师费、案件受理费、保全费、邮寄费等费用由被告承担。

庭审过程中，原告提交借款合同一份，合同约定："借款人发生违约事件时，借款人应对应债权金额的 20%向出借人支付违约金。"同时还约定："借款人贷款发生逾期或者合同约定违约情形的，应当向出借人支付逾期利息与违约罚息，逾期利率按照约定利率上浮 50%收取，违约罚息按照约定利率上浮 100%收取。"据此，原告要求被告同时支付违约金与罚息。

针对原告的诉讼请求，被告辩称违约金与罚息不能同时主张，要求法院驳回原告要求给付违约金的主张。

【点评】

本案的法律关系是典型的贷款法律关系。贷款合同的格式合同条款多是依据中国人民银行颁布的《贷款通则》[1] 拟定的，其中的逾期罚息条款的罚息利率范围是在《贷

① 《贷款通则》虽未通过官方文件明确废止，但根据 2018 年中国人民银行发布的规章清理结果（《中国人民银行令〔2018〕第 1 号》），《贷款通则》未被列入现行有效规章目录中，其部分条款因与现行法规冲突而实际失效。

款通则》规定的范围内确定的，其性质在合同法上属于违约金，但案涉贷款合同又另行规定了违约金条款，依《民法典》第584条、第585条规定，我国合同法上的违约金与实际违约损害相比不应过高或过低，体现了违约损害赔偿的补偿性原则。本案中罚息利率已经较高，足以弥补借款逾期违约给贷款银行可能带来的违约损失，因而不应另行计算违约金，二者只能计算其一。借款人逾期还款的违约行为，不能同时支持金融机构违约金、罚息（复利）的诉讼请求。

一、贷款概述

（一）贷款的概念

1996年6月28日，中国人民银行正式颁布了《贷款通则》，规范金融机构的贷款业务。2009年以来，中国银监会陆续颁布了《项目融资业务指引》《固定资产贷款管理暂行办法》《流动资金贷款管理暂行办法》《个人贷款管理暂行办法》等部门规章和规范性文件，初步构建了我国银行业金融机构的贷款业务法规框架。《民法典》和《商业银行法》等构成了贷款活动的主要法律。

依上述规范贷款业务的规章，所谓贷款，指贷款人对借款人提供的按约定的利率和期限还本付息的货币资金。

贷款人，指在我国境内设立的中资银行、外国银行分行、中外合资银行、外资法人银行、信托公司、企业集团财务公司、金融租赁公司、城市信用社、农村信用社及其他经营贷款业务的金融机构。

借款人，是指从经营贷款业务的银行业金融机构取得贷款的法人、其他经济组织、个体工商户和自然人。

（二）贷款合同的法律性质与特点

1. 贷款合同的法律性质与规范

贷款关系的法律性质是贷款人与借款人之间的债权债务关系，银行业金融机构是债权人，其债权是银行的重要资产，贷款业务构成了银行业金融机构的主要资产业务。

贷款合同属于借款合同，借款合同的内容包括借款种类、币种、用途、数额、利率、期限和还款方式等条款。《民法典》第670条规定，借款的利息不得预先在本金中扣除。利息预先在本金中扣除的，应当按照实际借款数额返还借款并计算利息。借款合同不仅包括贷款合同，还包括民间借贷合同。

2. 贷款合同的特点

(1) 贷款人法定。贷款合同的一方当事人贷款人只能是具有金融机构营业许可证并获得经营贷款业务许可的金融机构，即只能是符合法定资格条件的金融机构。

(2) 贷款合同是要式合同。《民法典》第668条规定，借款合同采用书面形式，但自然人之间借款另有约定的除外。

(3) 贷款合同是诺成合同。与存款合同不同，贷款合同是诺成合同，合同成立并生效后，贷款人应履行放款业务，借款人应履行用款还款义务。

(4) 贷款合同的利率是管制利率，只能在央行确定的贷款基准利率上下限范围内确定。

(5) 贷款合同属于有名合同——借款合同。《民法典》第667条规定，借款合同是借款人向贷款人借款，到期返还借款并支付利息的合同。

二、贷款业务概述

(一) 贷款种类

1. 按贷款期限，分为短期贷款、中期贷款和长期贷款

一般短期贷款指期限在1年以内（含1年）的贷款；中期贷款指期限在1年以上，5年以下（含5年）的贷款；长期贷款指期限在5年以上（不含5年）的贷款。

2. 按有无担保，分为信用贷款和担保贷款

信用贷款，指银行或其他金融机构基于借款人的信誉而发放的贷款，这种贷款没有担保，风险由银行或金融机构承担，但借款人到期不归还贷款的，仍应依贷款合同约定承担责任。

担保贷款，指按担保法规定的三种担保方式，即保证、抵押或质押发放的贷款，分为保证贷款、抵押贷款、质押贷款。

3. 按贷款风险承担主体不同，分为自营贷款和委托贷款

(1) 自营贷款，指贷款人以合法方式筹集的资金自主发放的贷款，其风险由贷款人承担，并由贷款人收取贷款本金和利息。

(2) 委托贷款，指由政府部门、企事业单位及个人等委托人提供资金，由贷款人（即受托人）根据委托人确定的贷款对象、用途、金额、期限、利率等代理发放、监督使用并协助收回的贷款，其风险由委托人承担，贷款人（即受托人）收取手续费，不得代垫资金。

4. 按贷款组织方式，分为单一银行贷款和银团贷款

单一银行贷款，指一家银行对一个借款人发放的贷款。

银团贷款，是指由两家或两家以上银行基于相同贷款条件，依据同一贷款协议，按约定时间和比例，通过代理行向借款人提供的贷款或授信业务。

银团贷款成员通常分为牵头行、代理行和参加行。牵头行通常负责组织、协调整个银团与借款人谈判事宜，同时组织银团贷款成员与借款人签订书面银团贷款协议，明确各贷款人的权利与义务。代理行在银团贷款协议签订后，按相关贷款条件确定的金额和进度归集资金向借款人提供贷款，并负责银团贷款资金贷后管理和贷款使用情况的监督检查。代理行可以由牵头行担任，也可由银团贷款成员协商确定。中国银监会2007年8月11日公布实施了《银团贷款业务指引》（2011年8月修订），作为银团贷款业务的基本规范。

（二）贷款利率

根据《人民币利率管理规定》，中国人民银行是利率主管机关，代表国家行使利率管理权，其制定的利率是法定利率，且有法律效力。《商业银行法》第38条规定：“商业银行应当按照中国人民银行规定的贷款利率的上下限，确定贷款利率。”因此贷款合同的利率受央行管制，不是银行与客户之间自主协商确定，商业银行只能在央行规定的贷款利率浮动范围内确定每笔贷款的利率，并将其规定在贷款合同中。

三、贷款合同的当事人

（一）借款人

借款人应当是经过市场监督管理部门核准登记的企（事）业法人、其他经济组织、个体工商户或具有中华人民共和国国籍的具有完全民事行为能力的自然人。

国家金融监督管理总局颁布的贷款规章或指引对借款人申请不同类型的贷款规定了不同的条件，只有符合条件的借款人才能获得贷款。借款人的条件，主要集中在借款人信用记录、还款意愿、还款能力，以及贷款的合法使用等方面。

（二）贷款人

贷款人，依《商业银行法》的规定，贷款人必须是经国家金融监督管理总局批准，持有《金融机构法人许可证》或《金融机构营业许可证》，并经过市场监督管理部门核准登记的金融机构。只有经过国家金融监督管理总局批准从事贷款业务，方可成为贷款合同中的贷款人，签订贷款合同，发放贷款。未经批准的金融机构与任何单位和个人均不得从事贷款业务。这体现了贷款人法定原则，即只有符合法律规定资格、条件的机构才能作为贷款人从事贷款活动，任何其他机构或个人均不得从事贷款业务。

自然人、单位之间的民间借贷活动，不属于贷款合同，不在国家金融监督管理总局的监管范围内。

（三）贷款合同当事人的权利义务

《民法典》第 669 条至第 678 条对贷款合同当事人的权利义务作了如下规定：

1. 借款人的义务与权利

订立借款合同，借款人应当按照贷款人的要求提供与借款有关的业务活动和财务状况的真实情况（第 669 条）。借款的利息不得预先在本金中扣除。利息预先在本金中扣除的，应当按照实际借款数额返还借款并计算利息（第 670 条）。

借款人应当按照约定的期限支付利息。对支付利息的期限没有约定或者约定不明确，依照《民法典》第 510 条[①]的规定仍不能确定，借款期间不满一年的，应当在返还借款时一并支付；借款期间一年以上的，应当在每届满一年时支付，剩余期间不满一年的，应当在返还借款时一并支付（第 674 条）。借款人应当按照约定的期限返还借款。对借款期限没有约定或者约定不明确，依照《民法典》第 510 条的规定仍不能确定的，借款人可以随时返还；贷款人可以催告借款人在合理期限内返还（第 675 条）。借款人未按照约定的期限返还借款的，应当按照约定或者国家有关规定支付逾期利息（第 676 条）。借款人提前偿还借款的，除当事人另有约定的以外，应当按照实际借款的期间计算利息（第 677 条）。借款人可以在还款期限届满前向贷款人申请展期。贷款人同意的，可以展期（第 678 条）。

2. 贷款人的义务与权利

贷款人未按照约定的日期、数额提供借款，造成借款人损失的，应当赔偿损失。借款人未按照约定的日期、数额收取借款的，应当按照约定的日期、数额支付利息（第 671 条）。贷款人按照约定可以检查、监督借款的使用情况。借款人应当按照约定向贷款人定期提供有关财务会计报表或者其他资料（第 672 条）。借款人未按照约定的借款用途使用借款的，贷款人可以停止发放借款、提前收回借款或者解除合同（第 673 条）。

---

① 《民法典》第 510 条规定："合同生效后，当事人就质量、价款或者报酬、履行地点等内容没有约定或者约定不明确的，可以协议补充；不能达成补充协议的，按照合同有关条款或者交易习惯确定。"

四、贷款程序与监管

贷款一般操作程序如下：

（一）贷款申请

借款人需要贷款，应当向主办银行或其他银行的经办机关直接申请。贷款人应当对借款人提交申请资料的方式和具体内容提出要求。一般借款人应填写《借款申请书》，内容包括借款金额、借款用途、偿还能力及还款方式等，同时应提交借款人的基本资料，包括经审计的财务报告。申请项目贷款的，还需提交项目建议书和可行性报告；有担保的，应提交担保品或保证人的资料。借款人要向贷款人承诺所提交资料的真实、完整和有效。

（二）贷款调查与评估

贷款人均应依《商业银行法》第 35 条第 2 款规定实行“审贷分离、分级审批”制度。“审贷分离”指一项贷款申请由银行的不同部门进行审查和批准。贷款审查由银行的贷款业务部门进行，主要是对借款人申请材料内容及基本情况进行尽职调查，并对调查内容的合法性、合理性、准确性进行全面审查，形成风险评估报告，供贷款审批部门参考。

（三）贷款审批

调查评估资料转交给审批部门审查批准。按“审贷分离、分级审批”的要求，审批部门不能接触贷款申请人，审批部门批准了贷款，一切后果由审批部门负责。但如果借款人提供的资料有问题，由贷款部门负责。所谓“分级审批”，是指根据贷款数额大小不同，由不同分支机构审批，总行通常对分支机构进行逐级授权。

（四）签订贷款合同

贷款人应该与借款人订立书面的贷款合同。我国《商业银行法》限制银行提供信用贷款，因此，大多数银行贷款都要求有担保。担保包括保证、抵押与质押，在签订贷款合同时，一般还要签订相应的担保合同，如保证合同或保证条款、抵押合同或质押合同，有时甚至同时采用保证与抵押或质押等几种担保方式，相应地，也同时签订保证合同、抵押合同或质押合同，需要登记的抵押或权利质押依法办理登记后，贷款合同才生效。

（五）贷款发放与支付

贷款人应按贷款合同的约定按期发放贷款。贷款合同是诺成合同，与存款合同是实践合同不同，贷款合同签订并满足生效条件后即产生法律效力，贷款关系依法成立。贷款人不按合同约定发放贷款的，应偿付违约金。借款人不按合同约定还款的，应偿付违约金。

（六）贷后管理

贷款发放后，贷款人应定期进行检查、分析，对借款人执行贷款合同情况及借款人的经营情况进行动态追踪调查和检查，及时掌握借款人资信方面的重大变化和影响借款偿还的情况，建立贷款质量监测制度和贷款风险预警体系。一旦出现风险，及时进行重新评估，并采取提前收贷、追加担保等必要措施保护银行债权。

（七）贷款归还

借款人应按贷款合同的规定按时足额归还贷款本息。借款人提前归还贷款，应当与贷款人协商。

五、我国《刑法》中规定的贷款犯罪

（一）高利转贷罪

《刑法》第175条规定，以转贷牟利为目的，套取金融机构信贷资金高利转贷他人，违法所得数额较大的，处三年以下有期徒刑或者拘役，并处违法所得一倍以上五倍以下罚金；数额巨大的，处三年以上七年以下有期徒刑，并处违法所得一倍以上五倍以下罚金。单位犯前款罪的，对单位判处罚金，并对其直接负责的主管人员和其他直接责任人员，处三年以下有期徒刑或者拘役。

（二）骗取贷款、票据承兑、金融票证罪

《刑法》第175条之一规定，以欺骗手段取得银行或者其他金融机构贷款、票据承兑、信用证、保函等，给银行或其他金融机构造成重大损失的，处三年以下有期徒刑或者拘役，并处或者单处罚金；给银行或者其他金融机构造成特别重大损失或者有其他特别严重情节的，处三年以上七年以下有期徒刑，并处罚金。单位犯前款罪的，对单位判处罚金，并对其直接负责的主管人员和其他直接责任人员，依照前款的规定处罚。

（三）贷款诈骗罪

《刑法》第193条规定，有下列情形之一，以非法占有为目的，诈骗银行或者其他金融机构的贷款，数额较大的[①]，处五年以下有期徒刑或者拘役，并处二万元以上二十万元以下罚金；数额巨大或者有其他严重情节的，处五年以上十年以下有期徒刑，并处五万元以上五十万元以下罚金；数额特别巨大或者有其他特别严重情节的，处十年以上有期徒刑或者无期徒刑，并处五万元以上五十万元以下罚金或者没收财产：（1）编造引进资金、项目等虚假理由的；（2）使用虚假的经济合同的；（3）使用虚假的证明文件的；（4）使用虚假的产权证明作担保或者超出抵押物价值重复担保的；（5）以其他方法诈骗贷款的。

（四）违法发放贷款罪

《刑法》第186条规定，银行或者其他金融机构的工作人员违反国家规定发放贷款，数额巨大或者造成重大损失的，处五年以下有期徒刑或者拘役，并处一万元以上十万元以下罚金；数额特别巨大或者造成特别重大损失的，处五年以上有期徒刑，并处二万元以上二十万元以下罚金。

第三节　民间借贷

▶ 案例导入

卢某诉黄某民间借贷纠纷案

案情： 2023年8月至9月，黄某多次向卢某借款共53 281.90元，其中包含微信转账30 306元，现金借款8 000元，POS机刷卡借款14 975.90元。卢某多次催收，黄某均未归还借款。卢某遂起诉至法院，要求黄某归还借款。

法院裁判要旨：

法院认为：卢某主张的借款有三笔，一笔是通过微信支付借给黄某的30 306元，

① 个人诈骗贷款一万元以上的，属于数额较大；五万元以上的，属于数额巨大；贷款诈骗二十万元以上的，属于数额特别巨大。单位不构成贷款诈骗罪的主体。

一笔是现金借款 8 000 元，一笔是通过 POS 机支付的借款 14 975.90 元。法院经审理认定：

1. 微信转账的 30 306 元。卢某提交了中国移动四川公司成都分公司出具的预付款专用收据、微信转账记录和微信聊天记录、卢某的借记卡交易记录，预付款专用收据证明了电话号码为 1838222××××的户名是黄某的事实；微信转账记录证明了微信号为 zp045—20（昵称 Ssq，Ohh）绑定的电话号码为 1838222××××，在 2023 年 8 月至 9 月期间，卢某通过微信转账给黄某（收款方均为 Ssq，Ohh）共计 30 306 元的事实；微信记录证明了卢某和黄某多次谈及归还借款的事实；卢某借记卡交易记录证明了该账户上的发生额及时间与其通过微信支付借给黄某的每笔数额和时间相吻合的事实。以上证据的真实性、合法性、关联性，予以采信。对卢某借给黄某 30 306 元的事实予以确认。

2. 关于卢某通过现金交付借给了黄某 8 000 元的主张。卢某陈述其于单位附近的 ATM 机上取款 8 000 元借给了黄某。卢某提交了取款记录及未出庭证人谭某的证言："本人在 2023 年八九月的时候听卢某说借给黄某五万余元，其中有买手机一万元，取现金 8 000 元。"记录与证言不能证明卢某将 8 000 元借给黄某的事实，且谭某未到庭。对借款 8 000 元的事实不予认定。

3. 关于卢某通过 POS 机借款 14 975.90 元的主张。庭审查明，该 14 975.90 元是卢某在商场给黄某购买手机、手表、鞋子等支出的费用，虽然卢某提交了通过 POS 机支付货款的交易记录，但不能证明以上支出费用系黄某的借款，该款属于赠与关系，不属于借贷关系。

【点评】

本案是较为典型的民间借贷纠纷。民间借贷在性质上仍然属于合同法所规定的有名合同——借款合同，民间借贷可以约定利息，也可以不约定利息，没有约定利息或利率的，视为没有利息。民间借贷的出借人提起诉讼要求借款人归还借款本息的，在借款本金、利息及还款期限等方面负有举证的义务，不能证明借款实际发生的，要承担不利的法律后果。本案中卢某不能证明现金 8 000 元、通过 POS 机支付的款项 14 975.90 元系黄某向其借款，故法院不支持其要求黄某归还此两笔款项的诉讼请求。

一、民间借贷合同概述

（一）民间借贷的概念

民间借贷，是指自然人、法人、非法人组织之间及其相互之间进行资金融通的行为。

规范民间借贷活动的主要规范是《民法典》，以及最高人民法院2015年6月23日通过、2020年12月29日修正的《关于审理民间借贷案件适用法律若干问题的规定》（法释〔2020〕17号）（以下简称《民间借贷司法解释》）。民间借贷合同系《民法典》规定的有名合同——借款合同，因此民间借贷合同首先应按《民法典》中借款合同的相关内容进行规范。经金融监管部门批准设立的从事贷款业务的金融机构及其分支机构，因发放贷款等相关金融业务引发的纠纷，不适用民间借贷的司法解释。

（二）民间借贷的法律特征

（1）合同主体是一般的自然人、法人或非法人组织，自然人应具有完全民事行为能力，法人或非法人组织不是获得贷款业务许可的金融机构。

（2）借出人不以放贷为业，只是因资金短缺或多余所进行的偶然的资金融通行为。

（3）一般为要式合同，以书面形式为必要。《民法典》第668条规定："借款合同采用书面形式，但自然人之间借款另有约定的除外。"

（4）为诺成合同。即合同双方意思表示一致后合同即告成立。

（5）利率不受央行贷款基准利率的限制，由合同当事人协商确定，但不得违反国家有关规定。双方约定的利率不得超过合同成立时一年期贷款市场报价利率（LPR）的四倍，超出LPR四倍的部分人民法院不予支持。这里的"一年期贷款市场报价利率"，是指中国人民银行授权全国银行间同业拆借中心自2019年8月20日起每月发布的一年期贷款市场报价利率。自然人之间的借款合同对支付利息没有约定或者约定不明确的，视为不支付利息（《民法典》第680条）。

（三）民间借贷合同的内容

借款合同是借款人向贷款人借款，到期返还借款并支付利息的合同。借款合同的内容包括借款种类、币种、用途、数额、利率、期限和还款方式等条款（《民法典》第667条、第668条）。借款的利息不得预先在本金中扣除。利息预先在本金中扣除的，应当按照实际借款数额返还借款并计算利息（《民法典》第670条）。自然人之间的借款合同对支付利息没有约定或者约定不明确的，视为不支付利息。自然人之间的借款合同约定支付利息的，借款的利率不得违反国家有关限制借款利率的规定（《民法典》第680条）。

借款人应当按照约定的期限返还借款。对借款期限没有约定或者约定不明确，依照《民法典》第510条的规定仍不能确定的，借款人可以随时返还；贷款人可以催告借款人在合理期限内返还。

二、民间借贷合同的效力

（一）民间借贷合同的生效

1. 民间借贷合同，一般自合同成立时生效

《民法典》第 502 条规定，依法成立的合同，自成立时生效。《民间借贷司法解释》第 10 条规定："法人之间、非法人组织之间以及它们相互之间为生产、经营需要订立的民间借贷合同，除存在民法典第一百四十六、第一百五十三条、第一百五十四条及本规定第十三条规定的情形外，当事人主张民间借贷合同有效的，人民法院应予支持。"

2. 自然人之间的借贷合同，自贷款人提供借款时成立

《民法典》第 679 条规定："自然人之间的借款合同，自贷款人提供借款时成立。"这是自然人之间借款合同效力的例外规定，对自然人之间的借款合同，金钱的交付是合同生效的要件。《民间借贷司法解释》第 9 条规定："自然人之间的借款合同具有下列情形之一的，可以视为合同成立：（一）以现金支付的，自借款人收到借款时；（二）以银行转账、网上电子汇款等形式支付的，自资金到达借款人账户时；（三）以票据交付的，自借款人依法取得票据权利时；（四）出借人将特定资金账户支配权授权给借款人的，自借款人取得对该账户实际支配权时；（五）出借人以与借款人约定的其他方式提供借款并实际履行完成时。"

（二）民间借贷合同的无效

除《民法典》规定的民事法律行为无效的情形之外，《民间借贷司法解释》第 13 条规定了民间借贷合同无效的几种情形："具有下列情形之一的，人民法院应当认定民间借贷合同无效：（一）套取金融机构贷款转贷的；（二）以向其他营利法人借贷、向本单位职工集资，或者以向公众非法吸收存款等方式取得的资金转贷的；（三）未依法取得放贷资格的出借人，以营利为目的向社会不特定对象提供借款的；（四）出借人事先知道或者应当知道借款人借款用于违法犯罪活动仍然提供借款的；（五）违反法律、行政法规强制性规定的；（六）违背公序良俗的。"

三、与民间借贷相关的违法或犯罪行为

（一）虚假诉讼罪

《刑法》第 307 条之一规定：以捏造的事实提起民事诉讼，妨害司法秩序或者严重

侵害他人合法权益的，处三年以下有期徒刑、拘役或者管制，并处或者单处罚金；情节严重的，处三年以上七年以下有期徒刑，并处罚金。单位犯前款罪的，对单位判处罚金，并对其直接负责的主管人员和其他直接责任人员，依照前款的规定处罚。有第一款行为，非法占有他人财产或者逃避合法债务，又构成其他犯罪的，依照处罚较重的规定定罪从重处罚。司法工作人员利用职权，与他人共同实施前三款行为的，从重处罚；同时构成其他犯罪的，依照处罚较重的规定定罪从重处罚。

《民间借贷司法解释》第 18 条规定："人民法院审理民间借贷纠纷案件时发现有下列情形之一的，应当严格审查借贷发生的原因、时间、地点、款项来源、交付方式、款项流向以及借贷双方的关系、经济状况等事实，综合判断是否属于虚假民事诉讼：（一）出借人明显不具备出借能力；（二）出借人起诉所依据的事实和理由明显不符合常理；（三）出借人不能提交债权凭证或者提交的债权凭证存在伪造的可能；（四）当事人双方在一定期限内多次参加民间借贷诉讼；（五）当事人无正当理由拒不到庭参加诉讼，委托代理人对借贷事实陈述不清或者陈述前后矛盾；（六）当事人双方对借贷事实的发生没有任何争议或者诉辩明显不符合常理；（七）借款人的配偶或合伙人、案外人的其他债权人提出有事实依据的异议；（八）当事人在其他纠纷中存在低价转让财产的情形；（九）当事人不正当放弃权利；（十）其他可能存在虚假民间借贷诉讼的情形。"

对虚假诉讼行为，《民间借贷司法解释》第 19 条规定："经查明属于虚假民间借贷诉讼，原告申请撤诉的，人民法院不予准许，并应当依据民事诉讼法第一百一十二条之规定，判决驳回其请求。诉讼参与人或者其他人恶意制造、参与虚假诉讼，人民法院应当依据民事诉讼法第一百一十一条、第一百一十二条和第一百一十三条之规定，依法予以罚款、拘留；构成犯罪的，应当移送有管辖权的司法机关追究刑事责任。"

（二）高利转贷罪

《刑法》第 175 条规定：以转贷牟利为目的，套取金融机构信贷资金高利转贷他人，违法所得数额较大的，处三年以下有期徒刑或者拘役，并处违法所得一倍以上五倍以下罚金；数额巨大的，处三年以上七年以下有期徒刑，并处违法所得一倍以上五倍以下罚金。单位犯前款罪的，对单位判处罚金，并对其直接负责的主管人员和其他直接责任人员，处三年以下有期徒刑或者拘役。

（三）非法吸收公众存款罪

《刑法》第 176 条规定：非法吸收公众存款或者变相吸收公众存款，扰乱金融秩序的，处三年以下有期徒刑或者拘役，并处或者单处罚金；数额巨大或者有其他严重情节的，处三年以上十年以下有期徒刑，并处罚金。数额特别巨大或者有其他特别严重情节的，处十年以上有期徒刑，并处罚金。单位犯前款罪的，对单位判处罚金，并对其直接负责的主管人员和其他直接责任人员，依照前款的规定处罚。

(四) 集资诈骗罪

《刑法》第 192 条规定：以非法占有为目的，使用诈骗方法非法集资，数额较大的，处三年以上七年以下有期徒刑，并处罚金；数额巨大或者有其他严重情节的，处七年以上有期徒刑或者无期徒刑，并处罚金或者没收财产。单位犯前款罪的，对单位判处罚金，并对其直接负责的主管人员和其他直接责任人员，依照前款的规定处罚。

四、借条的撰写

借　条①

为购买房屋②，现收到③某甲④（身份证号：320802××××××××0898）⑤以现金⑥出借的￥100 000.00 元（人民币拾万元整）⑦，借期陆个月⑧，月利率 1%（百分之壹）⑨，贰零贰伍年拾贰月捌日到期时本息一并还清。如到期未还清，逾期利息按月利率 1.5%计算，并自愿承担某甲通过诉讼等方式追讨借款所支付的律师费、诉讼费、公告费、保函费、保全费等其他费用⑩。若因本借款发生争议，由出借人某甲所在地有管辖权的法院管辖⑪。在履行借款协议或发生争议时有关事项需通知时，以下列地址为唯一的送达地址：⑫

借款人地址：

出借人地址：

（以下空白，无正文。）⑬

借款人：某乙⑭

（身份证号：　）

年　月　日⑮

借条应具体明确地记载借款合同的主要内容，并将履行及可能的诉讼过程中容易发生的困难和问题尽量避免。

①标题表明了该条据的性质，既防止借条持有者在借条正文上方添加内容，也防止借条持有者将借条篡改为数页合同的最后一页。标题应书写在纸张顶部，标题和借条正文间不留空行，理由同前。另外，由于发生过恶意借款人用褪色笔书写借条的

案例，因此书写借条时由出借人提供签字笔更为妥当；借条由借款人全文手写较为妥当。

②“为……”表明借款的目的，以免一旦发生诉讼后借款人提出该笔借款系赌债、分手费等抗辩。另外，书写借条正文时应注意左右尽量靠近纸张边缘，不要留出太多空白，以防借条持有人添加内容。

③在民间借贷中，通常借条中写明“今借到某某多少元”即表示所借款项已经实际交付，但若发生纠纷，借款人主张虽出具借条但未实际收到款项仍极为常见，为避免此种诉讼风险，本范本采取了“现收到某某以现金出借的××元”此种较不常见的表述，以更加强调款项已经实际交付。《民法典》规定，自然人之间的借贷合同自金钱交付时起生效，是否实际收到借款至为关键。

④此处写出借人姓名的全名。名字中的字有同音的多种写法的，应与身份证上记载的名字一致（最好留存一份身份证复印件）。

⑤出借人的姓名后应附身份证号码，因为同名同姓的人不在少数，而身份证号码是唯一的，以避免之后就出借人是谁发生争议。

⑥“现金”表明出借的方式，如果并非现金而系银行转账，则应将此处的“现金”替换为“银行转账”，同时应保留银行转账凭据。金额较大的借款，建议采用银行转账方式，以免以后发生诉讼时就是否实际交付款项发生争议（以转账方式进行的，建议备注借款本金）。

⑦金额应既写阿拉伯数字，也写大写数字，以避免之后就是否篡改发生争议；同时币种也要写明。

⑧借期必须明确，以免因何时还款发生争议；借期也要大写。（注意：2017 年 10 月 1 日后诉讼时效为三年，应避免超过诉讼时效）

⑨利率应写清是年利率或月利率，同样也要附大写，理由同前。同时，应注意截至目前，法院可支持年利率不超过民间借贷合同成立时 LPR 的四倍。另外，民间也常将利率表述为“月息几分”，如“月息两分”，就是指“月利率 2%”，但为了避免争议，利率应尽量采用“年/月百分比”予以表述。

⑩诉讼费由败诉方承担（按比例承担），律师费、公告费、保函费、保全费等其他费用若无约定，则由原告（出借人）承担；为此，强烈建议将上述费用约定清楚。

⑪作为管辖法院，为避免找不到借款人，导致需要去借款人户籍所在地提起诉讼，从而增加成本，建议此管辖法院约定为出借人户籍所在地或经常居住地有管辖权的法院，依据是民事诉讼法中的协议管辖规定。

⑫送达难一直是令原告、法院头疼的事，为防止出现送达难问题，结合最新司法

解释的规定，届时法院可根据该规定依法送达相关材料，从而避免进入公告程序。

⑬“以下空白，无正文”，防止借条正文被添加内容。

⑭借款人的姓名应写全名并附身份证号，理由同前。同时应由借款人在手写的名字上摁手印，否则一旦发生诉讼，就借条是否是借款人书写发生争议时，字迹鉴定的费用不菲，而且也不是每张借条上的字迹都具备可鉴定条件。

⑮该日期应为所借款项实际支付的日期，并应大写。借条书写完成后，为防篡改，借款人可用手机拍照留存，进一步的措施是借款人复印一份留存（并请出借人签注“该借条复印件与原件一致”）。

第四节　银行卡法律制度

案例导入

银行卡被盗刷要求发卡行赔偿损失纠纷案

武汉市民潘先生凌晨在家中睡觉，突然接到短信提醒，他的银行卡被人在澳门盗刷了34.6万余元。潘先生当即报警，并与民警在当天上午赶到银行。但此后，该款仍被犯罪分子在澳门提走。潘先生遂提起诉讼状告该银行。经审判，某区人民法院认定银行应负全责，一审判决银行向潘先生赔偿本金及利息34.8万余元。

2022年12月20日凌晨零时许，潘先生在睡梦中被手机短信声吵醒。他拿起手机一看吓了一大跳，其活期储蓄卡消费支出了34.6万余元，卡内余额仅523.24元。他当即打电话向银行客服反映，对方回复此笔巨额消费是在澳门发生的。零点50分，他向110报警。凌晨2时52分，他到派出所报案。当天上午9时许，潘先生随民警到发卡银行要求将涉案账户采取保护措施。但此后，该笔34.6万余元资金仍被人盗取。

被盗刷事件发生后，潘先生多次与银行沟通未果。后潘先生将银行起诉至某区人民法院，认为银行未尽到安全保障义务，要求全额赔偿损失。

案件审理中，银行方的代理人辩称，潘先生存在银行卡使用不当及密码泄露等过错。另外，34.6万余元被盗刷消费后，潘先生未申请挂失。银行没有责任，请求法院驳回诉讼请求。

法院审理后认为，银行应尽安全保障义务，确保客户的资金安全，该义务为积极的作为义务，而非消极的不作为。根据庭审查明，潘先生的银行卡内资金系在澳门被他人非法支付，从交易发生到卡内资金流转至交易相对方，存在24～48小时的时间区间，在该时间差内紧急止付，该笔资金是不会到达交易方账户的。

法院同时认为，被告银行错失了三次止损的最佳时机，导致潘先生的损失发生。首先，在发现卡内资金异动时，潘先生在第一时间向被告客服中心反映，要求采取措施防止资金损失，但被告客服中心仅作登记处理，未对卡内资金紧急止付；其次，公安机关以盗窃案受理立案后，于事发当日上午9时许前往被告处调查了解情况，银行仍未充分认识到卡内资金的安全风险并主动止付；再次，涉案资金系在澳门盗刷，根据发卡银行的资金管理流程，该笔交易需经发卡行清算后，卡内资金方能到达交易对方的账户，但银行在客服中心已将相关情况登记并转交后台进行紧急处理的情形下，依然对资金进行了清算处理，导致卡内资金转出。在长达24～48小时的时间区间内，被告在前述三个环节有充足时间和便利条件及时止损，但放任损害后果的发生，构成明显违约，应承担全部赔偿责任。

另外，法院认为，本案中并无证据显示潘先生持有的涉案银行卡密码及卡内信息系其本人泄露。潘先生不可能在2小时内从千公里外的澳门刷卡消费后再返回武汉持卡报案。因此，可以确定澳门的刷卡人不是潘先生本人，应认定潘先生的银行卡被他人复制并制作伪卡刷卡消费，说明银行提供的介质存在安全隐患，其被复制的伪卡不能被有效识别，导致潘先生受到损失，构成违约，遂作出上述判决。

【点评】

1. 银行卡业务中，银行应尽安全保障义务，确保客户的资金安全，该义务为积极的作为义务，而非消极的不作为。本案中银行未尽到对客户银行卡账户资金安全的保障义务，过错明显，具体表现为：（1）银行卡存在安全隐患，能被复制出伪卡，且伪卡不能被有效识别；（2）银行有三次机会止损，却放任不作为，构成违约；（3）盗刷损失确定发生，损失发生的原因是银行违约行为造成的。

2. 对持卡人潘先生而言，无证据显示潘先生持有的涉案银行卡密码及卡内信息系其本人泄露。潘先生对盗刷及损失发生无过错或违约行为。

3. 在银行卡业务合同关系中，银行严重违反了合同约定义务，并造成了持卡人损失，由于合同法中违约责任是严格责任，因此，银行应对持卡人承担违约损失赔偿责任。

一、银行卡概述

（一）银行卡的概念

根据中国人民银行1999年1月颁布的《银行卡业务管理办法》第2条的规定，银行卡是指由商业银行（含邮政金融机构）向社会发行的具有消费信用、转账结算、存取现金等全部或部分功能的信用支付工具。

银行卡在外观上是一种名片大小的塑料卡片，表面载有持卡人的姓名、号码、有效期限等。卡面内有芯片或磁条记录持卡人的账户信息，当使用银行卡进行存款、付款或提现时，银行联网的处理系统会自动核对验证账户信息或账户名与密码是否匹配，验证通过后系统会自动按持卡人的操作指令进行相应操作。

在法律上，银行卡是银行向用户发行的一种信用支付工具，它具有转账、存取现金、消费信用、储蓄和汇兑等多种功能。银行卡作为信用支付工具，意味着其自身并非现金或金钱，也不是现金或金钱的替代工具，只是代表持卡人具有相应的信用，持卡人刷卡时，收款人的账户并未即时收到相应的款项，只有到银行卡系统的结算时间时方进行收款转账操作，收款此时方进入账户，因此刷卡时只是凭银行卡的信用去支付相关款项而没有完成实际支付操作，正是在这个意义上讲，银行卡是一种信用支付工具。

（二）银行卡的主要类型

银行卡分为信用卡和借记卡。

信用卡主要指贷记卡，贷记卡是指发卡行给予持卡人一定信用额度，持卡人可以在信用额度内先消费、后还款的信用卡，实际上是给予持卡人一定期限的资金融通。信用卡的显著特征是允许持卡人一定额度的透支。

借记卡主要指储蓄卡，借记卡不具备透支功能，具有转账结算、存取现金和消费功能。

二、银行卡法律法规与规章

（一）银行卡管理法规

现行银行卡管理规章主要是中国人民银行于1999年1月制定的《银行卡业务管理办法》。

（二）我国刑法中关于信用卡犯罪的规定

2004年12月29日全国人大常委会通过的《关于〈中华人民共和国刑法〉有关信用卡规定的解释》规定刑法中的“信用卡”，是指由商业银行或其他金融机构发行的具有消费支付、信用贷款、转账结算、存取现金等全部功能或者部分功能的电子支付卡。

《刑法》第196条规定，有下列情形之一，进行信用卡诈骗活动，数额较大的，处五年以下有期徒刑或者拘役，并处二万元以上二十万元以下罚金；数额巨大或者有其他严重情节的，处五年以上十年以下有期徒刑，并处五万元以上五十万元以下罚金；数额特别巨大或者有其他特别严重情节的，处十年以上有期徒刑或者无期徒刑，并处五万元以上五十万元以下罚金或者没收财产：（1）使用伪造的信用卡，或者使用以虚假的身份证明骗领的信用卡的；（2）使用作废的信用卡的；（3）冒用他人信用卡的；（4）恶意透支的。前款所称恶意透支，是指持卡人以非法占有为目的，超过规定限额或者规定期限透支，并且经发卡银行催收后仍不归还的行为。盗窃信用卡并使用的，依照本法第264条的规定定罪处罚。

三、银行卡业务当事人之间的法律关系

一般来说，银行卡业务主要的当事人有持卡人、发卡行、收单行及特约商户。

收取签购单的银行称为收单行。银行卡刷卡消费（POS机交易），指持卡人通过收单行在特约商户设置的POS终端用银行卡进行消费结算。特约商户一般把签购单等收款资料交给收单行（特约商户的结算账户开户银行），委托收单行收款。如收单行与发卡行不是同一家银行，收单行通过中国银联的网络与发卡行进行结算。因此银行卡消费过程涉及几个法律关系：持卡人与发卡行之间的法律关系；持卡人与特约商户之间的法律关系；收单行、发卡行与特约商户之间的关系；收单行与发卡行之间的关系。

（一）持卡人与发卡行之间的法律关系

持卡人与发卡行之间的法律关系，是银行与客户之间围绕银行卡账户而形成的一种结算关系。结算关系本质上是一种委托代理关系，即持卡人指示发卡行按照其指令（体现为签购单上的签字）向特约商户付款。

在提取现金的情形下，如果是在发卡行的自动柜员机上提现，就是持卡人指示发卡行在其银行卡账户限额内向持卡人付款，如银行卡为借记卡，则为存款关系基础上的提取本息的行为，是存款合同的履行行为，即指示付款行为，与柜台提现并无区别。

如果是跨行提现，则提供自动柜员服务的中间银行是作为持卡人的代理人，向发卡行要求提取现金，因此持卡人与中间银行还存在着委托代理关系，中间银行因提供了代理服务需要收取手续费。

如银行卡为借记卡，持卡人与发卡行之间首先是存款关系，刷卡付款时则为受托付款关系；如银行卡为信用卡，则持卡人与发卡行之间还存在着贷款关系，刷卡时，发卡行先贷款，然后受托付款。

（二）持卡人与特约商户之间的法律关系

持卡人与特约商户之间存在着购物或消费关系，因此两者之间是买卖或服务合同关系。与现金交易不同的是，持卡人刷卡支付使用的是银行卡。理论和实践中都认为，刷卡并签单确认的行为，发生债务清偿的法律效力。如果发卡行因故暂时停止支付，特约商户只能起诉发卡银行，而不能直接向进行消费的持卡人提出清偿债务的请求。之所以刷卡支付具有终局效力，是因为发卡行与持卡人之间存在结算的委托代理合同关系，如果发卡人未依约履行其持卡人账户上付款义务，构成违约，且这种违约会损害第三人——特约商户的利益，特约商户作为第三人有权直接向发卡行主张其履行付款义务；同时收单行与特约商户之间存在特约受理协议，收单行在收单后有义务代特约商户向发卡行请求付款，如未能及时代收持卡人账户款项，其有权向持卡人的发卡行主张付款。

（三）收单行、发卡行与特约商户之间的关系

银行卡收单业务，是指收单机构与特约商户签订银行卡受理协议，在特约商户按约定受理银行卡并与持卡人达成交易后，为特约商户提供交易资金结算服务的行为。

实践中，收单行与特约商户签订银行卡受理协议，收单行将 POS 机安置在特约商户处，消费者刷卡消费时特约商户按协议受理银行卡，在审查签名或者相关单证时保持合同的注意义务，并按交易数额向收单行、发卡行交纳一定比例的手续费（发卡行受托付款及收单行代为收款的手续费）。特约商户与收单行之间是委托收款关系，同时收单行也是特约商户的结算账户开户银行（通常是其基本账户开户行）。

（四）收单行与发卡行之间的关系

收单行与发卡行如不是同一家商业银行，必然同为中国银联会员，银联会员之间通过专门的银联结算系统进行结算，它们之间是银联会员结算关系。

四、银行卡账户管理

（一）个人银行卡账户的开立

个人申请银行卡，应持本人有效身份证件，经发卡行审查合格后，为其开立记名银行卡账户。

（二）银行卡挂失及盗刷纠纷的处理

银行卡遗失、被盗或被盗刷，持卡人应立即持本人身份证或其他有效证明，就近向发卡行或代办行申请挂失，并按规定提供有关情况办理挂失手续。

银行卡挂失后的损失由银行承担。

（三）银行卡盗刷损失的防范

防范银行卡盗刷损失的几个要点：

（1）开通余额变动短信提醒业务，否则无法及时获知银行卡被盗刷。

（2）发现盗刷后第一时间挂失、报警，以证明盗刷时持卡人不在盗刷现场，刷卡系他人行为。

（3）如不方便及时挂失、报警，应持真卡至最近 ATM 机网点进行提现操作，以证明真卡在持卡人手中，且持卡人当时不在盗刷地。

（4）及时与银行沟通索赔，索赔不成应及时起诉，维护权利。

思考练习

一、单选题

1. 依据我国《储蓄管理条例》的规定，在定期存款的原定存款期内，如果遇到利率提高的，应当（　　）。

A. 分段计息　　B. 自动转存

C. 执行存款时确定的原利率　　D. 执行存款到期时的利率

2. 一般存单纠纷中，在存单真实的情况下，存单持有人和银行的举证责任分配原则是（　　）。

A. 存单持有人承担全部举证责任

B. 银行承担全部举证责任

C. 存单持有人对存款关系是否真实存在承担证明责任，银行承担证明存单真实的责任

D. 存单持有人承担证明存单真实的责任，银行对存款关系是否真实存在承担证明责任

3. 按照贷款是否有担保，贷款可分为（　　）。

A. 信用贷款与担保贷款　　B. 信用贷款与票据贴现

C. 信用贷款与抵押贷款　　D. 自营贷款与委托贷款

4. 民间借贷受法律保护的利率范围是（　　）。

A. 年利率36%及以下　　B. 年利率4倍LPR及以下

C. 年利率24%～36%　　D. 年利率36%及以上

5. 法理上可以认为银行与客户的关系本质上是一种（　　）。

A. 监管法律关系　　B. 契约关系

C. 担保关系　　D. 投资关系

二、多选题

1. 贷款合同是（　　）。

A. 要式合同　　B. 不要式合同　　C. 诺成合同　　D. 实践合同

2. 下列属于银团贷款特征的是（　　）。

A. 存在一个牵头银行

B. 向同一借款人提供贷款

C. 各参与银行按照实际贷款比例或合同约定享受权益

D. 各参与银行分别与借款人签订贷款协议，条款可以不尽相同

3. 与贷款活动有关的犯罪包括（　　）。

A. 高利转贷罪　　B. 骗取贷款罪

C. 贷款诈骗罪　　D. 违法发放贷款罪

4. 下列关于民间借贷说法正确的有（　　）。

A. 借出人以放贷为业

B. 一般为要式合同

C. 为实践合同

D. 利率不受央行贷款基准利率的限制，可以由合同当事人协商确定

5. 下列情形属于信用卡犯罪的有（　　）。

A. 使用伪造的信用卡　　B. 使用作废的信用卡

C. 冒用他人信用卡　　D. 恶意透支

三、案例分析题

李某在东川银行办理了个人信用卡后，多次在特约单位消费。2023 年 7 月 15 日，有人向东川银行挂失，声称持卡人名称为李某的信用卡遗失。银行立刻发出了止付通知。7 月 16 日，李某在特约单位购买了价值 6 万元左右的家具和电器。在刷卡时，特约单位拒绝受理。李某在查询之后，发现是有人冒名挂失。据查，东川银行在办理挂失业务时并没有要求挂失人出具身份证件。李某因此向法院提起诉讼，要求东川银行赔偿其为调查此事的往返路费。

问

(1) 挂失信用卡应当办理什么样的手续?

(2) 特约单位拒绝受理李某刷卡的行为是否合法? 为什么?

(3) 东川银行是否应当赔偿李某的损失? 为什么?

第五章 ▶ 金融交易的担保法律制度

本章导读

金融市场中纯粹的信用交易是没有的，为了保证金融交易的安全并促成交易，担保成为一种普遍的增信制度，没有担保，大量的交易就无法进行。担保法律制度同样是金融交易基本法律制度的一部分。担保分为人的担保与物的担保。人的担保是依靠担保人的信用为交易提供的担保，物的担保则是依靠物的交换价值与流动性为交易提供担保，一旦交易债务人一方未如期履行债务，交易债权人可依法行使优先受偿权，从而保障债权的有效实现。在《民法典》中，用于担保的物的范围已经大大拓展，有价证券或其他财产权利凭证更多地充当担保物来进行融资或促成交易，这些证券的价值变动与流动性对担保就显得至关重要。本章将着重讨论不同类型担保的基本原理。

学习目标

1. 了解担保法的基本精神与基本原则；
2. 熟悉担保法的基本制度理念；
3. 掌握保证、抵押、质押与定金制度的基本内容，能对一般担保纠纷处理作出判断；
4. 了解担保的效力与担保期间的确定。

第一节 担保与保证

案例导入

付某诉冯某保证合同纠纷案

2022 年 11 月 14 日，叶某向付某借款并出具借条，该借条载明："今借付某现金贰拾万元整（200 000）。"借条上明确写了借款人为叶某，保证人为冯某，借条主文由付某本人书写，签名为叶某的真实签名。付某于 2022 年 11 月 14 日通过工商银行卡向叶某银行卡转账 18.6 万元。关于剩余款项的支付，付某称其将剩余部分以现金方式直接交付叶某。冯某称约定借款金额为 20 万元，但当时付某实际给付叶某 19.1 万元，预先扣除了三个月利息 9 000 元，其认可转账金额 18.6 万元，但对剩余款项如何交付不清楚。

冯某提交录音证据一份以证明：1. 本案为一般保证，冯某享有先诉抗辩权；2. 录音中付某承认其与叶某之间的借款期限实际为三个月，保证合同的保证期间应当自借款期限届满后即 2023 年 2 月 15 日开始计算，至本案付某起诉时已经超过了 6 个月的保证期间。在保证期间内，付某未要求冯某承担保证责任，现保证合同已过保证期间，故冯某作为保证人得以免除保证责任。

庭审中，付某自认，2022 年 11 月 14 日出具涉诉借条后的两三个月，他开始找叶某要求还钱，并同时找冯某要求还钱，主要是通过打电话找叶某，叶某总说还钱，但就是一直拖着，直到 2023 年初，叶某就失联了。2023 年 9 月 23 日，付某向法院提起诉讼，要求冯某承担保证责任。法院判决驳回付某起诉。

本案的焦点是保证是一般保证还是连带责任保证，以及保证是否在保证期间内。

【点评】

1. 本案中冯某主张其担保为一般保证，由于借条上未明确其保证为一般保证，依《民法典》第 686 条的规定，当事人对保证方式没有约定或约定不明确的，按一般保证承担保证责任。因此，冯某的保证为一般保证。

2. 借条本身未约定还款期限，出借人可随时要求借款人返还借款。原告自认，从

2022 年 11 月 14 日出具涉诉借条后的两三个月，其多次找借款人叶某要求还款，故涉诉借款的履行期自原告付某首次要求还款之日起届满，最迟可推定为 2023 年 2 月 15 日。依《民法典》第 692 条、第 693 条的规定，保证人与债权人未约定保证期间的，保证期间为主债务履行期限届满之日起六个月，在保证期间内，债权人未对债务人提起诉讼或者申请仲裁，要求保证人承担保证责任的，保证人不再承担保证责任。本案原告未提供证据证明其在保证期间内对债务人提起诉讼或仲裁，至本案起诉时已超过涉案保证合同的保证期间。故原告对被告冯某承担保证责任的主张依据不足，不能成立，应判决驳回原告对冯某的诉讼请求。

一、担保

（一）担保的概念与分类

担保，又称为债的担保，是保障债权实现的法律制度。担保权人（债权人）在债务人不能履行或不履行到期债务时，可以依法要求担保人（保证人）承担责任或者依法享有就特定担保财产（抵押物、质物或留置物）优先受偿的权利。根据不同分类标准，担保可进行如下分类：

（1）人的担保和物的担保。人的担保指以保证人的信用来担保债的履行，即保证。保证是由第三人充当保证人担保债的履行，债权人在债务人不履行到期债务时，可依法要求保证人承担保证责任以实现债权。物的担保是指以特定财产作为担保物以保障债权实现的担保方式，当债务人不履行到期债务时，债权人有权就担保财产变价款优先受偿。物的担保包括抵押、质押与留置，以及定金制度。

（2）单一担保与最高额担保。这是按担保保障的债权是特定单一债权还是一定期限内连续多个债权来划分的。单一担保，是指对单个主合同项下的某一特定金额的债权提供的担保。最高额担保，是指对一定期限内连续发生的多个债权，在预先确定的最高限额内提供的担保。最高额担保既可以是最高额保证，也可以是最高额抵押或最高额质押。

（3）担保与反担保。反担保是指债务人对为自己债务提供担保的第三人提供的担保，又称为“担保的担保”，其作用是保障第三人在承担担保责任后，能够顺利实现对债务人的追偿权，即保障实现第三人对债务人追偿权（第三人对债务人的债权）的担保。

（二）担保的法律性质

1. 担保的从属性

《民法典》第 388 条规定，设立担保物权，应当依照本法和其他法律的规定订立担保合同。担保合同包括抵押合同、质押合同和其他具有担保功能的合同。《民法典》第 682 条规定："保证合同是主债权债务合同的从合同，主债权债务合同无效的，保证合同无效，但法律另有规定的除外。"这表明无论是物的担保还是人的担保，担保都具有从属性，即从属于其所担保的主债权债务合同。

2. 担保合同的效力

如果担保合同担保的是借款合同中的借出人的债权，借款合同是主合同，那么担保合同（保证合同或抵押、质押合同）就是借款合同的从合同。当借款合同无效时，担保合同也无效。

担保合同被确认无效后，债务人、担保人、债权人有过错的，应当根据过错各自承担相应的责任。担保合同既可能是由于其担保的主合同无效而导致无效，也有可能是由于担保合同自身的原因而无效。《民法典》第 682 条第 2 款规定，保证合同被确认无效后，债务人、保证人、债权人有过错的，应当根据其过错各自承担相应的民事责任。《民法典》第 388 条第 2 款规定，担保合同被确认无效后，债务人、担保人、债权人有过错的，应当根据其过错各自承担相应的民事责任。如主合同有效，而担保合同无效，会导致担保落空，给主合同的债权人造成损失。对这一损失的责任承担，应视担保合同的当事人（债权人与担保人）对导致担保合同无效所具有的过错程度来确定责任，过错大者所承担的责任就大。

二、保证

（一）保证的概念和特征

1. 保证的概念

保证是指法人、非法人组织和自然人以其信誉和不特定的财产为他人的债务提供担保，当债务人不履行其债务时，该第三人按照约定履行债务或者承担责任的担保方式，保证同时是用保证人即人的信用来担保债权实现的一种担保制度，能否起到担保作用取决于保证人的信用。

2. 保证人

保证人指具有代为清偿能力的法人、非法人组织或自然人，自愿与债权人签订保证合同，为主合同的债务人提供保证，以担保主债合同的履行。这样的法人、非法人组织或自然人，称为保证人。

《民法典》第 683 条规定，下列主体不得为保证人：（1）机关法人不得为保证人，但是经国务院批准为使用外国政府或者国际经济组织贷款进行转贷的除外。（2）以公益为目的的非营利法人、非法人组织不得为保证人。

（二）保证合同

《民法典》第 681 条规定，保证合同是为保障债权的实现，保证人和债权人约定，当债务人不履行到期债务或者发生当事人约定的情形时，保证人履行债务或者承担责任的合同。保证合同是保证人与主合同债权人签订的在一定条件下担保债权实现的合同。其形式可以是书面的，可以是具有保证性质的信函或传真等，也可以是主合同中的保证条款。很多情况下甚至主合同并无保证条款，但只要保证人以保证人的身份在主合同上签字或盖章的，保证合同关系同样成立。

保证合同一般包括如下主要条款：（1）被保证的主债权种类、数额；（2）债务人履行债务的期限；（3）保证的方式；（4）保证担保的范围；（5）保证期间；（6）双方认为需要约定的其他事项。

保证合同如果不具备这些条款中的一项或几项，可以协议补充，保证合同当事人如事后无法就这些事项达成一致，可依照《民法典》推定。比如未约定保证担保的范围，法律规定保证人应当对全部债权承担责任；如未约定保证方式，依《民法典》规定推定为一般保证；保证期间未约定的，法律推定为六个月，从债务履行期限届满时起算。

（三）保证的方式

《民法典》第 686 条规定，保证的方式包括一般保证和连带责任保证。当事人在保证合同中对保证方式没有约定或者约定不明确的，按照一般保证承担保证责任。

1. 一般保证

《民法典》第 687 条第 1 款规定，当事人在保证合同中约定，债务人不能履行债务时，由保证人承担保证责任的，为一般保证。

《民法典》第 687 条第 2 款规定，一般保证的保证人在主合同纠纷未经审判或者仲裁，并就债务人财产依法强制执行仍不能履行债务前，有权拒绝向债权人承担保证责任，但是有下列情形之一的除外：（1）债务人下落不明，且无财产可供执行；（2）人民法院已经受理债务人破产案件；（3）债权人有证据证明债务人的财产不足以履行全部债务或者丧失履行债务能力；（4）保证人书面表示放弃本款规定的权利。

要注意的是，一般保证的保证人只有当债务人不能履行债务时，保证人才承担保证责任。但何为“不能履行”，应当有一个判断的标准，《民法典》规定的标准是：主合同纠纷经过审判或者仲裁，并就债务人财产依法强制执行仍不能履行债务的，就是“不能履行”。如果没有达到“不能履行”的程度，保证人有权对债权人拒绝承担保证责任。保证人在这种情况下拒绝承担保证责任的权利，称为先诉抗辩权。所谓先诉抗辩权，就是一般保证人享有的在主合同纠纷未经审判或者仲裁，并就债务人财产依法强制执行仍不能履行债务前，对债权人享有的可以拒绝承担保证责任的抗辩权。

2. 连带责任保证

《民法典》第 688 条规定，当事人在保证合同中约定保证人和债务人对债务承担连带责任的，为连带责任保证。连带责任保证的债务人不履行到期债务或者发生当事人约定的情形时，债权人可以请求债务人履行债务，也可以请求保证人在其保证范围内承担保证责任。

当事人对保证方式没有约定或者约定不明确的，按照一般保证承担保证责任。

（四）保证范围

《民法典》第 691 条规定，保证的范围包括主债权及其利息、违约金、损害赔偿金和实现债权的费用。当事人另有约定的，按照其约定。

实现债权的费用包括诉讼费用，申请扣押、执行等的费用。

（五）保证期间

《民法典》第 692 条规定，保证期间是确定保证人承担保证责任的期间，不发生中止、中断和延长。债权人与保证人可以约定保证期间，但是约定的保证期间早于主债务履行期限或者与主债务履行期限同时届满的，视为没有约定；没有约定或者约定不明确的，保证期间为主债务履行期限届满之日起六个月。债权人与债务人对主债务履行期限没有约定或者约定不明确的，保证期间自债权人请求债务人履行债务的宽限期届满之日起计算。

《民法典》第693条规定，一般保证的债权人未在保证期间对债务人提起诉讼或者申请仲裁的，保证人不再承担保证责任。连带责任保证的债权人未在保证期间请求保证人承担保证责任的，保证人不再承担保证责任。

（六）主合同债权与债务转让、主合同变更对保证责任的影响

1. 主合同变更对保证的影响

根据《民法典》第695条的规定，在保证期间，债权人与债务人协议变更主合同的，应当取得保证人的书面同意，未经过保证人书面同意的：（1）如果变更的结果是减轻债务人的债务，保证人应对变更后的合同继续承担保证责任；（2）如果变更的结果加重了债务人的债务，保证人对加重的部分不承担保证责任；（3）如果主合同变更的是合同履行期限，则保证期间不受影响。

2. 债权转让对保证的影响

在保证期间，债权人转让债权，未通知保证人的，该转让对保证人不发生效力。《民法典》第696条规定，债权人转让全部或者部分债权，未通知保证人的，该转让对保证人不发生效力。保证人与债权人约定禁止债权转让，债权人未经保证人书面同意转让债权的，保证人对受让人不再承担保证责任。

3. 债务承担（转让）对保证的影响

在保证期间，债权人许可债务人转让债务的，应当取得保证人的书面同意，保证人对未经其同意而转让部分的债务，不再承担保证责任，但保证人仍应当对未转让部分的债务承担保证责任。《民法典》第697条规定，债权人未经保证人书面同意，允许债务人转移全部或者部分债务，保证人对未经其同意转移的债务不再承担保证责任，但是债权人和保证人另有约定的除外。第三人加入债务的，保证人的保证责任不受影响。

（七）保证人的追偿权

保证人承担保证责任后，有权向所担保的主合同债务人追偿，此为保证人的追偿权。《民法典》第700条规定，保证人承担保证责任后，除当事人另有约定外，有权在其承担保证责任的范围内向债务人追偿，享有债权人对债务人的权利，但是不得损害债权人的利益。

第二节 抵 押

案例导入

黄某诉朱某甲借贷担保纠纷案

朱某甲因经营需要多次向黄某借款，2022 年 10 月 10 日朱某甲出具《借条》一份，明确写明向黄某借款 206 万元。2022 年 11 月 4 日，黄某与朱某甲、朱某乙签订《借款协议》一份，明确朱某甲自 2022 年起因经营需要陆续向黄某借款，截至 2022 年 10 月 10 日共计借款 206 万元，并重新出具借条。协议约定：借款期限自 2022 年 10 月 10 日至 2023 年 10 月 9 日，利息按月利率 1%计算，按月支付；若朱某甲不按约定支付利息和归还本金，黄某有权提前收回全部本息，并且朱某甲应支付借款总额 10%的违约金，以及黄某因主张债权产生的一切费用（包括律师费、诉讼费等）；朱某甲以其名下的位于某市迎宾路 27 号×室房屋作为抵押担保；朱某乙自愿对前述债务承担连带责任，保证期间为主债务履行期限届满后两年，朱某乙以其名下位于某市东方大院 77 号×室和某市丰产巷 20 号×室的两套房屋为朱某甲的借款提供担保。2022 年 11 月 5 日，上述房屋在房管部门办理了抵押登记手续。其中某市迎宾路 27 号房屋的抵押担保金额为 220 万元；某市东方大院 77 号房屋的抵押担保金额为 200 万元；某市丰产巷 20 号房屋的抵押担保金额为 86 万元。借款到期后，朱某甲没有归还借款，朱某乙也没有承担保证责任。

黄某因本案向某律师事务所支付代理费 90 980 元。

原告黄某请求法院判令：1. 朱某甲立即归还 206 万元借款及利息；2. 朱某甲支付违约金 21 万元；3. 朱某甲承担律师费 90 980 元；4. 朱某乙对朱某甲应承担的前述一、二、三项债务承担连带清偿责任；5. 黄某在 220 万元范围内对某市迎宾路 27 号×室房屋的拍卖、变卖价款优先受偿；6. 黄某分别在 200 万元、86 万元范围内对某市东方大院 77 号×室和某市丰产巷 20 号×室房屋的拍卖、变卖价款优先受偿。法院判决支持了原告的全部诉请。

问题：借款人朱某甲的物保与第三人朱某乙的人保、物保并存时，承担担保责任的顺序如何确定？

【点评】

对黄某主张的担保问题，朱某甲为其债务提供了房屋抵押担保，该抵押担保合法有效。因此，黄某对该房屋享有优先受偿权。

朱某乙的连带责任保证合法有效，同时朱某乙提供了物的担保，且各方当事人没有约定实现担保的具体情形，故黄某应当先就朱某甲提供的物的担保实现债权，在不能完全受偿时，朱某乙就余额部分承担连带清偿责任。朱某乙提供的物的担保合法有效，黄某有权对抵押房屋享有优先受偿权。因此，黄某应优先行使对债务人朱某甲提供的物的担保权，再行使对第三人朱某乙提供的物的担保权。

一、抵押与抵押物

（一）抵押的概念

抵押，是指为担保债务的履行，债务人或者第三人不转移对用于抵押的财产（抵押物）的占有，将该财产作为债权的担保。债务人不履行到期债务时，债权人有权依法以该财产折价或者以拍卖、变卖该财产的价款优先受偿。《民法典》第 394 条规定，为担保债务的履行，债务人或者第三人不转移财产的占有，将该财产抵押给债权人的，债务人不履行到期债务或者发生当事人约定的实现抵押权的情形，债权人有权就该财产优先受偿。

其中，提供抵押物的债务人或者第三人为抵押人，债权人为抵押权人，提供担保的财产为抵押财产。

（二）抵押物

1. 可以抵押的财产

《民法典》第 395 条规定，债务人或者第三人有权处分的下列财产可以抵押：（1）建筑物和其他土地附着物；（2）建设用地使用权；（3）海域使用权；（4）生产设备、原材料、半成品、产品；（5）正在建造的建筑物、船舶、航空器；（6）交通运输工具；（7）法律、行政法规未禁止抵押的其他财产。抵押人可以将前款所列财产一并抵押。

2. 法律规定禁止设定抵押的财产

《民法典》第 399 条规定，下列财产不得抵押：（1）土地所有权；（2）宅基地、自留地、自留山等集体所有土地的使用权，但是法律规定可以抵押的除外；（3）学校、幼儿园、医疗机构等为公益目的成立的非营利法人的教育设施、医疗卫生设施和其他公益设施；（4）所有权、使用权不明或者有争议的财产；（5）依法被查封、扣押、监管的财产；（6）法律、行政法规规定不得抵押的其他财产。

法律禁止使用上述财产设定抵押的目的是，维护国家的土地所有权公有制度和保护公益事业的发展。

二、抵押合同与抵押登记

（一）抵押合同

《民法典》第400条规定设立抵押权，当事人应当采用书面形式订立抵押合同。抵押合同一般包括下列条款：（1）被担保债权的种类和数额；（2）债务人履行债务的期限；（3）抵押财产的名称、数量等情况；（4）担保的范围。

抵押合同禁止流押条款。所谓流押条款，是指约定当贷款到期不还时，债权人取得抵押物的所有权。《民法典》第401条规定，抵押权人在债务履行期限届满前，与抵押人约定债务人不履行到期债务时抵押财产归债权人所有的，只能依法就抵押财产优先受偿。

（二）抵押的登记与生效

当事人设定财产抵押时，对于须登记方能确权的抵押物，必须办理登记，抵押权自登记时设立。如抵押物为建筑物、建设用地使用权等不动产，须办理抵押权登记后，抵押权方设立并生效。《民法典》第402条规定，以本法第395条第1款第1项至第3项规定的财产（包括建筑物和其他土地附着物、建设用地使用权、海域使用权）或者第5项规定的正在建造的建筑物抵押的，应当办理抵押登记。抵押权自登记时设立。

对一些法律规定无须登记即能确权的抵押物，如生产设备、交通工具等，抵押权自抵押合同生效时设立，但未经登记的，抵押权不得对抗善意第三人。《民法典》第403条规定，以动产抵押的，抵押权自抵押合同生效时设立；未经登记，不得对抗善意第三人。如果第三人在抵押期间支付了合理对价购买了抵押物，且购买时不知道该受让物已经被设定抵押，当债务人不履行到期债务时，债权人（即抵押权人）无权就该已被处分的抵押物实现抵押权。

（三）办理抵押物登记的机构

（1）以无地上定着物的土地使用权、建筑物和其他土地附着物，建设用地使用权，以招标、拍卖、公开协商等方式取得的荒山、荒沟、荒丘、荒滩等土地承包经营权，正在建造的建筑物抵押的，应当办理抵押登记，抵押权自登记时发生效力。不动产登记，由不动产所在地的不动产登记机构办理。

（2）以正在建造的船舶、飞行器抵押的，以航空器、船舶、车辆抵押的，运输工具的登记部门为登记机构；以企业的设备、原材料、半成品、产品抵押的，财产所在地的市场监督管理部门为登记机构。

（3）以林木抵押的，登记机构为县级以上林木主管部门。当事人办理其他财产抵押的，可以自愿办理抵押物登记，登记机构为抵押人所在地的公证部门，抵押自抵押合同生效之时设立。

三、抵押权的实现

（一）抵押权的实现方式

抵押权有效设立后，如主合同债务人未能按期履行债务，抵押权人（债权人）即可依法实现抵押权。抵押权人既可通过民事诉讼法的特别程序直接向法院申请实现抵押权，也可通过诉讼及执行程序来实现抵押权，即将抵押物变卖拍卖或折价，抵押权人以所得价款优先受偿。抵押担保的范围应当包括主债权及利息、违约金、损害赔偿金和实现抵押权的费用。如果抵押合同另有约定的，按照约定。

（二）债权人清偿顺序

《民法典》第 414 条规定，同一财产向两个以上债权人抵押的，拍卖、变卖抵押财产所得的价款依照下列规定清偿：（1）抵押权已经登记的，按照登记的时间先后确定清偿顺序；（2）抵押权已经登记的先于未登记的受偿；（3）抵押权未登记的，按照债权比例清偿。

（三）第三人提供抵押担保的追偿权

为债务人提供抵押担保的第三人，在抵押权人实现抵押权后，有权向债务人追偿。《民法典》第 392 条规定，提供担保的第三人承担担保责任后，有权向债务人追偿。

四、最高额抵押

（一）最高额抵押的概念

所谓“最高额抵押”，是指抵押人与抵押权人协议，在最高债权额限度内，以抵押物对一定期间内连续发生的债权作担保。

《民法典》第420条规定，为担保债务的履行，债务人或者第三人对一定期间内将要连续发生的债权提供担保财产的，债务人不履行到期债务或者发生当事人约定的实现抵押权的情形，抵押权人有权在最高债权额限度内就该担保财产优先受偿。

最高额抵押权与一般抵押权相比，有以下三方面特殊性：

其一，相对独立性。一般抵押权具有典型的从属性，即先有债权存在才能设定抵押权，主债权消灭，抵押权也消灭。而最高额抵押权具有相对独立性，其设定不以主债权的存在为前提，也不随某一债权的消灭而消灭。

其二，所担保的债权的不确定性。最高额抵押权是担保未来债权的，其所担保的债权将来是否一定发生、发生额为多少都不确定，其所担保的债权仅限于一定范围内和一定期间内发生的债权。

其三，适用范围上的限定性。最高额抵押权仅适用于有连续发生债权的法律关系，如连续交易关系、连续借贷关系等。

（二）最高额抵押权的设定

与一般抵押权设定一样，最高额抵押权须设立于当事人双方之间的抵押合同，并依法办理抵押权登记。与一般抵押权不同的是，设定最高额抵押时，必须注明下列两项内容：

（1）抵押权所担保的债权范围和最高限额，并在登记时注明。当事人应明确抵押权所担保的债权为何种债权，其限额为多少。

（2）约定的债权确定期间，也称决算期。决算期是确定抵押权所担保的债权实际数额的日期。最高额抵押权所担保的债权可以随时增减变动，最高额实际担保的数额须于决算期日确定。当事人未约定决算期的，不影响最高额抵押权的成立。最高额抵押合同订有存续期间并已登记的，该存续期届满之日可认定为决算期日。

（三）最高额抵押权的效力

最高额抵押权在设立时，只是确定抵押权所担保的债权的范围和限额。抵押权担保的实际债权数额须于决算期才能确定。

五、“物保”与“人保”同时存在时的处理

实践中经常出现同一债权尤其是银行贷款既有物的担保，又有人的担保，如同一

笔贷款既设立了抵押用来担保债权，又有第三人充当连带责任保证人，当债务人债务履行期限届满不履行债务时，债权人如何主张其担保权利？

《民法典》第 392 条规定，被担保的债权既有物的担保又有人的担保的，债务人不履行到期债务或者发生当事人约定的实现担保物权的情形，债权人应当按照约定实现债权；没有约定或者约定不明确，债务人自己提供物的担保的，债权人应当先就该物的担保实现债权；第三人提供物的担保的，债权人可以就物的担保实现债权，也可以请求保证人承担保证责任。提供担保的第三人承担担保责任后，有权向债务人追偿。

第三节　质　押

案例导入

陈丙诉 H 公司民间借贷案

H 公司原名“O 家居有限公司”（以下简称 O 公司），于 2023 年 12 月 15 日变更为 H 公司。2021 年 9 月 23 日，W 公司作为甲方，O 公司作为乙方，陈甲、陈乙作为丙方，签订了《债转股投资协议》。该协议约定，甲方拟向乙方发放贷款 20 000 000 元，借款期限为 10 个月，贷款利率分阶段调整，从第 11 个月起除按月利率 2.5%计息外，每月外加收未还款总额 5%的违约金。丙方作为担保人，对借款承担连带责任保证，保证期间为自该合同履行期限届满之日起两年，保证范围为该合同项下借款本金、利息、违约金以及债权人实现债权的费用。当乙方未按本合同的约定支付借款本息及相应费用时，丙方保证在接到甲方书面索款通知后 15 日内无条件地代为偿付。

2021 年 9 月 23 日，W 公司作为质权人，陈甲、陈乙作为出质人，O 公司作为被担保人，签订了 2 份《股权质押担保合同》，将陈甲、陈乙分别持有的案外人 XH 公司 51%、49%的股权质押给 W 公司，质押担保范围为主合同项下全部借款本金 20 000 000 元及利息、被担保人因主合同应向质权人支付的其他款项、质权人实现债权与担保权利而发生的费用（包括但不限于诉讼费、执行费、评估费、拍卖费、公证费、送达费、公告费、律师费等），质押担保期限自出质登记之日至主合同项下全部债务偿还期限届满之日后两年止。该 2 份《股权质押担保合同》还约定，无论被担保人对主合同项下全部债务是否提供其他担保（包括但不限于保证、抵押、质押），不论上述其他担保何时成立、是否有效以及甲方是否向其担保人提出权利主张，不论是否有第三方同意承担主合同项下全部或部分债务，也不论其他担保是否为担保人自己提供，出质人在本合同项下的担保责任均不因此减免，质权人均可直接要求出质人依本合同约定在其担保范围内承担质押担保责任，出质人将不提出任何异议。2021年9月24日，上述股权质押在X市某区市场监督管理局办理股权出质设立登记。

同日，O公司与W公司签订了《股权质押协议》，约定将O公司持有的案外人XJ公司30%的股权质押给W公司，作为O公司向W公司借款20 000 000元的担保，并于2021年9月24日办理了股权出质设立登记。

2021年9月29日，W公司将20 000 000元借款转入O公司。

2023年6月2日，W公司将本案债权转让给陈丙，并履行了对债务人的告知义务。其后陈丙多次要求H公司、陈甲、陈乙履行还款付息义务，未获得履行。

2024年1月6日，陈丙与某律师事务所签订《委托代理合同》，约定将本案件诉讼事务委托给该某律师事务所代理，代理费为165 960元，并对H公司、陈甲、陈乙提起诉讼，要求H公司偿还借款本息，陈甲、陈乙承担连带责任，并对陈甲、陈乙及H公司出质股权拍卖后享有优先受偿权。审理中追加W公司为第三人。2024年1月13日，某律师事务所向陈丙开具总金额为165 960元的律师费发票2张。

本案系债权受让人向借款人及担保人追讨借款并主张担保权利而引起的民间借贷纠纷。庭审中法院确认至2023年6月2日，H公司尚欠W公司本金7 400 000元及利息1 685 500元。本案争议的焦点，一是讼争主债务是否包括律师费，二是讼争债权转让后股权质押是否继续有效。法院判决支持了陈丙的全部诉讼请求。

【点评】

本案系债权受让人向借款人及担保人追讨借款并主张担保权利而引起的民间借贷纠纷。O公司（即H公司）、W公司、陈甲、陈乙签订的《债转股投资协议》《股权质押担保合同》《股权质押协议》均系当事人真实意思表示，未发现存在违反法律、行政法规效力性强制性规定的情形，合法有效，W公司与H公司、陈甲、陈乙之间形成民间借贷合同关系及担保合同关系。H公司未依约及时履行还款义务，截至2023年6月2日，H公司尚欠W公司借款本金7 400 000元及利息1 685 500元。W公司将其对H公司的上述债权转让给陈丙，未违反法律规定及前述合同约定，且债权转让已经依法通知H公司，该债权转让合法有效。转让案涉《债转股投资协议》中保证人的保证范围包括债权人为实现债权而支出的费用，因此主债务包括债权人为实现债权而支出的律师费，即H公司应承担陈丙因本案支出的律师费165 960元。

案涉保证合同、股权质押合同均为案涉借款合同的从合同，当主债权转让后，从权利（即担保权利）随主债权一并转让。因此，陈甲、陈乙为讼争借款的连带责任保证人，保证责任期间尚未届满，讼争债权转让给陈丙后，仍应对讼争借款本金、利息及债权人为实现债权而支出的律师费向陈丙承担连带清偿责任。相应地，股权质押继续有效，陈甲、陈乙及H公司仍应以质押的股权对讼争债权承担质押担保责任。本案讼争债务既有人的担保又有物的担保。实现担保权的顺序问题，债权人与担保人有约定的依约定，本案担保人与债权人有明确约定。因此，陈丙可以直接主张陈甲、陈乙承担保证及质押担保责任。

一、动产质押

（一）概念

动产质押，是指债务人或者第三人将其动产移交给债权人占有，将该动产作为债权的担保。当债务人不履行债务时，债权人有权依法以该动产折价或者以拍卖、变卖该动产的价款优先受偿。

将其动产设定质押的债务人或第三人称为“出质人”，债权人在质押关系中称为“质权人”，移交给质权人的动产称为“质物”。

（二）质押合同

出质人与债权人（质权人）应当以书面形式订立质押合同，口头合同无效。质押合同自质物移交于质权人占有时生效。质押合同应当包括下列主要条款：（1）被担保的主债权种类、数额；（2）债务人履行债务的期限；（3）质物的名称、数量、质量、状况；（4）质物担保的范围；（5）质物移交的时间；（6）当事人认为需要约定的事项。

质押合同禁止留置条款。出质人和质权人在合同中不得约定：在债务履行期限届满质权人未受清偿时，质物的所有权转移为质权人所有。

（三）动产质权的实现及消灭

1. 动产质权的实现

质权的实现指质权人于其债权清偿期届满未受清偿或发生当事人约定的实现质权

的情形时，处分质押财产，以质押财产的变价优先受偿其债权。因质权人已占有质物，故质权人得自行将质物拍卖、变卖。

2. 动产质权的消灭

质权与其担保的债权同时存在，债权消灭的，质权消灭。质权因质物灭失而消灭，因质物灭失所得的赔偿金，质权人有权就该赔偿金优先受偿以实现其债权。

二、权利质押

（一）概念

权利质押指用代表金钱或财产的有价证券作质押，对债权进行担保的行为。

《民法典》第440条规定，债务人或者第三人有权处分的下列权利可以出质：（1）汇票、本票、支票；（2）债券、存款单；（3）仓单、提单；（4）可以转让的基金份额、股权；（5）可以转让的注册商标专用权、专利权、著作权等知识产权中的财产权；（6）现有的以及将有的应收账款；（7）法律、行政法规规定可以出质的其他财产权利。

（二）权利质押的设立

《民法典》第441条规定，以汇票、本票、支票、债券、存款单、仓单、提单出质的，质权自权利凭证交付质权人时设立；没有权利凭证的，质权自办理出质登记时设立。法律另有规定的，依照其规定。《民法典》第443条规定，以基金份额、股权出质的，质权自办理出质登记时设立。《民法典》第444条规定，以注册商标专用权、专利权、著作权等知识产权中的财产权出质的，质权自办理出质登记时设立。《民法典》第445条规定，以应收账款出质的，质权自办理出质登记时设立。

具体而言：

（1）以汇票、本票、支票、债券、存款单、仓单、提单出质的，质权自权利凭证交付质权人时设立。

（2）以基金份额和上市公司股票出质的，质权自证券登记结算机构办理出质登记时设立。非上市公司的股权出质，质权自市场监督管理部门办理出质登记时设立。

（3）以应收账款出质的，质权自信贷征信机构办理出质登记时设立。

（4）以注册商标专用权、专利权、著作权中的财产权出质的，质权自有关主管部门办理出质登记时设立。

三、质押与抵押的区别

（1）抵押与质押的标的物不同：抵押的标的物是不动产，而质押的标的物是动产与权利。

（2）抵押与质押对标的物是否转移占有有不同规定：抵押的标的物不转移占有，仍由抵押人占有、使用、收益，质押的标的物交付质权人占有，动产要交付占有，权利要交付权利证书（无须登记的权利如基金份额、上市公司股权除外）。

第四节 留置与定金

▶ 案例导入

刘某与陆某定金合同纠纷案

刘某向一审法院起诉请求：陆某双倍返还定金 4 万元并承担本案诉讼费用。

N 市 G 区四平路×号×幢 2－701 室房屋（以下简称案涉房屋）系陆某所有。2021 年 3 月 24 日，经某我爱我家房屋租赁置换有限公司（丙方，见证方，以下简称我爱我家公司）居间，刘某（乙方）与陆某（甲方）签订定金协议，双方约定，甲方产权人将此房以人民币壹佰玖拾捌万元整（￥1 980 000）卖给乙方，乙方商业贷款；2021 年 4 月 8 日前签订网签合同；乙方支付甲方定金人民币贰万元整（￥20 000），如一方不履行上述条款则按定金罚则：若乙方违约则乙方定金不予退还，若甲方违约则甲方双倍定金退还给乙方。具体买卖操作事宜，陆某均委托其子沈某代为办理。当日，刘某通过支付宝将定金 2 万元转给沈某，陆某及其子沈某共同向刘某出具收据。

后刘某及居间方我爱我家公司的工作人员多次联系陆某及其子沈某，督促其尽快签订网签合同，但均遭到拒绝。因双方意见分歧较大，致本案调解未果。

一审法院认为，当事人约定以交付定金作为订立主合同担保的，给付定金的一方拒绝订立主合同的，无权要求返还定金；收受定金的一方拒绝订立主合同的，应当双倍返还定金。本案中，刘某向陆某交纳 2 万元定金作为签订房屋买卖合同的担保，其性质为立约定金。刘某交纳定金后，陆某未依约签订网签合同，是双方不能就案涉房屋进行交易的责任方，故刘某要求陆某双倍返还定金的诉讼请求，有事实与法律依据，一审法院予以支持。对于陆某主张刘某系违约方的辩解，因其未能提供充分的证据予以证明，一审法院不予采纳。综上，一审法院判决：陆某于判决生效之日起十日内双倍返还刘某购房定金合计 4 万元。如陆某未按判决指定的期间履行给付金钱义务，则应当依照《中华人民共和国民事诉讼法》第二百五十三条之规定，加倍支付迟延履行期间的债务利息。一审案件受理费 800 元，减半收取计 400 元，由陆某负担。

二审法院认为，双方当事人签订的定金协议系真实意思表示，不违反法律、法规禁止性规定，合法有效。该协议生效后，各方均应按约履行。本案根据微信聊天记录、证人证言等相关证据，可以证实双方未按约于 2021 年 4 月 8 日前签订网签合同的责任方系上诉人，一审法院判决上诉人向被上诉人双倍返还房屋定金，既有合同约定，又符合法律规定，并无不当。上诉人认为一审证人即中介公司人员伙同被上诉人存在欺骗行为，没有证据予以证实。上诉人主张案涉房屋交易中其不存在不诚信的行为，一审法院认定事实不清，其不应双倍返还案涉定金的请求，本院不予支持。

综上所述，陆某的上诉请求不能成立，应予驳回；一审判决认定事实清楚，适用法律正确，应予维持。依照《中华人民共和国民事诉讼法》第一百七十条第一款第一项规定，判决如下：驳回上诉，维持原判。

【点评】

本案是比较典型的定金合同纠纷。本案的定金为立约定金，一方支付定金以作为订立房屋买卖合同的担保。收受定金的一方未按定金合同约定订立房屋买卖合同，构成对定金合同的违反即系违约，因而应当承担双倍返还定金的不利后果。一、二审法院判决事实清楚，适用法律正确。

一、留置

（一）留置的概念

《民法典》第 447 条规定，债务人不履行到期债务，债权人可以留置已经合法占有的债务人的动产，并有权就该动产优先受偿。

债权人为留置权人，占有的动产为留置财产，留置权人享有的这一权利称为留置权。

（二）留置权的法律特征

（1）留置权是他物权，是债权人对其占有的债务人财产的权利，即对他人之物的权利。

（2）留置权是法定担保物权。留置权只能依法律规定的条件直接发生。

（3）留置权发生的前提是债权人已经依据合同合法占有了债务人的动产。因此，留置往往发生在保管合同、运输合同、加工承揽合同的债权担保中。

（三）留置与质押的区别

（1）留置权是法定担保物权，基于法律规定而发生；动产质权是意定担保物权，是依当事人的约定而产生的。

（2）留置权是基于债权人已占有的债务人的财产发生的；而动产质权的标的物可以是债务人的动产，也可以是第三人提供的动产。

（四）留置权的消灭

留置权因下列原因灭失：（1）债权消灭的；（2）债务人另行提供担保被债权人接受的。

二、定金

（一）概念

定金，是指当事人一方为担保合同的订立、成立生效、履行事先向另一方支付的一定金钱。《民法典》第586条规定，当事人可以约定一方向对方给付定金作为债权的担保。定金合同自实际交付定金时成立。定金的数额由当事人约定；但是，不得超过主合同标的额的百分之二十，超过部分不产生定金的效力。实际交付的定金数额多于或者少于约定数额的，视为变更约定的定金数额。

（二）定金合同及其类型

定金应当以书面形式约定，可以是单独签订定金合同，也可以是主合同的定金条款。当事人在定金合同中应当约定交付定金的期限。定金合同自实际交付定金之日起生效。

（三）定金的主要类型

定金可分为立约定金、成约定金、违约定金和解约定金。

（1）立约定金是为保证正式订立合同而交付的定金。这种定金的双方一般有预约，为保证正式订立合同，在合同订立前由一方向另一方交付定金。给付定金的一方如违约不订立正式合同，则失去给付的定金，收受定金的一方如不订立合同，则应双倍返还定金。

（2）成约定金是以其交付作为合同成立或者生效的条件。因定金的交付，合同才成立或生效；若不交付定金，则合同不成立或不生效。

（3）违约定金或履约定金是以违约赔偿为目的的定金。交付定金后，如交付的一方不履行合同，则收受定金的一方不予返还；而收受定金的一方不履行合同的，则应双倍返还定金。

《民法典》第587条规定，债务人履行债务的，定金应当抵作价款或者收回。给付定金的一方不履行债务或者履行债务不符合约定，致使不能实现合同目的的，无权请求返还定金；收受定金的一方不履行债务或者履行债务不符合约定，致使不能实现合同目的的，应当双倍返还定金。《民法典》第588条规定，当事人既约定违约金，又约定定金的，一方违约时，对方可以选择适用违约金或者定金条款。定金不足以弥补一方违约造成的损失的，对方可以请求赔偿超过定金数额的损失。

（4）解约定金为当事人一方保留解除合同权利的代价。交付定金的一方得以丧失定金为代价而解除合同，收受定金的一方亦得以双倍返还定金为代价而解除合同。

（四）定金担保的法律特征

（1）定金具有从属性，定金合同为主合同的从合同。定金是由当事人双方在定金合同中约定的，定金条款可以在主合同中写明，也可以为一单独的定金合同，但定金合同是主合同的从合同，具有从属性，以主合同的有效存在为前提，随主合同的存在而存在，随主合同的消灭而消灭。

（2）定金以交付为成立条件。定金由当事人在定金条款或定金合同中约定，但定金担保只有在交付后才能成立，应交付定金的一方当事人未实际将定金交付给对方的，定金担保不能成立。

（3）定金须于担保目的实现前交付。定金是用于担保合同债权的，因而只能于担保目的实现前交付。

（4）定金担保双方的债权，即实现双向担保的担保作用，既担保收受定金一方的债权，也担保给付定金一方的债权。

（五）定金的效力

定金通常具有以下效力：

（1）证约效力：定金具有证明主合同成立的效力。由于定金是当事人双方依其定金合同的约定由一方交付给另一方的，并且以实际交付为成立要件，而定金合同又是从合同，以主合同的存在为前提，因此，没有主合同，当事人之间就不会发生交付定金的事实，也就证明定金合同的当事人之间存在主合同。

（2）预先给付效力：依法律规定，债务人履行债务后，定金应当抵作价款或者收回。因此，定金具有预先给付的效力。所谓预先给付，是指当事人一方在规定的给付时间之前向对方给付。

（3）担保的效力：这是定金的基本效力，也是定金目的的根本实现。定金的担保效力从两方面看：一方面，以定金的丧失和双倍返还给当事人造成心理上的压力，迫使当事人履行债务；另一方面，在一方当事人不履行债务时，另一方当事人取得定金或要求双倍返还定金，以此定金的取得来保障自己的利益不受损失。因此，定金的担保作用是通过适用定金罚则来实现的。

思考练习

一、单选题

1. 根据《民法典》的规定，下列属于保证方式的是（　　）。

A. 质押　　B. 一般保证　　C. 抵押　　D. 担保

2. 债权人和保证人可以在保证合同中约定保证期间，没有约定或约定不明确的，保证期间为主债务履行期限届满之日起（　　）个月。

A. 3　　B. 6　　C. 9　　D. 12

3. 某公司以所持的另一家上市公司股份做质押向银行借款，则该质权设立的时间是（　　）。

A. 质押合同签订日

B. 借款合同签订日

C. 权利凭证交付日

D. 证券登记结算机构办理出质登记时

4. 留置权是（　　）。

A. 意定担保物权　　B. 法定担保物权

C. 合同权利　　D. 法定合同权利

5. 定金指当事人一方为担保合同的订立、成立生效、履行而事先向另一方支付的一定金钱。定金的数额由当事人约定，但是，不得超过主合同标的额的（　　）。

A. 10%　　B. 20%　　C. 25%　　D. 30%

二、多选题

1. 关于担保，以下说法正确的是（　　）。

A. 债权人在借贷、买卖民事活动中，需要担保的可以依法设立担保物权

B. 担保合同无效，主债权债务合同随之无效，法律另有规定的除外

C. 担保物权人在债务人不履行到期债务时，依法享有就担保财产优先受偿的权利

D. 同一债权既有保证又有第三人提供物的担保的，债权人可以请求保证人或物的担保人承担担保责任

2. 以下财产不得抵押的是（　　）。

A. 土地所有权

B. 学校、幼儿园

C. 荒地等土地承包权

D. 正在建造的船舶、航空器

3. 同一财产向两个以上债权人抵押的，拍卖、变卖抵押财产所得的价款依照下列规定清偿（　　）。

A. 抵押权已经登记的，按照登记的时间先后确定清偿顺序

B. 对于动产抵押的，按照抵押合同生效的时间顺序清偿

C. 抵押权已经登记的先于未登记的受偿

D. 抵押权未登记的，按照债权比例清偿

4. 被担保的债权既有物的担保又有人的担保的，债务人不履行到期债务或者发生当事人约定的实现担保物权的情形，债权人应当按照约定实现债权；没有约定或者约定不明确，下列说法正确的是（　　）。

A. 债务人自己提供物的担保的，债权人应当先就该物的担保实现债权

B. 第三人提供物的担保的，债权人可以就物的担保实现债权，也可以请求保证

人承担保证责任

C. 提供担保的第三人承担担保责任后，有权向债务人追偿

D. 第三人提供物的担保的，债权人应当先就物的担保实现债权

5. 根据《民法典》的规定，可以质押的权利包括（　　）。

A. 汇票、本票、支票

B. 存款单、仓单、提单

C. 依法可以转让的股份、股票

D. 可以转让的注册商标专用权、专利权

三、案例分析题

某贸易公司向某商业银行申请贷款 200 万元用于贸易，该公司法人代表王某以其朋友张斌为保证人，而银行要求王某追加担保，王某遂找到其好友李某（某公司项目部经理），追加其项目部为保证人，后又将业务关系户某进出口有限公司也追加为保证人，银行遂同意贷款，期限为一年，并订立了合同，之后，由于市场行情变化，贸易公司向银行申请将贷款额减少到 100 万元，期限缩短至 8 个月，并征得了张斌与李某的同意，但未告知某进出口有限公司，后来贸易公司到期未能履行还款义务，银行遂以三个保证人为被告向法院起诉。经查明，保证协议中没有约定保证份额，此外，项目部没有经其公司法人授权。

问

（1）张斌认为银行应先向贸易公司索款，后才向保证人索款，有无法律依据？为什么？

（2）项目部所参与的保证协议是否有效？其是否要承担责任？为什么？

（3）某进出口有限公司是否要承担责任？为什么？

第六章 ▶ 保险合同法

本章导读

保险是众多投保人以保险人为金融中介，以保险单为金融资产，运用金融市场机制，相互融通补偿资金，从而使被保险人的资产得到保障的一种特殊金融方式。保险合同法是指调整保险合同双方当事人关系的法律规范，是保险法的核心内容。落实和加强被保险人利益保障，是保险合同法的本旨要求，是保险业发展的现实呼唤，也是现代社会合同正义的本质内涵。现代保险法注重对被保险人利益予以“优先而周全”的全程性保护，同时也要求能够合理确定标准和划定界限，其实质就是要落实维护人的尊严的法律理念。保险合同法通过保险人建议与说明义务的强化、投保人告知义务范围及其责任机制的完善、被保险人权利类型的扩张、保险合同解除权制度的健全以及保险合同法本身的现代化来实现这一目标。

学习目标

1. 了解保险合同的特征和种类；
2. 掌握保险合同当事人的权利和义务；
3. 了解人身保险合同的特殊条款；
4. 了解责任保险、信用保险和保证保险及再保险的特殊性。

第一节　保险合同

▶ 案例导入

罗某与人保财险沈阳市经开区支公司保险纠纷案

原告罗某诉被告中国人民财产保险股份有限公司沈阳市经济技术开发区支公司（以下简称人保沈阳支公司）保险纠纷一案，海城市人民法院于 2020 年 6 月 10 日立案受理后，公开开庭进行了审理。

原告罗某诉称：2019 年 12 月 14 日 18 时许，宋某维驾驶原告所有的辽 C×××××号牌大型货车行驶至凤城市火车道路口时，路过减速带因躲闪一台小车发生侧翻，造成车载货物滚动，将自身车厢、车头、车架轧坏的交通事故。事故发生后，由凤城市赛马镇安鹏工程机械租赁部对该车辆进行了施救，施救费用为 19 000 元。原告所有的车辆辽 C×××××号牌大型货车，在中国人民财产保险股份有限公司沈阳市分公司投保了机动车损失险。依照保险法的有关规定，请人民法院依法判决被告在保险限额内赔偿原告经济损失 19 000 元，并承担本案诉讼费用。

被告人保沈阳支公司辩称：事故车辆在我公司投保了车损险，限额为 144 900 元，保险期限是 2019 年 9 月 26 日至 2020 年 9 月 25 日。事故车辆的事故发生地为凤城市，原告应该在凤城本地进行修理，原告擅自将车辆托运回海城进行修理，扩大了损失，应该由自身承担。

海城市人民法院认为：原、被告之间订立的保险合同系双方当事人真实意思表示，且不违反法律、行政法规的强制性规定，应属有效。保险合同成立后，原告作为投保人已按合同约定支付保险费，在保险期间，原告的车辆发生事故，被告保险公司应按照合同约定对原告发生符合保险合同约定的保险事故承担保险责任。关于原告主张的施救费，原告提供正规发票，且系实际花费，故本院按照发票上载明数额 19 000 元予以计算。被告人保沈阳支公司辩称原告存在扩大损失应该由自身承担，因被告未提供证据予以证明，故本院不予支持。综上，依据《中华人民共和国合同法》第四十四条，《中华人民共和国保险法》第十条、第十四条之规定，判决如下：

被告中国人民财产保险股份有限公司沈阳市经济技术开发区支公司于本判决生效后 10 日内给付原告罗某保险理赔款 19 000 元。

如果被告未按本判决指定的期间履行给付金钱义务，应当按照《中华人民共和国民事诉讼法》第二百五十三条之规定，加倍支付迟延履行期间的债务利息。

案件受理费 275 元，由被告中国人民财产保险股份有限公司沈阳市经济技术开发区支公司承担，此款原告罗某已垫付，被告中国人民财产保险股份有限公司沈阳市经济技术开发区支公司在履行本判决时加付 275 元给原告罗某。

资料来源：(2020) 辽 0381 民初 4002 号民事判决书。

【点评】

本案是一个简单的保险合同纠纷。其中值得关注的地方是：(1) 日常生活中，签订合适的保险合同是防范风险的必要有效途径。本案中，法院明确指出：保险合同成立后，原告作为投保人已按合同约定支付保险费，在保险期间，原告的车辆发生事故，被告保险公司应按照合同约定对原告发生符合保险合同约定的保险事故承担保险责任。(2) 保险事故发生后，当事人应进行必要的证据收集工作。本案中，原告能够提供正规发票，为索赔得到法院支持奠定了坚实的基础。

一、保险合同概述

(一) 保险合同的概念和特征

1. 保险合同的概念

《中华人民共和国保险法》(以下简称《保险法》) 第 10 条规定："保险合同是投保人与保险人约定保险权利义务关系的协议。"据此，保险合同是双方当事人为建立、变更和终止保险关系而达成的协议，是保护当事人享受权利和约束当事人履行义务的法律依据。其中，一方承诺支付保险费，另一方承诺在约定的保险事件发生时，支付赔偿金或保险金。

2. 保险合同的特征

(1) 保险合同是双务、有偿合同。双务合同是指合同当事人双方相互享有权利，同时也承担义务的合同。有偿合同是指当事人一方享有合同约定的权利，必须向对方当事人支付相应对价的合同。在保险合同中，投保人有按照合同约定支付保险费的义务，被保险人在保险事故发生时享有请求保险人赔偿或者给付保险金的权利；保险人应承担保险合同约定的保险事故发生时赔付保险金的义务，享有收取保险费的权利。《保险法》第 14 条规定：保险合同成立后，投保人按照约定交付保险费，保险人按照约定的时间开始承担保险责任。

（2）保险合同是射幸合同。射幸合同是一种当事人双方在签订合同时不能确定权利义务履行结果的合同。保险合同之所以是射幸合同，源于保险事故发生的不确定性，或者说是因为保险合同履行的结果是建立在保险事故可能发生也可能不发生的基础之上。正是因为保险合同的这一属性，保险法特别强调对于保险合同的道德风险的防控。《保险法》第 27 条规定："未发生保险事故，被保险人或者受益人谎称发生了保险事故，向保险人提出赔偿或者给付保险金请求的，保险人有权解除合同，并不退还保险费。投保人、被保险人故意制造保险事故的，保险人有权解除合同，不承担赔偿或者给付保险金的责任；除本法第四十三条规定外，不退还保险费。保险事故发生后，投保人、被保险人或者受益人以伪造、变造的有关证明、资料或者其他证据，编造虚假的事故原因或者夸大损失程度的，保险人对其虚报的部分不承担赔偿或者给付保险金的责任。投保人、被保险人或者受益人有前三款规定行为之一，致使保险人支付保险金或者支出费用的，应当退回或者赔偿。"

（3）保险合同是附和性合同。附和性合同是指合同的双方当事人并未充分协商合同的重要内容，而是由合同的一方当事人提出合同的主要内容，另一方当事人只能做出取舍的决定而订立的合同。对于保险人单方面制定的保险合同内容，投保人一般只能做出"取或舍"的决定。与此相适应，保险法对保险合同加以不同于非附和性合同的规制。比如，《保险法》第 17 条规定：订立保险合同，采用保险人提供的格式条款的，保险人向投保人提供的投保单应当附格式条款，保险人应当向投保人说明合同的内容。对保险合同中免除保险人责任的条款，保险人在订立合同时应当在投保单、保险单或者其他保险凭证上作出足以引起投保人注意的提示，并对该条款的内容以书面或者口头形式向投保人作出明确说明；未作提示或者明确说明的，该条款不产生效力。第 19 条规定：采用保险人提供的格式条款订立的保险合同中的下列条款无效：（1）免除保险人依法应承担的义务或者加重投保人、被保险人责任的；（2）排除投保人、被保险人或者受益人依法享有的权利的。

（4）保险合同是最大诚信合同。保险合同从订立到履行都要求保险双方当事人做到最大限度的诚实守信。保险人承保及赔付，很大程度上是以投保人或被保险人的告知和保证事项为依据。《保险法》第 5 条规定：保险活动当事人行使权利、履行义务应当遵循诚实信用原则。第 16 条第 1 款和第 2 款规定：订立保险合同，保险人就保险标的或者被保险人的有关情况提出询问的，投保人应当如实告知。投保人故意或者因重大过失未履行前款规定的如实告知义务，足以影响保险人决定是否同意承保或者提高保险费率的，保险人有权解除合同。

（二）保险合同的种类

1. 补偿性保险合同与给付性保险合同

按照合同的性质分类，保险合同可以分为补偿性保险合同与给付性保险合同。

（1）补偿性保险合同。补偿性保险合同是指保险人的责任，以补偿被保险人的经济损失为限，并不得超过保险金额的合同。各类财产保险合同和人身保险中的医疗费用保险合同都属于补偿性保险合同。《保险法》第 55 条第 2 款规定：投保人和保险人未约定保险标的的保险价值的，保险标的发生损失时，以保险事故发生时保险标的的实际价值为赔偿计算标准。

（2）给付性保险合同。给付性保险合同是指保险金额由双方事先约定，在保险事件发生或约定的期限届满时，保险人按合同规定的标准金额给付的合同。各类寿险合同属于给付性保险合同。《保险法》第 55 条第 1 款规定：投保人和保险人约定保险标的的保险价值并在合同中载明的，保险标的发生损失时，以约定的保险价值为赔偿计算标准。

2. 定值保险合同与不定值保险合同

依据保险价值在订立合同时是否确定，保险合同分为定值保险合同与不定值保险合同。

（1）定值保险合同。定值保险合同是指在订立保险合同时，投保人和保险人已确定保险标的的保险价值，并将其载明于合同中的保险合同。定值保险合同成立后，一旦发生保险事故，保险合同的当事人应以事先确定的保险价值作为保险人确定赔偿金数额的计算依据。

（2）不定值保险合同。不定值保险合同是指订立保险合同时不预先约定保险标的的保险价值，仅载明保险金额作为保险事故发生后赔偿最高限额的保险合同。在不定值保险合同条件下，一旦发生保险事故，保险合同的当事人需确定保险价值，并以此作为保险人确定赔偿金数额的计算依据。

3. 单一风险合同、综合风险合同与一切险合同

按照承担风险责任的方式分类，保险合同可分为单一风险合同、综合风险合同与一切险合同。

（1）单一风险合同。单一风险合同是指只承保一种风险责任的保险合同。如农作物雹灾保险合同，只对于冰雹造成的农作物损失负责赔偿。

（2）综合风险合同。综合风险合同是指承保两种以上的多种特定风险责任的保险合同。这种保险合同必须一一列明承保的各项风险责任，只要损失是由于所保风险造成的，保险人就得负责赔偿。

（3）一切险合同。一切险合同是指保险人承保的风险是合同中列明的除外不保风险以外的一切风险的合同。在一切险合同中，保险人并不列举规定承保的具体风险，而是以“责任免除”条款确定其不承保的风险。

4. 足额保险合同、不足额保险合同与超额保险合同

根据保险金额与出险时保险价值对比关系，保险合同可分为足额保险合同、不足额保险合同和超额保险合同。

（1）足额保险合同。足额保险合同指保险金额等于保险事故发生时的保险价值的保险合同。

（2）不足额保险合同。不足额保险合同指保险金额小于保险事故发生时的保险价值的保险合同。

（3）超额保险合同。超额保险合同指保险金额大于保险事故发生时的保险价值的保险合同。

5. 财产保险合同与人身保险合同

按照保险标的分类，保险合同可分为财产保险合同与人身保险合同。

（1）财产保险合同。财产保险合同是以财产及其有关的经济利益为保险标的的保险合同，又可分为财产损失保险合同、责任保险合同、信用保险合同等。

（2）人身保险合同。人身保险合同是以人的寿命和身体为保险标的的保险合同，又可分为人寿保险合同、人身意外伤害保险合同、健康保险合同等。

《保险法》第 95 条规定了保险公司的业务范围：（1）人身保险业务，包括人寿保险、健康保险、意外伤害保险等保险业务；（2）财产保险业务，包括财产损失保险、责任保险、信用保险、保证保险等保险业务；（3）国务院保险监督管理机构批准的与保险有关的其他业务。

6. 原保险合同与再保险合同

按照保险承保方式分类，保险合同可分为原保险合同与再保险合同。

（1）原保险合同。原保险合同是指保险人与投保人直接订立的保险合同，合同保障的对象是被保险人。

（2）再保险合同。再保险合同是指保险人为了将其所承担的保险责任转移给其他的保险人而订立的保险合同，合同直接保障的对象是原保险合同的保险人。《保险法》

第 28 条第 1 款规定：保险人将其承担的保险业务，以分保形式部分转移给其他保险人的，为再保险。

二、保险合同的当事人

（一）保险合同的基本当事人

1. 保险人

《保险法》第 10 条第 3 款规定：保险人是指与投保人订立保险合同，并按照合同约定承担赔偿或者给付保险金责任的保险公司。保险人具有以下法律特征：（1）保险人履行赔偿或给付保险金之义务是由保险合同的约定而产生的，而不是由侵权或者违约行为而产生的。（2）保险人通过收取保险费，设立保险基金，在保险事件发生时，依据保险合同履行保险赔偿或给付责任。（3）保险人是依法成立并经许可经营保险业务的保险公司。

2. 投保人

《保险法》第 10 条第 2 款规定：投保人是指与保险人订立保险合同，并按照合同约定负有支付保险费义务的人。投保人通常需要具备以下三个条件：（1）具有完全的权利能力和行为能力。（2）对保险标的必须具有保险利益。（3）负有缴纳保险费的义务。其中，保险标的是保险合同中所载明的投保对象，是保险事故发生所在的本体，即作为保险对象的财产及其有关利益或者人的生命、身体和健康。保险利益是指投保人或被保险人对保险标的所具有的法律上承认的利益。

（二）保险合同的关系人

1. 被保险人

《保险法》第 12 条第 5 款规定：被保险人是指其财产或者人身受保险合同保障，享有保险金请求权的人。投保人可以为被保险人。（1）在财产保险中，被保险人是保险财产的权利主体。（2）在人身保险中，被保险人是从保险合同中取得对其生命、身体和健康保障的人，同时也是保险事故发生的本体。（3）在责任保险中，被保险人是对他人的财产损毁或人身伤亡负有法律责任，因而要求保险人代其进行赔偿，由此对自己的利益进行保障的人。被保险人必须在保险合同中做出明确规定。

2. 受益人

《保险法》第 18 条第 3 款、第 4 款规定：受益人是指人身保险合同中由被保险人或者投保人指定的享有保险金请求权的人。投保人、被保险人可以为受益人。受益人需具有两个构成要件：（1）受益人是享有赔偿请求权的人；（2）受益人是由保单所有人指定的人。

（三）保险合同的辅助人

1. 保险代理人

《保险法》第 117 条规定：保险代理人是根据保险人的委托，向保险人收取佣金，并在保险人授权的范围内代为办理保险业务的机构或者个人。保险代理机构包括专门从事保险代理业务的保险专业代理机构和兼营保险代理业务的保险兼业代理机构。

2. 保险经纪人

《保险法》第 118 条规定：保险经纪人是基于投保人的利益，为投保人与保险人订立保险合同提供中介服务，并依法收取佣金的机构。

三、保险合同当事人的权利和义务

（一）保险人的权利和义务

（1）除非法律或合同中事先另有规定，保险人在保险期间不得擅自解除合同。《保险法》第 15 条规定：除本法另有规定或者保险合同另有约定外，保险合同成立后，投保人可以解除合同，保险人不得解除合同。

（2）保险人根据法定或约定事由解除合同时，一般可不退还其已收取的保险费。《保险法》第 16 条第 4 款规定：投保人故意不履行如实告知义务的，保险人对于合同解除前发生的保险事故，不承担赔偿或者给付保险金的责任，并不退还保险费。

（3）保险合同成立后，一旦发生保险事故，保险人应根据保险合同规定，向被保险人支付保险金。《保险法》第 23 条规定：保险人收到被保险人或者受益人的赔偿或者给付保险金的请求后，应当及时作出核定；情形复杂的，应当在三十日内作出核定，但合同另有约定的除外。保险人应当将核定结果通知被保险人或者受益人；对属于保险责任的，在与被保险人或者受益人达成赔偿或者给付保险金的协议后十日内，履行赔偿或者给付保险金义务。保险合同对赔偿或者给付保险金的期限有约定的，保险人应当按照约定履行赔偿或者给付保险金义务。保险人未及时履行前款规定义务的，除支付保险金外，应当赔偿被保险人或者受益人因此受到的损失。任何单位和个人不得非法干预保险人履行赔偿或者给付保险金的义务，也不得限制被保险人或者受益人取得保险金的权利。

（二）被保险人的权利和义务

（1）被保险人在财产保险合同规定的保险范围内，遭遇灾害时，有权要求保险方支付规定的保险费用。《保险法》第 22 条第 1 款规定：保险事故发生后，按照保险合同请求保险人赔偿或者给付保险金时，投保人、被保险人或者受益人应当向保险人提供其所能提供的与确认保险事故的性质、原因、损失程度等有关的证明和资料。第 23 条第 1 款规定：保险人收到被保险人或者受益人的赔偿或者给付保险金的请求后，应当及时作出核定；情形复杂的，应当在三十日内作出核定，但合同另有约定的除外。

（2）交纳保险费。被保险人（投保人）有义务按合同规定按期、如数交纳保险费用。《保险法》第 14 条规定：保险合同成立后，投保人按照约定交付保险费，保险人按照约定的时间开始承担保险责任。

（3）尽力保护保险标的。《保险法》第 51 条规定：被保险人应当遵守国家有关消防、安全、生产操作、劳动保护等方面的规定，维护保险标的的安全。保险人可以按照合同约定对保险标的的安全状况进行检查，及时向投保人、被保险人提出消除不安全因素和隐患的书面建议。投保人、被保险人未按照约定履行其对保险标的的安全应尽责任的，保险人有权要求增加保险费或者解除合同。保险人为维护保险标的的安全，经被保险人同意，可以采取安全预防措施。

（4）当保险事故发生后，被保险人有义务及时采取行之有效的措施、办法来抢救保险标的，尽可能避免损失的扩大。《保险法》第 57 条第 1 款规定：保险事故发生时，被保险人应当尽力采取必要的措施，防止或者减少损失。

（5）被保险人有义务如实申报保险标的危险状况，当保险标的所受危害程度增加时，应及时通知保险人，以便及时修订收费标准。《保险法》第 52 条第 1 款规定：在合同有效期内，保险标的的危险程度显著增加的，被保险人应当按照合同约定及时通知保险人，保险人可以按照合同约定增加保险费或者解除合同。第 2 款规定：被保险人未履行前款规定的通知义务的，因保险标的的危险程度显著增加而发生的保险事故，保险人不承担赔偿保险金的责任。

（6）代位求偿权。当保险事故的发生是由于第三者而引起的时候，保险人在向被保险人给予经济赔偿后，被保险人应将其向第三人请求赔偿的权利移交给保险人，使保险人取得代位请求赔偿的权利。《保险法》第 61 条规定：保险事故发生后，保险人未赔偿保险金之前，被保险人放弃对第三者请求赔偿的权利的，保险人不承担赔偿保险金的责任。保险人向被保险人赔偿保险金后，被保险人未经保险人同意放弃对第三者请求赔偿的权利的，该行为无效。被保险人故意或者因重大过失致使保险人不能行使代位请求赔偿的权利的，保险人可以扣减或者要求返还相应的保险金。第 63 条第 1 款规定：保险人向第三者行使代位请求赔偿的权利时，被保险人应当向保险人提供必要的文件和所知道的有关情况。

四、保险合同的主要内容、条款和形式

（一）保险合同的主要内容

保险合同的内容主要由五个部分构成。

1. 声明事项

声明事项是保险合同的第一部分，是对保险标的基本情况的陈述和对保险标的保险事项的一般约定。

2. 保险责任

保险责任是保险合同的核心部分，是保险人对被保险人予以赔偿或给付的承诺。有关保险人的承诺有两种形式：一种是列明保险责任范围，在保险单中指出哪些损失原因导致的哪些损失属于保险人赔偿或给付的范围。保险人通常将列明的保险责任范围分为基本保险责任范围和附加保险责任范围。另一种是一切险保险责任范围，只列明除外的损失原因及损失，其他普通的损失原因及损失都属于保险责任范围。

3. 除外责任

除外责任主要是规定哪些损失原因、哪些损失或哪些标的不属于保险责任范围，通常是针对一些巨灾风险、道德风险和特殊风险，使保险人的责任得到限制。其表示方式有两种：一种是采用列举的方式，在除外条款中列明保险人不负赔偿或给付责任的范围；另一种是采用不列举的方式，凡是未列入保险责任范围的，都属于除外责任。

4. 条件事项

条件事项主要是规定被保险人的义务，被保险人只有履行了规定的义务，保险人才承担合同规定的保险赔偿或给付的责任。

5. 其他事项

其他事项包括其他法定应记载事项和当事人约定的事项。前者指除上述事项外的法定应记载事项，如争议处理、签约时期等；后者指投保人和保险人在法定事项之外约定的其他事项。

（二）保险合同的条款

保险合同的条款是规定保险人与被保险人之间的基本权利和义务的条文，它是保险公司对所承保的保险标的履行保险责任的依据，一般分为基本条款和特约条款。

1. 基本条款

保险合同的基本条款是指规定保险合同双方权利义务基本事项的条款。根据我国《保险法》第 18 条的规定，保险合同的基本条款包括以下事项：（1）保险人的名称和住所；（2）投保人、被保险人的姓名或者名称、住所，以及人身保险的受益人的姓名或者名称、住所；（3）保险标的；（4）保险责任和责任免除；（5）保险期间和保险责任开始时间；（6）保险金额；（7）保险费以及支付办法；（8）保险金赔偿或者给付办法；（9）违约责任和争议处理；（10）订立合同的年、月、日。投保人和保险人可以约定与保险有关的其他事项。

2. 特约条款

保险合同的特约条款是由保险双方当事人根据特殊需要，共同约定的条款，包括附加条款、保证条款和协会条款。其中，附加条款是指保险合同当事人在保险合同基本条款的基础上约定的补充条款，以增加或限制基本条款所规定的权利与义务；保证条款是指投保人或被保险人对特定事项进行保证，以确认某项事实的真实性或承诺某种行为的条款；协会条款是指保险行业为满足某种需要，经协商一致而制定的条款。

（三）保险合同的形式

保险合同依照其订立的程序，大致可以分为五种书面形式。

1. 投保单

投保单是指投保人向保险人申请订立保险合同的一种书面形式的要约，一般有统一的格式，由保险人事先准备好。投保人应按保险人所列项目据实逐一填写。投保单一经保险人承诺，即成为合同的重要组成部分。

2. 暂保单

暂保单又称临时保单。它是正式保单发出前的临时合同。一般来说，使用暂保单有下列三种情况：（1）保险代理人在争取到业务但尚未向保险人办妥保险单之前，对被保险人临时开出的证明。（2）保险公司的分支机构在接受投保时，需要请示总公司审批；或者还有一些条件尚未全部谈妥。（3）正式保单需由微机统一处理，而投保人又急需保险凭证。

3. **保费收据**

保费收据是在人寿保险中使用的、在保险公司发出正式保单之前出具的凭证，是投保人缴纳保费和可能获得预期保障的证据。

4. **保险单**

保险单简称保单，是投保人与保险人之间保险合同行为的一种正式书面形式，通常由保险人签发，是对投保人要约的一种承诺。

5. **批单**

批单是指在保险合同生效后，合同当事人对合同内容进行修改时由保险人出具的凭证，证明保单变动事项。

《保险法》第 13 条规定：投保人提出保险要求，经保险人同意承保，保险合同成立。保险人应当及时向投保人签发保险单或者其他保险凭证。保险单或者其他保险凭证应当载明当事人双方约定的合同内容。当事人也可以约定采用其他书面形式载明合同内容。第 17 条规定：订立保险合同，采用保险人提供的格式条款的，保险人向投保人提供的投保单应当附格式条款，保险人应当向投保人说明合同的内容。对保险合同中免除保险人责任的条款，保险人在订立合同时应当在投保单、保险单或者其他保险凭证上作出足以引起投保人注意的提示，并对该条款的内容以书面或者口头形式向投保人作出明确说明；未作提示或者明确说明的，该条款不产生效力。

第二节　人身保险合同

▶ 案例导入

邢某涛与中国人民财产保险股份有限公司营口市分公司保险纠纷案

原告邢某涛诉被告中国人民财产保险股份有限公司营口市分公司保险纠纷一案，海城市人民法院于 2020 年 4 月 8 日受理后，公开开庭进行了审理。

原告邢某涛诉称：原告数年来从事货运汽车驾驶员工作，工作性质高风险，2018 年 4 月 12 日，所工作的单位海城市振辉运输有限公司以铭赫汽车维修服务中心的名义为原告投保了“团体机动车驾驶人员意外伤害保险”。约定“意外身故、残疾给付，意外医疗费用补偿每人理赔限额50万元，每次事故门急诊限额500元，意外医疗保险金不超过保险金额的10%，累计给付各项保险金以保险金额为限，保险期限一年”。在保险合同有效期间的2019年1月11日，原告驾驶货运汽车在货场装煤，即将装载完毕时，原告动手整理车厢板，铲车刮撞车厢板将原告左手挤压，造成原告左手中、环、小指开放骨折、皮肤挫灭，经手术治疗，左小指近侧指间关节以远缺失，环指末节及中节完全缺失，中指强直不能活动。经百年人寿保险公司辽阳中心支公司委托辽阳襄平法医司法鉴定所鉴定，原告伤残鉴定为九级。百年人寿保险公司已依约对原告进行了理赔，但被告拒绝向原告进行理赔。现诉至法院，请求法院判令被告赔付原告102 092.12元，其中残疾赔偿金10万元，医疗费2 092.12元。

被告辩称：对于原告主张的伤残不予认可，认为医疗费不属于医保报销范围，不同意承担诉讼费。

海城市人民法院认为：依法成立的合同，受法律保护。原告与被告签订的人身意外伤害保险合同是双方当事人真实的意思表示，合法有效。原告在保险期间内发生交通事故，依照《中华人民共和国保险法》第十四条“保险合同成立后，投保人按照约定交付保险费，保险人按照约定的时间开始承担保险责任”的规定，被告应按约理赔，关于原告主张被告赔付其意外伤害保险金100 000元的诉讼请求，意外伤害保险属于人身保险合同的一种，应根据该保险品种约定的保险金乘以与被保险人残疾程度对应的系数支付相应的保险金，按通常理解，被保险人发生交通事故，给付比例应参照残疾赔偿金的计算方法，即一至十级分别乘以100%至10%的系数，故原告的意外伤害保险金应以合同约定的保险金乘以被保险人构成的伤残级别对应的给付比例确定，本案原告构成九级伤残，按残疾赔偿金的计算方法其赔付比例应为20%，其人身意外伤害保险金应为100 000元。关于原告主张被告赔付其意外医疗伤害2 092.12元的诉讼请求，原告因本次事故共计产生医疗费32 984.64元，众安在线财产保险股份有限公司已赔付原告医疗费30 892.52元，故本院确认被告应赔付原告意外医疗保险金2 092.12元。

依照《中华人民共和国合同法》第八条、《中华人民共和国保险法》第十四条的规定，判决如下：

被告中国人民财产保险股份有限公司营口市分公司于本判决生效后十日内给付原告邢某涛保险理赔款102 092.12元。

如果未按本判决指定的期间履行给付金钱义务，应当依照《中华人民共和国民事诉讼法》第二百五十三条之规定，加倍支付迟延履行期间的债务利息。

案件受理费 2 342 元，由被告负担。此款原告已垫付，被告在履行本判决确定的给付义务时，加付 2 342 元给原告。

资料来源：（2020）辽 0381 民初 1976 号民事判决书。

【点评】

本案值得关注的地方是保险合同中双方所约定内容的价值。法院明确指出：（1）原告在保险期间内发生交通事故，依照《中华人民共和国保险法》第 14 条“保险合同成立后，投保人按照约定交付保险费，保险人按照约定的时间开始承担保险责任”的规定，被告应按约理赔；（2）意外伤害保险属于人身保险合同的一种，保险金的数额为该保险品种约定的保险金乘以与被保险人残疾程度对应的系数，按通常理解，被保险人发生交通事故，给付比例应参照残疾赔偿金的计算方法，即一至十级分别乘以 100% 至 10% 的系数。

一、人身保险合同的概念和特征

（一）人身保险合同的概念

人身保险合同是保险合同的一种，是以人的寿命和身体为保险标的的保险合同。这类合同以被保险人的生、死、残、疾为保险事故，当被保险人因意外事故、意外灾害，或者疾病、衰老等原因导致死亡、残疾或丧失劳动能力，或保险期限届满仍然生存，或年老退休，保险人按照约定，向被保险人或受益人给付保险金或年金。

（二）人身保险合同的特征

1. 人身保险合同是定额保险合同

人身保险合同根据双方当事人的协商确定保险金额。当保险事故发生或合同届满，保险人根据约定给付保险金额的全部或部分。

2. 投保人与被保险人必须具有特殊身份关系

保险法强调人身保险合同的投保人需对被保险人具有保险利益。《保险法》第 12 条第 1 款规定：“人身保险的投保人在保险合同订立时，对被保险人应当具有保险利益。”第 31 条规定：“投保人对下列人员具有保险利益：（一）本人；（二）配偶、子女、父母；（三）前项以外与投保人有抚养、赡养或者扶养关系的家庭其他成员、近亲属；（四）与投保人有劳动关系的劳动者。除前款规定外，被保险人同意投保人为其订立合同的，视为投保人对被保险人具有保险利益。订立合同时，投保人对被保险人不具有保险利益的，合同无效。”

3. 人身保险合同的保险费不得用诉讼方式请求支付

人身保险合同成立后，投保人应依约定付保险费，这是投保人最主要的一项义务。但《保险法》第 38 条规定：“保险人对人寿保险的保险费，不得用诉讼方式要求投保人支付。”

二、人身保险合同的类型

（一）人寿保险合同、人身意外伤害保险合同和健康保险合同

按保障范围划分，人身保险合同可分为人寿保险合同、人身意外伤害保险合同和健康保险合同。

1. 人寿保险合同

人寿保险合同是以被保险人的生命为保险标的，以被保险人的生存或死亡为给付保险金条件而订立的保险合同。当被保险人的生命发生保险事故时，由保险人给付保险金。

2. 人身意外伤害保险合同

人身意外伤害保险合同是以被保险人的身体利益为保险标的，以被保险人遭受意外伤害造成伤残或死亡为保险责任范围，而与保险人订立的合同。

3. 健康保险合同

健康保险合同指投保人以被保险人的分娩、疾病，或因分娩、疾病以致残疾、死亡为保险责任，而与保险人订立的合同。

（二）团体人身保险合同和个人人身保险合同

按投保方式划分，人身保险合同可分为团体人身保险合同和个人人身保险合同。

1. 团体人身保险合同

团体人身保险合同是指以一张总保单为某一单位内全体或大多数成员提供保障的合同。

2. 个人人身保险合同

个人人身保险合同是指被保险人是一个人，一张保单只能为一个人提供保障的

合同。

（三）自愿保险合同和强制保险合同

按合同实施方式划分，人身保险合同可分为自愿保险合同和强制保险合同。

1. 自愿保险合同

自愿保险合同是保险人与投保人双方自愿签订的合同。

2. 强制保险合同

强制保险合同又称法定保险合同，指投保人依照法律或法令的规定，必须与保险人签订的一种合同。如机动车交通事故责任强制保险。

《保险法》第 135 条第 1 款规定：关系社会公众利益的保险险种、依法实行强制保险的险种和新开发的人寿保险险种等的保险条款和保险费率，应当报国务院保险监督管理机构批准。

三、人身保险合同的特殊内容

（一）不可抗辩条款

人寿保险合同成立二年后，保险公司不得以投保人违反如实告知义务为理由解除合同。这是一条有利于投保人的规定。如果保险公司发现投保人没有如实告知重要事实，只能在二年内以此为由拒绝给付保险金或解除合同，超过二年的可抗辩期，这个权利即告丧失。《保险法》第 16 条第 2、3 款规定：投保人故意或者因重大过失未履行前款规定的如实告知义务，足以影响保险人决定是否同意承保或者提高保险费率的，保险人有权解除合同。前款规定的合同解除权，自保险人知道有解除事由之日起，超过三十日不行使而消灭。自合同成立之日起超过二年的，保险人不得解除合同；发生保险事故的，保险人应当承担赔偿或者给付保险金的责任。

（二）自杀条款

如果被保险人在合同生效或复效二年以内自杀，保险公司不给付保险金。如果自杀发生在合同生效或复效二年之后，保险公司可以给付保险金。《保险法》第 44 条规定：以被保险人死亡为给付保险金条件的合同，自合同成立或者合同效力恢复之日起二年内，被保险人自杀的，保险人不承担给付保险金的责任，但被保险人自杀时为无民事行为能力人的除外。保险人依照前款规定不承担给付保险金责任的，应当按照合同约定退还保险单的现金价值。

（三）宽限期条款

对于分期交费的保单，如果投保人因疏忽或者其他原因没能按期交费，保险公司给出一定的宽限期，在这段时间内保单仍然有效，如果发生保险事故，保险公司仍予负责。如超过宽限期还没交纳保费，则保单有可能失效。《保险法》第 36 条规定：合同约定分期支付保险费，投保人支付首期保险费后，除合同另有约定外，投保人自保险人催告之日起超过三十日未支付当期保险费，或者超过约定的期限六十日未支付当期保险费的，合同效力中止，或者由保险人按照合同约定的条件减少保险金额。被保险人在前款规定期限内发生保险事故的，保险人应当按照合同约定给付保险金，但可以扣减欠交的保险费。

（四）复效条款

因投保人不按期交纳保费致使保单失效后，二年之内，投保人可向保险公司申请复效，经过保险公司审查同意后，投保人补交失效期间的保险费及利息，保单可恢复效力。《保险法》第 37 条规定：合同效力依照本法第 36 条规定中止的，经保险人与投保人协商并达成协议，在投保人补交保险费后，合同效力恢复。但是，自合同效力中止之日起满二年双方未达成协议的，保险人有权解除合同。保险人依照前款规定解除合同的，应当按照合同约定退还保险单的现金价值。

（五）不丧失价值条款

投保人在交足二年以上保险费后，保单会积存一定的责任准备金。这种准备金不因保单效力的变化而丧失其现金价值。投保人若要退保，这部分现金价值应由保险公司退还给投保人。《保险法》第 43 条规定：投保人故意造成被保险人死亡、伤残或者疾病的，保险人不承担给付保险金的责任。投保人已交足二年以上保险费的，保险人应当按照合同约定向其他权利人退还保险单的现金价值。第 45 条规定：因被保险人故意犯罪或者抗拒依法采取的刑事强制措施导致其伤残或者死亡的，保险人不承担给付保险金的责任。投保人已交足二年以上保险费的，保险人应当按照合同约定退还保险单的现金价值。

（六）误报年龄条款

《保险法》第 32 条规定：投保人申报的被保险人年龄不真实，并且其真实年龄不符合合同约定的年龄限制的，保险人可以解除合同，并按照合同约定退还保险单的现金价值。保险人行使合同解除权，适用本法第16条第3款、第6款的规定。投保人申报的被保险人年龄不真实，致使投保人支付的保险费少于应付保险费的，保险人有权更正并要求投保人补交保险费，或者在给付保险金时按照实付保险费与应付保险费的比例支付。投保人申报的被保险人年龄不真实，致使投保人支付的保险费多于应付保险费的，保险人应当将多收的保险费退还投保人。

（七）受益人条款

《保险法》第42条规定，被保险人死亡后，有下列情形之一的，保险金作为被保险人的遗产，由保险人依照《中华人民共和国继承法》[①] 的规定履行给付保险金的义务：(1) 没有指定受益人，或者受益人指定不明无法确定的；(2) 受益人先于被保险人死亡，没有其他受益人的；(3) 受益人依法丧失受益权或者放弃受益权，没有其他受益人的。受益人与被保险人在同一事件中死亡，且不能确定死亡先后顺序的，推定受益人死亡在先。

第三节　财产保险合同

▶ 案例导入

马某德与中国人民财产保险股份有限公司宜昌市夷陵支公司财产保险合同纠纷案

原告马某德与被告中国人民财产保险股份有限公司宜昌市夷陵支公司（以下简称人保财险夷陵支公司）财产保险合同纠纷一案，湖北省宜昌市夷陵区人民法院（以下简称“夷陵区法院”）于2020年6月29日立案受理后，公开开庭进行了审理。

原告马某德向夷陵区法院提出诉讼请求：1. 判令被告支付原告保险赔偿金12 000元；2. 被告承担本案诉讼费用。

被告人保财险夷陵支公司辩称：1. 对……交通事故的事实和责任划分没有异议。2. 事故发生后我公司已经在交强险范围内赔偿了2 000元。3. 涉案驾驶员李某远没

① 《民法典》自2021年1月1日起施行，《中华人民共和国继承法》同时废止。

有道路运输从业资格证（以下简称“从业资格证”），根据保险条款规定我公司有权在商业三者险范围内拒赔。故请求法庭依法驳回原告的诉讼请求。

夷陵区法院认为，原告马某德就肇事车辆向被告人保财险夷陵支公司缴纳了保险费，被告人保财险夷陵支公司向马某德签发了机动车商业保险保险单，系双方真实意思表示，且双方已具体履行，应属有效保险合同。被告人保财险夷陵支公司以“驾驶员李某远没有道路运输从业资格证”为由拒赔，其拒赔理由不成立，其理由是：

首先，从被告人保财险夷陵支公司提供的保险条款中“交通运输管理部门核发的许可证书或其他必备证书”的约定来看，该约定并未明确“交通运输管理部门核发的许可证书或其他必备证书”包括“从业资格证”，在格式条款约定不明的情况下，格式条款的提供方应当提供证据证明其履行了提示说明义务，但被告人并未提供相应的证据予以佐证。

其次，根据《中华人民共和国保险法》第十七条“订立保险合同，采用保险人提供的格式条款的，保险人向投保人提供的投保单应当附格式条款，保险人应当向投保人说明合同的内容。对保险合同中免除保险人责任的条款，保险人在订立合同时应当在投保单、保险单或者其他保险凭证上作出足以引起投保人注意的提示，并对该条款的内容以书面或者口头形式向投保人作出明确说明；未作提示或者明确说明的，该条款不产生效力”的规定，该条文中的“明确说明”，依照最高人民法院研究室《关于对〈保险法〉第十七条规定的“明确说明”应如何理解的问题的答复》（法研［2000］5号），是指保险人在与投保人签订保险合同之前或者签订保险合同之时，对于保险合同中所约定的免责条款，除了在保险单上提示投保人注意外，还应当对有关免责条款的概念、内容及其法律后果等，以书面或者口头形式向投保人或其代理人作出解释，以使投保人明了该条款的真实含义和法律后果。本案中，被告人保财险夷陵支公司并未举证证明其已向原告履行了明确说明义务，亦未能举证证明其向马某德送达该保险条款，故该免责条款不产生法律效力。

再次，交警部门认定驾驶人李某远具备驾驶案涉车辆的资格，事故的发生与无从业资格证没有因果关系，且无从业资格证与显著增加了承保车辆运行的危险程度之间并不必然存在因果关系。被告人保财险夷陵支公司以“驾驶员李某远没有道路运输从业资格证”为由予以拒赔显然不当……原告马某德提供了交通事故认定书等证据材料，足以证明原告马某德就受损车辆维修支付 14 000 元真实客观，被告人保财险夷陵支公司亦未提交证据证明原告马某德所支付的修理费存在不合理或扩大损失，故本院以原告马某德实际支付的修理费 14 000 元认定其因本次交通事故导致的损失数额。

夷陵区法院判决如下：

被告中国人民财产保险股份有限公司宜昌市夷陵支公司于本判决生效后十日内在商业第三者责任保险限额内赔偿原告马某德 12 000 元……

资料来源：民事判决（2020）鄂 0506 民初 1227 号书。

【点评】

本案值得关注的地方是保险合同有效性的认定：（1）被告人保财险夷陵支公司以“驾驶员李某远没有道路运输从业资格证”为由拒赔，其拒赔理由不成立。（2）订立保险合同，采用保险人提供的格式条款的，保险人向投保人提供的投保单应当附格式条款，保险人应当向投保人说明合同的内容。对保险合同中免除保险人责任的条款，保险人在订立合同时应当在投保单、保险单或者其他保险凭证上作出足以引起投保人注意的提示，并对该条款的内容以书面或者口头形式向投保人作出明确说明；未作提示或者明确说明的，该条款不产生效力。（3）驾驶人李某远具备驾驶案涉车辆的资格，事故的发生与无从业资格证没有因果关系，且无从业资格证与显著增加了承保车辆运行的危险程度之间并不必然存在因果关系。

一、财产保险合同的概念和种类

（一）财产保险合同的概念

财产保险合同是投保人和保险人以财产或利益为保险标的，投保人向保险人交纳保险费，在保险事故发生造成所保财产或利益损失时，保险人在保险责任范围内承担赔偿责任，或在约定期限届满时，由保险人承担给付保险金的责任的合同。财产保险有广义和狭义之分。广义的财产保险包括各种以有形财产和无形财产为保险标的的保险，狭义的财产保险指以有形财产为保险标的的保险。《保险法》第 12 条第 3 款规定：财产保险是以财产及其有关利益为保险标的的保险。

（二）财产保险合同的种类

以保险标的为标准，财产保险合同分为财产损失保险合同、责任保险合同、信用保险合同和保证保险合同。

二、财产损失保险合同

（一）财产损失保险合同的概念和特征

1. 财产损失保险合同的概念

财产损失保险合同是指以补偿财产的损失为目的的保险合同，其保险标的限于有形财产。具体又可分为企业财产保险合同、家庭财产保险合同、运输工具保险合同、货物运输保险合同以及农业保险合同等。

财产损失保险合同与财产保险合同并不仅仅是表述形式不同，更主要的是界定范围的不同。如前所述，广义的财产保险合同，泛指以财产及其有关利益为保险标的的合同。《保险法》第 12 条第 4 款所称的财产保险合同，是广义的财产保险合同。财产损失保险合同，是狭义的财产保险合同，是以补偿有形财产的直接损失为目的的保险合同，仅为财产保险合同中的一个子系统。

2. 财产损失保险合同的特征

（1）以物质财产为保险标的。这类标的也称有形资产，即它们是看得见、摸得着、客观存在的各种财产。

（2）保险标的具有价值属性，可以用货币加以衡量。保险合同中的保险金额是在对保险标的估价的基础上确定的。

（3）财产损失保险合同以补偿物质财产的损失为目的。保险合同中载明的保险标的因保险事故所导致的价值量的减少或丧失，保险人依约对被保险人进行补偿。此外，保险事故发生时，被保险人为防止或减少保险标的损失所支付的必要的合理的费用，也可由保险人承担。

（二）财产损失保险合同的种类

1. 企业财产保险合同

企业财产保险合同是指企业作为投保人以其自己所有或者经营管理的财产或者以与其有利害关系的他人的财产为保险标的，向保险人交纳保险费，由保险人依照保险合同的约定负担被保险财产的毁损、灭失风险责任的合同。企业财产保险合同的标的可以是有形的动产或者不动产。

2. 家庭财产保险合同

家庭财产保险合同是保险人以被保险人的家庭财产为保险标的，在保险标的发生保险事故而受损失时，依照保险合同的约定承担赔偿责任的保险合同，包括家庭财产个人保险合同、家庭财产团体保险合同和家庭财产两全保险合同。

3. 运输工具保险合同

运输工具保险合同是指运输工具的所有人或者经营管理人以运输工具作为保险标的，向保险人交纳一定数额的保险费，保险人根据约定在保险事故发生时承担保险责任的合同，包括机动车辆保险、船舶保险、飞机保险以及铁路机车保险等。

4. 货物运输保险合同

货物运输保险是指货物的托运人向承运人交运货物时，向保险人支付保险费，在被保险货物发生保险合同约定的损失时，由保险人负责赔偿损失的保险。货物运输保险的目的在于补偿被保险货物在运输过程中因自然灾害或者意外事故所造成的经济损失，以加强对运输货物的安全防损工作。货物运输保险合同运用于所有的货物运输，包括水路货物运输、公路货物运输、铁路货物运输、航空货物运输以及海洋货物运输等。

5. 农业保险合同

农业保险合同是指农业生产者以其种植的农作物或者养殖的畜禽等为保险标的，向保险人支付保险费，并同保险人约定，在被保险农作物因保险责任范围内的原因歉收或者毁损时，或者被保险畜禽等因保险责任范围内的原因发生死亡时，由保险人给付保险赔偿金的保险。农业保险合同可以分为农作物收获保险和养殖业保险两大类。

（三）财产损失保险合同中的赔偿方式

1. 第一危险责任赔偿方式

把保险财产的价值分为两个部分，第一部分价值和保险金额相等，超过保险金额的价值是第二部分价值。赔偿金额和损失金额相等，但以不超过保险金额为限。超过保险金额的损失部分，保险人不予赔偿。保险人只对第一危险责任部分承担赔偿责任，损失多少，则赔偿多少，超过保险金额部分由被保险人自行负责。

2. 比例责任赔偿方式

按照投保财产的保险金额与出险时的实际价值的比例，计算出赔偿数额。具体公式是：赔偿额＝损失额×（保险金额/保险财产的实际价值）。

3. 限额责任赔偿方式

保险人只在保险财产损失超过预先设定的限度时，才承担赔偿责任。保险合同中约定一个固定额度作为被保险人取得收益的标准，实际收益未达到固定额度即视为发生保险事故，保险人赔偿其差额；当实际收益超过固定额度时，保险人不负责赔偿。其计算公式为：赔偿金额＝限额责任－实际收益。限额责任赔偿方式主要适用于农业保险。

4. 免责限额赔偿方式

该方式主要适用于自然损耗和运输消耗的损失赔偿。具体做法是保险人对保险标的的损失参考其自然损害规定一个最小限度，如果损失不超过此限度，则保险人不负赔偿责任。

三、责任保险合同

（一）责任保险合同的概念和特征

1. 责任保险合同的概念

责任保险合同是指投保方依法应对第三人负赔偿责任，在第三人向投保方提出赔偿请求时，投保方的赔偿责任转给保险方，由保险方负赔偿责任的保险合同。《保险法》第 65 条第 5 款规定：责任保险是指以被保险人对第三者依法应负的赔偿责任为保险标的的保险。

2. 责任保险合同的特征

（1）保险人承担被保险人的赔偿责任。《保险法》第 65 条第 1 款规定：保险人对责任保险的被保险人给第三者造成的损害，可以依照法律的规定或者合同的约定，直接向该第三者赔偿保险金。

（2）责任保险的标的为一定范围内的损害赔偿责任，非损害赔偿责任不能作为责任保险的标的，如刑事责任就不能作为责任保险的标的。

（3）责任保险不能及于被保险人的人身或其财产。责任保险的目的在于转移被保险人对第三者应当承担的赔偿责任，所以，当被保险人的人身或者财产发生损失时，保险人不承担保险责任。从这个意义上讲，责任保险合同是为第三人的利益而订立的保险合同。

（4）保险最高限额给付。由于保险事故所造成的损害的不确定性，在订立保险合同时，投保人和保险人不可能约定保险金额，只能约定保险责任的最高限额，而保险人给付保险金额均以合同约定的最高限额为限。

（5）责任保险的被保险人因给第三人造成损害的保险事故而被申请仲裁或者提起诉讼的，除合同另有约定外，由被保险人支付的仲裁或者诉讼费用以及其他必要的、合理的费用，由保险人承担。

（二）责任保险合同的种类

1. 第三者责任保险合同

第三者责任保险合同是以被保险人的各种运输工具、建筑安装工程等意外事故造成他人财产损失或人身伤害为保险标的的合同。如机动车第三者责任保险合同、飞机第三者责任保险合同等。第三者责任保险合同通常与特定的财产保险合同联系。

2. 公众责任保险合同

公众责任保险合同是以被保险人在各固定场所或地点进行生产、经营或其他活动中，由于意外事故造成他人人身或财产损失的赔偿责任为标的的合同，如场所责任保险合同、承运人责任保险合同、承包人责任保险合同、个人责任保险合同等。体育场馆、影剧院、展览馆、商店、医院、旅馆乃至工厂、办公楼等公众场所均可投保公众责任险。

3. 产品责任保险合同

产品责任保险合同是以因产品质量不合格致他人财产、人身损害而承担损害赔偿责任为标的的合同。产品责任保险合同与各国产品责任法的发展密切相连。各国法律对产品致人损害的侵权责任大都实行无过错责任。受害人可不依合同关系要求制造商、销售商径行进行赔偿。制造商、销售商不得以自己没有过错为由而拒不承担责任。产品保险责任即是以制造商、销售商生产或销售的产品在使用消费过程中因产品瑕疵而使他人财产或人身受到损害而承担的民事责任为投保标的的责任。

4. 雇主责任保险合同

雇主责任保险合同是指以雇主的雇员为被保险人，在受雇期间因工作遭受意外伤害导致残疾、死亡或患有与职业有关的疾病而依法应由投保人承担的赔偿责任为保险标的的合同。许多国家法律规定雇主对雇员在受雇期间的伤害承担无过失责任。雇员在受雇期间因工作受到伤害，只要非雇员自己故意行为所致，雇主均应承担赔偿责任。雇主责任险就是以该责任为保险标的的保险。

5. 职业责任保险合同

职业责任保险合同是以各种专业技术人员因工作上的疏忽或过失给他人造成的人

身或财产损害的赔偿责任为标的的合同。如医生、药剂师、兽医、工程师、保险代理人、经纪人等专业技术人员在工作中由于过失给他人造成损害的责任，都可以投保职业责任险。

四、信用保险合同和保证保险合同

(一) 信用保险合同

1. 信用保险合同的概念

信用保险合同是一种新型的财产保险合同，是以商品赊销和信用放贷中的债务人的信用作为保险标的，在债务人未能如约履行债务清偿而使债权人遭受损失时，由保险人向被保险人，即债权人提供风险保障的一种保险合同。从信用保险关系的建立和当事人双方的权利和义务可以看出，信用保险合同是一种商事保险关系，它是以营利为目的的保险人和客户之间建立的一种经济关系。

2. 信用保险合同的特征

(1) 保险标的为具有非物质性的信用利益。在传统财产保险合同中，保险标的是有形财产，但信用保险合同的标的是信用利益，而非像机器、厂房、船舶等财产一样的可以看得见、摸得着的有形利益。它是一种含有经济利益的信息财产，具有非物质性的特征。

(2) 投保人只能是相关合同中的权利人。投保人只能是信用贷款合同或信用赊销合同中的权利人，而一般财产保险合同的投保人并无此严格要求。

(3) 信用保险合同中双方当事人具有独特的管理模式。信用保险要求保险人建立等额准备金制度。在信用保险合同中，保险人要提取等额的准备金，保险要设立债务人信用状况资料库，对库中的数据不断进行更新并保密，根据债务人的资信状况和信用等级确定具体的信用额度，据此设定责任限额。在一般财产保险合同中，不存在以上问题。

(4) 信用保险合同具有公益性。信用保险同其他财产保险合同一样具有公益性质，但此种公益性在信用保险合同中表现更为突出，尤其是出口信用保险合同，在出口信用保险合同中，大部分都是政策性保险，并不是以营利为目的，而是为了促进我国对外贸易的发展。

3. 信用保险合同的种类

(1) 根据承保信用风险存在的领域，信用保险合同可分为国内商业信用保险合同、出口信用保险合同与投资保险合同。

国内商业信用保险合同．又称商业信用保险合同，是指在一国境内进行的商业活动中，一方当事人作为权利人向保险人投保，要求保险人将另一方当事人作为被保证人并承担由于被保证人的信用风险而使权利人遭受商业利益损失的保险。由此推出，国内商业信用保险合同是承保被保险人在国内市场上销售产品或提供服务所面临信用风险的合同。它承保的标的是被保险人的商业信用，这种商业信用的实际内容通过列明的方式在信用保险合同予以明确，其保险金额根据当事人之间的商业合同的标的价值来确定。

出口信用保险合同是指在商品出口或者相关经济活动中发生的，保险人（经营出口信用保险业务的保险公司）与被保险人（向国外买方提供信用的出口商或银行）签订的一种保险协议。在这种合同中，出口商作为投保人交纳保险费，保险人将赔偿出口商因其债务人不能履行合同规定，支付到期的部分或全部债务而遭受的经济损失。

投资保险合同又称国外投资信用保险合同或政治风险合同，指投资者向保险人支付保险费，在投资者因为投资国政治原因而造成投资损失时，由保险人给予赔偿的保险合同，即投资保险合同所承保的风险是一种政治风险。

（2）根据信用保险合同所承保交易的数量，信用保险合同可分为单笔交易信用保险合同、单一客户多笔交易信用保险合同与总括性信用保险合同。

单笔交易信用保险合同是指承保一次货物交付所对应的单笔应收账款风险的信用保险合同，被保险人可以要求保险人为单笔交易提供保险保障。此种合同中，每次交易都必须签订一份独立的信用保险合同，本保险合同主要适用于只是从事某项特定交易的企业。

单一客户多笔交易信用保险合同是指承保被保险人向保险范围内的某一特定客户多次发货产生的多笔应收账款的信用风险的保险合同。例如，被保险人的主要业务是与同一个客户交易，被保险人与客户的多笔交易投保信用保险，保险人允诺承保的就是被保险人向该客户所输出的商品或服务产生的多笔应收账款的信用保险。

总括性信用保险合同是用来承保被保险人与其众多的客户进行交易时的风险的合同。此合同是私有信用保险机构所采用的普遍合同形式，根据该合同，被保险人有义务向信用保险公司申报信用授予金额超过合同约定的自行掌握限额的所有客户，并对这些债务人逐一申请买方信用限额。该合同适用于客户众多的企业，也只有这种合同形式才能够保证信用风险得到有效的分散。

（3）根据保险范围，信用保险合同可分为总营业额信用保险合同、超额信用保险合同、主要客户信用保险合同。

总营业额信用保险合同是指承保被保险人的所有交易业务的合同。这种合同适用于国内商业信用保险、出口信用保险以及同时兼保国内外销售业务的新型综合信用保险，此类保险合同承保的是被保险人的债务人因破产而无法清偿货款的风险，而且经常将承保范围扩大到任何原因造成的无力清偿。

超额信用保险合同承保的是一定额度以上的信用风险的合同。其承保的范围与总营业额信用保险合同大致相同，此合同用于向有能力自己承担一定程度信用损失的被保险人提供一个安全缓冲，而且通常使用先进有效的信用管理技术来降低信用风险。

主要客户信用保险合同是指仅将与被保险人交易的金额超过一定程度的大客户或重要的买方得到信用额度纳入保险范围的保险合同，这种合同非常受欢迎，因为它既使得被保险人在与其主要客户进行交易时的巨额信用利益得到了保险保障，又能够与并不重要的小型客户进行交易时拥有更多的自主权。

4. 信用保险合同的特殊内容

由于信用保险的特殊性，其合同主要有以下特殊的内容：

（1）约定保险单处置权。虽然保险单是一种有价单证，但由于在我国保险单作为一种有价单证并不能用来设定某种担保，除非经保险公司同意，这便使约定保险单处置权成为特约条款中的一项内容。

（2）保密条款。保险公司会根据不同的被保险人及其出口买方的商业信用情况确定不同的保险费，因此每一份保单基本是不相同的，所以信用保险的保险人对此保险合同有要求被保险人保密的规定。

（3）约定保险人合同修改权。信用保险的特殊性质决定了其承保条件，承保费率等情况会随时发生变化，尤其在出口信用保险合同中，如果某些外部因素影响了国家政治形势，定然影响到国内买方的履约能力。因此，保险人在保证合同的稳定性的同时，在必要时进行修改是该类保险合同所必需的。

（4）买方信用限额申请。信用限额申请是指保险单对被保险人所承担的最高限额，这种措施同时也是保险公司对自己的一种保护，因为信用保险主要针对的是付款方式为付款交单、承兑交单或赊账等的商业交易，是以信用为条件的，保险公司要随时面临货物无法收回的危险，因此考察买方的资信情况，并根据考察结果确定买方信用额度，使风险降到最低限度。

（二）保证保险合同

1. 保证保险合同的概念

保证保险合同是指保险人承保因被保证人行为使被保险人受到经济损失时应负赔

偿责任的保险合同。保证保险分为诚实保证与确实保证两类。诚实保证保险是保险人对雇主因雇员不诚实行为，如盗窃、侵占、挪用等，造成的经济损失承担赔偿责任。确实保证保险是应当履行特定合同义务的被保证人（被保险人）不能履行其义务时或因过错导致权利人（相对方）遭受经济损失时，由保险人（保证人）按照保险合同的约定，代被保险人向权利人进行赔偿。

2. 保证保险合同的特殊性

保证保险合同是特殊的财产保险合同，具体表现如下：

（1）保证保险合同的保险利益是债权人对借贷合同之债务人的履约行为所享有的利害关系，属于经济上的利益关系。在债务人逾期不履行还款义务给债权人造成经济损失时，保险人应当向作为被保险人的债权人支付相当于贷款金额及利息的保险赔偿金。依据财产保险损害填补原则，保险人向被保险人给付的保险赔偿金应当限于其实际遭受的损失，超过的部分归于无效。保证保险合同中被保险人对债务人的履约行为所享有的利益，符合财产保险合同的保险利益要求，且保险人所承担的经济补偿责任也不超过保险标的实际价值。

（2）保证保险合同承保风险具有信用性。“无危险无保险”，正因为存在不可预料的危险，才需要保险制度来分散这种风险，以保证人们生活安定。而保证保险合同分散的是债务人不履行合同的风险，债务人是否履行合同义务与其主观意志息息相关，保险人保证的是债务人的履约信用，这与一般的财产保险专注于自然灾害与意外事故不同。因此，保证保险合同的保险人通常致力于严格考察投保人的信用状况以决定是否承保，在合同履行过程中也注重投保人信用状况变化，承保风险的信用性是保证保险合同区别于其他财产保险合同的特点所在，但是不能抹杀其财产保险属性的本质特征。

（3）保证保险合同具有保险法上的风险转移机制。保证保险主要发挥的是分散风险的社会功能，投保人向保险人投保保证保险，将自己到期不能履行合同义务的风险转移给保险人，投保人的信用风险在保险人这里汇集，而保险人通过依大数法则确定的保险费为基础建立起来的保险基金运作，将风险转移给所有投保人，使个别人受到的经济损失在诸多投保人中分摊。此外，保证保险合同还具有一定的风险回避机制，保险人特别注重对投保人的信用调查，通常承保其认为不会发生违约情形的风险，债权人在投保人得到保险公司的承保后才向其发放贷款，保险人在一定意义上增强了投保人的信用。

3. 保证保险合同的种类

保证保险主要分为三类：合同保证保险、忠实保证保险、商业信用保证保险。其具体内容如下：

（1）合同保证保险。合同保证保险专门承保合同中因一方不履行合同所负的经济责任。从法律意义上讲，保证人只有在被保证人无力支付时才有义务支付赔款，而保证人只对权利人有赔偿义务。在承保合同保证保险时，保证人既要考虑违约的风险，还要考虑汇率风险、政治风险，并要考虑到各国政治制度、法律制度、风俗习惯。在确定风险程度时，被保证人的财务状况是一个决定性因素。

（2）忠实保证保险。忠实保证保险通常承保雇主因其雇员的不诚实行为而遭受的损失。忠实保证保险与合同保证保险的区别在于：忠实保证涉及的是雇主与雇员之间的关系，而合同保证并不涉及这种关系；忠实保证的承保危险是雇员的不诚实或欺诈，而合同保证的承保危险主要是被保证人的违约行为；忠实保证保险可由被保证人购买，也可由权利人购买，而合同保证保险必须由被保证人购买。

（3）商业信用保证保险。商业信用保证保险是由权利人投保他人的信用的保险，如他人不守信用而使权利人遭受损失，则由保证人负责赔偿。在中国，商业信用保证保险主要是出口信用保险。该类保险是以鼓励该国出口商扩大出口贸易为出发点，给该国出口商提供出口贸易收汇风险保障的一项特种业务，即由国家设立专门机构对该国出口商或商业银行向外国进口商或银行提供的信贷进行担保，当外国债务人拒绝付款时，这个机构负责支付遭拒付款部分的全部或部分损失。

第四节　再保险合同

▶ 案例导入

鼎和财险广东分公司与亚太财险广东分公司再保险合同纠纷案

原告鼎和财产保险股份有限公司广东分公司与被告亚太财产保险有限公司广东分公司（原民安财产保险有限公司广东分公司）再保险合同纠纷一案，广东省广州市天河区人民法院（以下简称天河区法院）受理后，公开开庭进行了审理。

原告鼎和财产保险股份有限公司广东分公司起诉请求判令：被告向原告支付共保赔款 10 083.34 元及利息（利息自 2016 年 8 月 15 日起计至实际清偿之日止，按中国人民银行同期同类贷款利率计算）。事实和理由：2014 年原告与被告签署了《共保协议》。双方约定自2014年3月1日零时起共保“船舶保险及雇主责任险”险种，约定共保比例双方各自50%，并对保险方案、共保赔偿等作出约定。2015年8月3日，原、被告双方共保的广州市黄埔顺风船务发展有限公司（以下简称“顺风公司”）所有的“顺风28”轮雇员樊某钱发生保险事故，原告理赔后通知被告参与摊赔，但被告均拖延拒赔。

被告亚太财产保险有限公司广东分公司辩称：一、本案原告未履行合同主要义务，被告已解除《共保协议》，不承担本保单的赔付责任；二、保单约定费率不符合《共保协议》附件的约定，费率均明显低于约定费率，损害我方利益，原告违约；三、无赔款收据、支付赔款凭证，本保单赔案不清楚是否终结；四、原告主张利息没有法律依据，因原告未依约交付部分保单给被告，也未支付部分保单的保费，故被告主张解除《共保协议》，原告没有提出异议，后续也没有将保单及保费交付，本案是基于一个《共保协议》发生的争议，涉及几十个保单，摊赔时是一并处理而非逐个处理。双方一直协商未果，因原告资料不齐且对摊赔数额有异议才未能达成一致意见，并非被告拖延或拒绝分摊所有赔偿。综上，请求驳回原告全部诉讼请求。

天河区法院认为：原告与被告签订的《共保协议》是双方当事人的真实意思表示，未违反相关法律法规的强制性规定，合法有效。对于涉案保单，原告已依约向被告支付了共保保费，被告亦出具发票且实际收取了共保费，双方之间就涉案保单的共保关系成立。本案为雇主责任保险，被告以沿海内河船舶一切险约定的费率抗辩缺乏理据，本院不予采纳。经庭审查明，涉案事故已由原告核损并已实际赔付，现原告要求被告依约分摊赔款，合理有据，本院依法予以支持，被告应向原告支付共保赔款10 083.34元。

关于利息的问题。原告在本案审理过程中才就双方争议问题向本院和被告提交部分相关证据，可见原告对双方至今未能就摊赔事宜协商一致亦存有一定过错，原告要求被告支付利息缺乏理据，本院不予支持，依法予以驳回。

天河区法院判决如下：

一、被告亚太财产保险有限公司广东分公司于本判决发生法律效力之日起十日内向原告鼎和财产保险股份有限公司广东分公司支付共保赔款10 083.34元；

二、驳回原告鼎和财产保险股份有限公司广东分公司的其他诉讼请求。

如果被告未按本判决指定的期间履行给付金钱义务，应当依照《中华人民共和国民事诉讼法》第二百五十三条之规定，加倍支付迟延履行期间的债务利息。

案件受理费81元，由原告鼎和财产保险股份有限公司广东分公司负担50元，由被告亚太财产保险有限公司广东分公司负担31元。

如不服本判决，可在判决书送达之日起十五日内，向本院递交上诉状，并按对方当事人的人数提出副本，上诉于广东省广州市中级人民法院。

资料来源：(2019) 粤0106民初25890号民事判决书。

【点评】

本案值得关注的地方是：再保险合同的法律性质与保险合同并无不同，在保险事故发生后，决定当事人权利义务关系的，同样是再保险合同的相关内容。比如，法院明确指出，原告与被告签订的《共保协议》是双方当事人的真实意思表示，未违反相关法律法规的强制性规定，合法有效。对于涉案保单，原告已依约向被告支付了共保保费，被告亦出具发票且实际收取了共保费，双方之间就涉案保单的共保关系成立。涉案事故已由原告核损并已实际赔付，原告要求被告依约分摊赔款，合理有据。

一、再保险合同的概念和种类

（一）再保险合同的概念

再保险也称分保，是保险人在原保险合同的基础上，通过签订分保合同，将其所承保的部分风险和责任向其他保险人进行转移的行为。《保险法》第28条第1款规定：保险人将其承担的保险业务，以分保形式部分转移给其他保险人的，为再保险。

在再保险交易中，分出业务的公司称为原保险人或分出公司，接受业务的公司称为再保险人，或分保接受人或分入公司。再保险转嫁风险责任支付的保费叫做分保费或再保险费；由于分出公司在招揽业务过程中支出了一定的费用，由分入公司支付给分出公司的费用报酬称为分保佣金或分保手续费。原保险人与再保险人之间签订的合同为再保险合同，原保险人与原被保险人之间签订的合同为原保险合同。

（二）再保险合同的种类

1. 广义的再保险合同与狭义的再保险合同

广义的再保险合同，是指原保险人与再保险人之间以原保险的部分或全部保险责任为保险标的而成立的保险合同。此种再保险合同的特点是再保险合同的标的既可以是原保险责任的全部，也可以是原保险责任的一部分。狭义的再保险合同，是指原保险人与再保险人之间以原保险合同的部分保险责任为保险标的而成立的保险合同。此种再保险合同的特点是再保险合同的标的只能是原保险责任的部分，而非全部。

2. 临时再保险合同、固定再保险合同与预约再保险合同

临时再保险合同也称任意分保或就地分保，是指原保险人根据业务需求，临时选择再保险人来订立的再保险合同。双方此前并未就此订立过再保险合同，对于再保业务的分出与分入，原保险人与再保险人双方均无义务。

固定再保险合同也称合约分保，是指原保险人与再保险人事先订立合同，原保险人有义务分保出约定的业务，再保险人亦有义务分入约定的业务。实务中一般约定，只要属于再保险合同指定的危险范围，原保险人对此危险的责任自动按照一定成数或份额转移给再保险人，再保险人不得拒绝。

预约再保险合同是指原保险人与再保险人事先订立协议，由原保险人依照选择或者需要将其承保的保险业务分保给再保险人，而再保险人必须予以分入的一种再保险形式。预约再保险的性质介于临时再保险合同与固定再保险合同之间，有些学者认为其为临时再保险的一种。

3. 比例再保险合同与非比例再保险合同

比例再保险合同是以保险金额为基础，确定双方责任，风险、费用、保费和赔款均按比例分摊的合同。

非比例再保险合同是以赔偿金额为基础，确定双方责任的合同，也称超额损失再保险合同。实务中的具体做法为原保险人、再保险人双方协议规定一个赔款限额即自留额，该限额内的赔款由原保险人自行赔付，超过此限额的赔款由再保险人按协议规定的数额承担。原保险人将净保费收入的一部分付给再保险人，费率不按原保险费率计算，而是按协议规定计算。

二、再保险合同的条款

（一）再保险合同的基本条款

基本条款主要包括如下内容：再保险合同当事人的名称和住所、保险期限、执行条款、再保险责任和免除条款、再保险费条款、手续费条款、再保险赔偿金额条款、违约责任和争议处理条款、再保险合同终止条款和货币条款等。

（二）再保险合同的通用条款

再保险合同种类繁多，我国没有专门的再保险法，也没有标准的再保险合同。但

在再保险国际市场上已形成了一些通用条款，这些条款已成为惯例，只要再保险合同双方当事人约定了此条款，此条款的相应规则即对双方当事人产生效力。

1. 共命运条款

该条款通常表述为：兹约定凡属本合同约定的任何事宜，再保险接受人在其利害关系范围内，与原保险人同一命运。当然，该条款仅限于比例再保险合同，对非比例再保险合同则不适用。因为按照比例再保险合同的约定，原保险人将收取的保险费的一部分让与再保险人，再保险人则依照其所接受保险费的比例承担相应的保险责任。所以，比例再保险合同可适用共命运条款。

共命运条款的功能在于，原保险人可以取得在再保险合同中的主动权并提高工作效率，基于再保险合同的国际性特征，再保险人可能遍布世界的每个角落，如果每个环节再保险人都事必躬亲，既不可能也不经济。再保险合同双方当事人在合同中约定就保险费的收取、向第三者的追偿、对受损标的的施救、损余回收、保险金赔付、保险仲裁与诉讼等方面由原保险人在合同约定的范围内无所顾虑地从事直接保险业务，可以节省大量的人力、物力，同时共命运条款的运用也加强了对原被保险人的保护。

2. 直接索赔条款

根据原保险合同的约定，当发生保险事故后，原保险人应履行向被保险人支付保险金的义务，同时原被保险人或受益人享有向保险人请求支付保险金的权利，但基于再保险合同独立性的规定，此请求权不适用于再保险人。但有的国家允许在再保险合同中特别规定，指名的保单持有人直接向再保险人行使索赔权，这就是所谓的直接索赔条款。

直接索赔条款的功能在于当原保险人丧失支付能力的情况下保护原被保险人的利益。一旦原保险人丧失偿付能力，再保险人向直接保险合同的保单持有人直接支付其应承担的赔款。

3. 错误与遗漏条款

该条款的具体内容一般表述为：在有关本合同或其分保业务项下的错误、延迟、疏忽或遗漏，在任何情况下不能推卸双方的责任，如同这些错误、延迟、疏忽或遗漏未曾发生。但这些错误、延迟、疏忽或遗漏一经发现，应立即更正。在再保险合同履行过程中，如果损失的发生是由原保险人的过失或疏忽所致，并能证明这种过失、疏忽是出于原保险人的故意，再保险接受人可拒不赔偿，否则，再保险人应依约分担赔款。

该条款主要是针对原保险人在办理再保险业务中由于非故意的过失或疏忽造成的

错误或延迟给予纠正的机会，再保险人应在谅解的基础上对其进行更正和采取补救措施，并本着共命运的原则分担赔偿责任，以保证分出公司不致因意外的差错而不能享受分保的保障。

4. 双方权利保障条款

在再保险合同中，允许双方约定条款，规定双方当事人在签订和履行再保险合同中享有的权利，并要求原保险人或再保险人协助对方实现其权利，以保护双方的利益，保证保险业务的顺利开展。

思考练习

一、单选题

1. 保险合同是保险人与（　　）签订的约定保险权利义务关系的协议。

A. 被保险人　　B. 受益人　　C. 投保人　　D. 第三人

2. 人身保险的投保人在订立保险合同时对（　　）应当具有保险利益。

A. 保险标的　　B. 被保险人　　C. 受益人　　D. 第三人

3. 投保人故意或者因重大过失未履行规定的如实告知义务，足以影响保险人决定是否同意承保或者提高保险费率的，保险人有权解除合同。这一解除权自合同成立之日起超过（　　）的，保险人不得解除合同。

A. 三十日　　B. 六十日　　C. 二年　　D. 一百八十日

4. A 的一辆轿车价值 20 万元，向甲保险公司投保了保险金额为 10 万元的车损险，同时又向乙保险公司投保了保险金额为 20 万元的车损险，某日发生事故轿车的损失为 3 万元，请问甲、乙保险公司如何赔偿？（　　）

A. 甲赔 1.5 万元，乙赔 1.5 万元

B. 甲赔 2 万元，乙赔 1 万元

C. 甲赔 1 万元，乙赔 2 万元

D. 甲赔 0 万元，乙赔 3 万元

5. 原保险人因将保险责任转移给再保险人所付出的相应代价称为（　　）。

A. 保险费　　B. 分保手续费　　C. 纯益手续费　　D. 分保费

二、多选题

1. 保险合同的特征有（　　）。

A. 射幸合同　　B. 最大诚信合同

C. 双务、有偿合同　　　　　　　　　D. 财产合同

2. 投保人对下列人员具有保险利益（　　）。

A. 父母

B. 与投保人有劳动关系的劳动者

C. 配偶

D. 同意投保人为其订立合同的被保险人

3. 下列关于保险利益的说法，正确的有（　　）。

A. 保险利益是指投保人或者被保险人对保险标的具有的法律上承认的利益

B. 保险经营中确立保险利益原则可以减少道德风险的发生

C. 订立财产保险合同时，投保人或被保险人对保险标的必须具有保险利益

D. 订立人身保险合同时，投保人对被保险人必须具有保险利益

4. 下列有关代位求偿权的说法正确的是（　　）。

A. 保险事故发生后，保险人未赔偿保险金之前，被保险人放弃对第三者请求赔偿的权利的，保险人不承担赔偿保险金的责任

B. 保险事故发生后，被保险人已经从第三者取得损害赔偿的，保险人赔偿保险金时，可以相应扣减被保险人从第三者已取得的赔偿金额

C. 被保险人故意或者因重大过失致使保险人不能行使代位请求赔偿的权利的，保险人可以扣减或者要求返还相应的保险金

D. 保险人向被保险人赔偿保险金后，被保险人未经保险人同意放弃对第三者请求赔偿的权利的，被保险人应当向保险人返还保险金

5. 下列有关再保险的说法正确的有（　　）。

A. 再保险人与投保人和被保险人不发生任何业务关系，再保险人无权向投保人收取保险费

B. 被保险人对再保险人没有索赔权

C. 原保险人不得以再保险人不履行赔偿义务为借口而拒绝或延迟履行其对被保险人的赔偿或给付义务

D. 原保险人在决定分保时，通常是根据有关法律、条例以及自身承保能力确定自留额，然后将自留额以上的部分进行分保

三、案例分析题

某年5月，甲企业经工会研究表决通过，决定给全体员工投保人身意外伤害团体保险，企业办公室主任在代表企业办理手续填写保单时，未经工会同意私自将受益人

列为企业，每个员工保险金额为5万元，保险期限为3年。该年9月，该企业员工李某在乘坐班车上班途中，遭遇车祸死亡。事故发生后，保险企业按照协议支付了团体人身意外伤害保险金5万元，甲企业领取后未转交给李某的家眷，李某妻子几经交涉未果后诉至法院。

问

（1）什么是保险利益？

（2）本案中保险协议是否有效？为什么？

（3）本案中甲企业是否是保险协议的受益人？请简明阐述理由。

第七章 ▶ 票据法

本章导读

票据指汇票、本票和支票。纵观票据形成与发展的整个历史进程，流通是票据的根本价值所在，彰显票据的流通功能是现代票据法的核心价值追求和立法理念。票据流通的前提是其无因性。无因性指票据权利一经合法产生，即与其赖以产生的基础关系相分离，票据独立于其基础关系之外而存在，其效力不受其基础关系效力的影响，即使基础关系被撤销或被确认无效，也不影响票据关系的效力。无因性使得票据信用功能的发挥不再局限于其基础关系的双方，而是扩大到更大范围成为一种社会信用，进而作为一种高效便捷的融资手段为商事主体广泛使用。票据法是调整票据关系的法律规范的总括性称谓。为有效保障票据的使用和流通，保护票据关系当事人合法利益，促进经济发展，国家制定票据法专门调整票据关系。

学习目标

1. 了解票据的种类和作用；
2. 了解票据行为的常见形式和特性；
3. 了解票据权利的取得方式；
4. 掌握汇票、本票与支票的出票、背书、承兑、保证、付款和追索要求。

第一节　票据与票据法

案例导入

博罗县园洲镇嘉鑫五金工艺厂与东莞领冠数控科技有限公司、王某票据纠纷案

原告博罗县园洲镇嘉鑫五金工艺厂（以下简称嘉鑫工艺厂）诉被告东莞领冠数控科技有限公司（以下简称领冠公司）、王某票据纠纷一案，广东省深圳前海合作区人民法院（以下简称前海合作区法院）公开开庭进行了审理。

原告向本院提出诉讼请求：1. 判令两被告连带支付原告票面金额 157 569 元。2. 诉讼费、律师费用全部由被告承担。诉讼中，原告明确表示放弃对律师费的诉讼请求。事实与理由：被告领冠公司于 2017 年 8 月 13 日向嘉禾县雄达铸业有限公司购买铸件一批，货款总计 157 569 元。被告领冠公司通过法定代表人王某私人账户向嘉禾县雄达铸业有限公司出具支票一张，票面金额为 157 569 元，用于支付该批货款。嘉禾县雄达铸业有限公司将支票背书给原告，原告委托收款单位到银行兑付时发现，出票人账户余额不足以支付票据款项，现已被银行退票。为维护原告合法权益，诉至贵院，请依法支持原告的诉请。

被告领冠公司辩称，领冠公司并非案涉票据的出票人、背书人或其他票据债务人，非本案适格被告。

被告王某辩称：1. 经查看原告的证据原件，从退票理由书中记载的出票人账户开户行与案涉支票所记载开户行并不一致，而且退票理由书中也未载明出票人的姓名、账户等基本信息。支票中案外人嘉禾县雄达铸业有限公司财务专用章及彭某飞私章印记不清晰，怀疑并非原件，为打印件，不排除原告非法取得该支票的可能性。2. 被告领冠公司与案外人嘉禾县雄达铸业有限公司之间约定的货款支付条件并未成就，被告已与嘉禾县雄达铸业有限公司就撤销作废该支票达成一致，原告在知悉上述事实的情况下，恶意非法取得支票，被告有权拒绝履行付款义务。案涉支票是被告王某为履行被告领冠公司与案外人嘉禾县雄达铸业有限公司之间买卖合同关系向嘉禾县雄达铸业有限公司出具的，按照被告领冠公司与嘉禾县雄达铸业有限公司的

约定，案涉支票仅作为付款担保，并不作为最终的支付方式。嘉禾县雄达铸业有限公司在依约交付货物后，由被告领冠公司进行付款，其后嘉禾县雄达铸业有限公司并未依约支付货款，双方经协商一致已撤销作废案涉支票，嘉禾县雄达铸业有限公司此后以付款期限已过、支票失效已被自行销毁为由未能向被告王某返还支票。结合原告在本案中放弃对案外人嘉禾县雄达铸业有限公司追索权的情况，被告有理由相信原告是在接收案涉支票时已明知并清楚原告与嘉禾县雄达铸业有限公司之间关于作废票据的约定。根据《票据法》第十二条、第十三条的有关规定，原告属于恶意非法取得支票，不享有票据权利。综上，原告的诉讼请求无事实及法律依据，应驳回原告的全部诉讼请求。

前海合作区法院认为，案涉支票系被告王某为支付领冠公司应付案外人嘉禾县雄达铸业有限公司的货款而出具，系合法有效之票据。案外人嘉禾县雄达铸业有限公司将案涉票据背书转让给原告，原告作为持票人享有相应的票据权利，包括付款请求权和追索权。在案涉支票被付款行以出票人账号余额不足而退票的情况下，原告作为持票人有权向出票人王某行使追索权。被告王某作为案涉票据的出票人，签发支票后即应按照票面金额承担保证向持票人付款的责任。

前海合作区法院认为，被告王某抗辩称其与案外人嘉禾县雄达铸业有限公司约定的付款条件未成就，双方已经协商一致撤销作废案涉支票，原告系在知悉上述事实的情况下恶意非法取得案涉支票，但未能提交任何证据。被告王某抗辩称案涉支票中案外人嘉禾县雄达铸业有限公司背书印章疑似非原件，但在法院依其申请启动司法鉴定程序后，其无正当理由拒不缴纳鉴定费用，应视为对该鉴定申请的自动放弃。综上，被告王某对其抗辩主张未能提交有效证据予以证明，应承担举证不能的不利后果。被告领冠公司虽系案涉票据产生之基础关系的一方当事人，但并非票据出票人、背书人或其他票据债务人，故原告主张领冠公司就案涉票据金额承担连带责任，于法无据，本院不予支持。

前海合作区法院判决如下：

被告王某于判决生效后五日内支付原告博罗县园洲镇嘉鑫五金工艺厂票据号码为 307095……的支票票面金额 157 569 元；驳回原告其他诉讼请求。

资料来源：（2020）粤 0391 民初 540 号民事判决书。

【点评】

本案值得关注的问题是对于票据无因性的强调，即票据权利一经合法产生，即与其赖以产生的基础关系相分离，票据独立于其基础关系之外而存在，其效力不受其基础关系效力的影响。比如，法院明确指出，案外人嘉禾县雄达铸业有限公司将案涉票据背书转让给原告，原告作为持票人享有相应的票据权利，包括付款请求权和追索权。在案涉支票被付款行以出票人账户余额不足而退票的情况下，原告作为持票人有权向出票人王某行使追索权。被告王某作为案涉票据的出票人，签发支票后即应按照票面金额承担保证向持票人付款的责任。

一、票据

（一）票据的概念和种类

1. 票据的概念

票据法中的票据具有特殊含义，是指由出票人发行的、约定自己或委托他人在见票时或者约定的日期无条件向持票人支付一定金额的有价证券。《中华人民共和国票据法》（以下简称《票据法》）第 2 条第 2 款规定：本法所称票据，是指汇票、本票和支票。

可以从两个方面理解票据的这一定义。其一，票据为完全有价证券。其中，有价证券是指记载并代表一定财产权利的证券。依照权利与证券结合的程度不同，可将有价证券分为完全证券和不完全证券。权利和证券不可分离，权利的发生、移转和行使均以持有证券为必要的，为完全证券，又称绝对证券；权利和证券可以分离，权利的发生、移转和行使的一部分以持有证券为必要的，为不完全证券，又称相对证券。票据为完全有价证券，这主要表现在：（1）票据权利的产生以作成票据（即出票）为必要，在票据作成前，票据权利并不存在，所以，票据又被称为设权证券。（2）票据权利的移转以交付票据为必要，未向受让人实际交付票据的，票据权利不移转。（3）票据权利的行使以出示票据为必要，未出示票据的，付款人有权拒付。（4）票据权利的实现以交回票据为必要，持票人获得付款的，应当在票据上签收，并将票据交给付款人。其二，票据为金钱债权证券。依照证券所表彰的权利的性质不同，可以将有价证券分为债权有价证券、物权有价证券和社员权有价证券。票据所创设的权利，为金钱债权，票据持票人可以以票据所记载的确定金额向票据债务人行使支付请求权。

票据具有以下特征：（1）票据既可以由债务人签发，也可以由债权人签发。（2）票据可以由债务人自付，也可以委托他人代付。（3）票据以无条件支付一定金额为内容。（4）票据既可以即期支付，又可以远期支付。

2. 票据的种类

票据法实行票据种类法定主义。当事人不得在法定票据之外，创设其他票据。根据我国《票据法》的规定，票据分为汇票、本票和支票。

(1) 汇票。《票据法》第 19 条规定：汇票是出票人签发的，委托付款人在见票时或者在指定日期无条件支付确定的金额给收款人或者持票人的票据。汇票分为银行汇票和商业汇票。

(2) 本票。《票据法》第 73 条规定：本票是出票人签发的，承诺自己在见票时无条件支付确定的金额给收款人或者持票人的票据。本法所称本票，是指银行本票。

(3) 支票。《票据法》第 81 条规定：支票是出票人签发的，委托办理支票存款业务的银行或者其他金融机构在见票时无条件支付确定的金额给收款人或者持票人的票据。

(二) 票据的作用

票据是为了解决商业交往中的支付结算关系而产生的一种金融工具，在现代经贸关系中发挥着重要作用。

1. 汇兑作用

票据的汇兑作用表现在，票据可以充当异地之间输送现金的工具。汇兑是汇款人委托银行将其款项支付给收款人的结算方式。当需要在异地使用现金时，可以将相应款项存入当地银行，取得以异地银行为付款人的票据，从异地银行提取该款项。票据的这一功能，克服了金钱支付上的场所间隔。

2. 支付作用

票据的支付作用表现在，票据可以代替货币用来清偿债务，例如支付价款、租金、税款、工资等。在商事交易中，金钱支付是经常需要的，数额较大的现金支付，在保管、清点、运输、交接方面，不仅十分麻烦，容易发生错误，也比较危险。而通过票据进行支付，既安全又方便。比如，《票据法》第 35 条第 1 款规定：背书记载“委托收款”字样的，被背书人有权代背书人行使被委托的汇票权利。

3. 融资作用

票据的融资作用表现在，持票人可以通过票据向他人借款，这主要是通过贴现和质押而实现的。贴现是指商业汇票的持票人在汇票到期日前，为了取得资金贴付一定利息将票据权利转让给金融机构的票据行为，是金融机构向持票人融通资金的一种方式。持票人在票据到期前如急需资金，即可通过将票据贴现给开户银行而获得贴息现款。质押是指债务人通过背书方式将票据移交债权人占有，为债权人设立担保，债务人不履行债务时，债权人有权依法以处分或者兑现该票据而获得的款项优先受偿。《票据法》第35条第2款规定：汇票可以设定质押；质押时应当以背书记载“质押”字样。被背书人依法实现其质权时，可以行使汇票权利。

4. 结算作用

结算是指把某一时期内的所有收支情况进行总结、核算。票据的结算作用表现在，各商业银行之间可以通过票据交换来清结收付双方的债权债务关系。票据交换是指一定区域内的若干金融机构（通常是商业银行）将需要相互进行支付的票据，在规定的时间内，在票据交换清算机构内，集中进行提示交换，加以清算的制度。

5. 流通作用

票据是金钱证券，代表一定数量的货币，是一种权利财产，可以像货币那样自由流通。票据的流通作用表现在，票据到期前如有新的支付需要，即可将所持票据经背书转让给第三人，亦即实现票据的流通。

二、票据法

（一）票据法的概念和特征

票据法是指调整票据关系以及与之有密切关系的非票据关系的法律规范的总称。其中，票据关系是因为票据的签发、转让、承兑、保证等形成的以金钱利益为内容的财产关系。票据法有广义和狭义之分。广义的票据法指各种法律中有关票据规定的总和，狭义的票据法指被称为“票据法”的法律及其相关法律。票据法具有以下特征：

1. 强行性

由于票据具有较强的流通性，不仅涉及直接进行票据授受的特定当事人，而且涉及经票据流通间接取得票据而加入票据关系的不特定第三人。所以，票据关系的设定、变更或消灭，均以法律的规定为行为准则，票据的内容由法律直接规定，不允许当事人加以变更，除法律另有规定的以外，一般也不承认当事人约定的优先效力。首先，票据法规定了票据只有三种——汇票、本票和支票，除此之外，任何银行、单位和个人不得创设新的票据形式。《票据法》第2条规定：在中华人民共和国境内的票据活动，适用本法。本法所称票据，是指汇票、本票和支票。其次，票据是严格的要式证券，票据行为也是严格的要式行为。违反法定方式的票据及票据行为一律无效。比如，《票据法》第4条第1、2款规定：票据出票人制作票据，应当按照法定条件在票据上签章，并按照所记载的事项承担票据责任。持票人行使票据权利，应当按照法定程序在票据上签章，并出示票据。

2. 技术性

票据是作为金钱支付和运用手段而创造出来的，因而必须具有严密而精巧的技术解决方法。票据法中的许多规定，如票据形式的严格规定、关于票据行为无因性的规定、背书连续的规定、抗辩切断的规定以及付款责任的规定等，都是为了保证票据使用的安全，确保票据的流通和付款，从方便合理的角度出发，由立法者专门设计出来的，而不是基于一般的道德理念，或者遵循一般的法律原则而规定的。就这一点来说，票据法类似于交通法规，具有较强的技术性。比如，针对汇票承兑，《票据法》第 42 条规定：付款人承兑汇票的，应当在汇票正面记载“承兑”字样和承兑日期并签章；见票后定期付款的汇票，应当在承兑时记载付款日期。汇票上未记载承兑日期的，以第 41 条第 1 款规定期限的最后一日为承兑日期。

3. 国际统一性

票据的产生，始于国际贸易。而国际贸易的不断扩大，更使得各国间票据法的统一成为一种需要。目前，不少国家的票据法正逐步趋于统一，国际社会也在谋求票据法的统一。国际票据法的统一先后经历了海牙统一票据法、日内瓦统一票据法和联合国统一票据法三个发展阶段。最具代表意义、影响最大的是 1930 年和 1931 年日内瓦统一票据法，包括《统一汇票本票法公约》《解决汇票及本票若干法律冲突公约》《汇票和本票印花税法公约》《统一支票法公约》《解决支票若干法律冲突公约》《支票印花税法公约》。这些公约是相互独立的，各国可分别加入。1988 年，联合国第 43 次大会上通过的《汇票本票公约》，考虑了日内瓦统一票据法和英美票据法的差异，但并不试图加以调和，而仅着眼于解决国际贸易中汇票、本票使用上的不便，其适用范围仅限于“作为国际贸易结算手段”而使用的“国际票据”，并且该票据也不具有强制适用的效力，而是由出票人或者承兑人选择是否适用。

（二）票据法中的法律关系

1. 票据关系

票据关系是指票据当事人基于票据行为而发生的债权债务关系。其中，票据的持有人（持票人）享有票据权利，对于在票据上签名的人可以主张行使票据法规定的一切权利；在票据上签名的票据债务人负担票据义务，即依自己在票据上的签名按照票据上记载的文义，承担相应的义务。《票据法》第 102 条规定：有下列票据欺诈行为之一的，依法追究刑事责任：……（3）签发空头支票或者故意签发与其预留的本名签名式样或者印鉴不符的支票，骗取财物的……。

2. 非票据关系

票据法上的非票据关系指由票据法直接规定的、不是基于票据行为而发生的法律关系。它与票据关系的不同之处在于：第一，票据关系是由当事人的票据行为而发生的，非票据关系是直接由法律的规定而发生的；第二，票据关系的内容是票据权利义务关系，它与票据紧密相连，权利人行使权利以持有票据为必要，而非票据关系则不需要。非票据关系包括以下三种类型：

（1）原因关系。指票据当事人之间授受票据的理由。如出票人与收款人之间签发和接受票据的理由、背书人和被背书人之间转让票据的理由等。根据《票据法》的规定，原因关系只存在于授受票据的直接当事人之间，票据一经转让，其原因关系对票据效力的影响力即被切断。

（2）票据预约关系。指票据当事人在授受票据之前，就票据的种类、金额、到期日、付款地等事项达成协议而产生的法律关系，即当事人之间授受票据的合同所产生的法律关系。它实际上是沟通票据原因和票据行为的桥梁。但该合同仅为民事合同，当事人不履行票据预约合同所产生的权利义务仅构成民法上的债务不履行，不属于票据法规范的对象。

（3）资金关系。指汇票出票人和付款人、支票出票人与付款银行或其他资金义务人所发生的法律关系，即出票人委托付款人进行付款的原因。一般说来，资金关系的存在或有效与否，均不影响票据的效力。出票人不得以已向付款人提供资金为由拒绝履行其追索义务；付款人也不因得到资金而当然地成为票据债务人，作为汇票来说，付款人的承兑行为才是其承担票据债务的法定条件。

3. 票据关系中的当事人

（1）基本当事人。票据关系的基本当事人是指票据一经成立即已存在的当事人，包括出票人、收款人、付款人。他们是构成票据法律关系的必要主体，若基本当事人在票据形式上不存在或不完全，票据法律关系就不能成立，票据也就无效。

（2）非基本当事人。非基本当事人指票据已经成立，通过各种票据行为而加入票据关系中的当事人。如背书人、保证人、参加付款人、预备付款人等。非基本当事人并不是任何票据都存在的，一般来说，票据债务人为非基本当事人时，在票据法律关系中所承担的义务也较基本当事人轻，仅为副票据义务或辅助的票据义务。

第二节 票据行为与票据权利

案例导入

张某荣、严某君与中国银行股份有限公司上虞支行票据付款请求权纠纷案

原告张某荣、严某君与被告中国银行股份有限公司上虞支行（以下简称中国银行上虞支行）票据付款请求权纠纷一案，浙江省绍兴市上虞区人民法院（以下简称上虞区法院）于2020年3月11日立案受理后，公开开庭进行了审理。

原告张某荣、严某君向上虞区法院提出诉讼请求：1. 判令被告即时向二原告支付承兑汇票票据金额人民币12 312元；2. 本案诉讼费用由被告承担。事实与理由如下：原告张某荣、严某君系余姚市××金属拉丝有限公司（以下简称公司）的全部股东，该公司在2018年12月5日注销。二原告在公司注销之后才发现注销前浙江舜基休闲用品有限公司出票给公司电子银行承兑汇票一张，票据票面金额为12 312元，出票日期为2017年12月27日，到期日为2018年6月27日。二原告发现此事后，与被告进行了沟通。但被告认为收款人公司已被注销，无法付款，要求通过诉讼主张权利。为此原告特起诉，请求依法判处。

被告中国银行上虞支行未作答辩亦未向上虞区法院提交证据材料。

原告为证明自己的主张，向上虞区法院提交了公司章程及公司注销登记通知书各一份、电子银行承兑汇票及中国建设银行股份有限公司余姚低塘支行出具的公司电子银行承兑汇票情况说明各一份。针对上述证据，被告中国银行上虞支行经上虞区法院合法传唤，无正当理由未到庭，应视为放弃质证的权利。经审查，上述证据符合证据三性，能够证明原告主张的事实，上虞区法院均予认定。

根据上述证据认定，结合原告的庭审陈述，上虞区法院对原告诉称之事实予以确认。另查明，案涉电子银行承兑汇票票据号码为110……7594，出票人为浙江舜基休闲用品有限公司，收款人为公司，承兑人为被告。2019年10月17日，公司开户银行中国建设银行股份有限公司余姚低塘支行出具了案涉电子银行承兑汇票情况说明一份。该情况说明载明，案涉票据收款人在公司存续期间通过开户银行（中国建设银行股份有限公司余姚低塘支行）进行票据签收，因公司账户为注销状态，该票

据提示付款已为拒付状态。另原告庭审中陈述，自愿承担本案诉讼费。

上虞区法院认为，余姚市××金属拉丝有限公司虽已注销，但两原告作为公司股东，系公司权利义务的继受者，有权向被告行使票据权利。被告作为案涉票据的承兑人，应当承担到期付款的责任。现两原告在票据权利期间内，要求被告支付汇票金额，有事实和法律依据，本院予以支持。被告中国银行上虞支行经本院合法传唤，无正当理由未到庭，依法可作缺席判决。综上，依照《中华人民共和国票据法》第三十八条、第四十四条、第五十三条，《中华人民共和国民事诉讼法》第一百四十四条之规定，判决如下：

被告中国银行股份有限公司上虞支行应于本判决生效之日起七日内支付原告张某荣、严某君票据号码为110……7594的电子银行承兑汇票金额12 312元。

资料来源：（2020）浙0604民初1432号民事判决书。

【点评】

本案是一个简单的票据纠纷。值得关注的地方有两个：（1）票据的持有人有权向承兑人行使票据权利；（2）公司股东在特定情况下是公司权利义务的继受者。比如，法院明确指出，余姚市××金属拉丝有限公司虽已注销，但两原告作为公司股东，系公司权利义务的继受者，有权向被告行使票据权利。被告作为案涉票据的承兑人，应当承担到期付款的责任。

一、票据行为

（一）票据行为的概念

票据行为有广义和狭义两种。广义的票据行为是指以发生、变更或消灭票据的权利义务关系为目的的法律行为，包括出票、背书、涂改、禁止背书、付款、保证、承兑、参加承兑、划线、保付等。狭义的票据行为是指能产生票据债权债务关系的法律行为，有出票、背书、承兑、保证、参加承兑、保付六种。这六种行为又可以分为基本的票据行为和附属的票据行为。基本的票据行为是创设票据的行为，即出票行为。出票行为有效成立后，票据才可以有效存在。票据上的权利义务关系都是由出票行为引起的。背书、承兑、保证、参加承兑、保付等其他票据行为称为附属的票据行为。

1. 出票

出票是指出票人依照法定款式作成票据并交付于收款人的行为。《票据法》第20

条规定：出票是指出票人签发票据并将其交付给收款人的票据行为。它包括“作成”和“交付”两种行为。所谓“作成”就是出票人按照法定款式制作票据，在票据上记载法定内容并签名。由于现在各种票据都由一定机关印制，因而所谓“作成”只是填写有关内容和签名而已。所谓“交付”是指根据出票人本人的意愿将其交给收款人的行为，不是出于出票人本人意愿的行为如偷窃票据不能称作“交付”，因而也不能称作出票行为。

2. 背书

背书是指持票人转让票据权利与他人。《票据法》第 27 条第 4 款规定：背书是指在票据背面或者粘单上记载有关事项并签章的票据行为。票据的特点在于流通，票据转让的主要方法是背书，当然除此之外还有单纯交付。背书转让是持票人的票据行为，只有持票人才能进行票据的背书。背书是转让票据权利的行为，票据一经背书转让，票据上的权利也随之转让给被背书人。

3. 承兑

承兑是指汇票的付款人承诺负担票据债务的行为。《票据法》第 38 条规定：承兑是指汇票付款人承诺在汇票到期日支付汇票金额的票据行为。承兑为汇票所独有。汇票的发票人和付款人之间是一种委托关系，发票人签发汇票，并不等于付款人就一定付款，持票人为确定汇票到期时能得到付款，在汇票到期前向付款人进行承兑提示。如果付款人签字承兑，那么他就对汇票的到期付款承担责任，否则持票人有权对其提起诉讼。《票据法》第 44 条规定：付款人承兑汇票后，应当承担到期付款的责任。

4. 保证

保证是指除票据债务人以外的人为担保票据债务的履行，以负担同一内容的票据债务为目的的一种附属票据行为。《票据法》第 45 条规定：汇票的债务可以由保证人承担保证责任。保证人由汇票债务人以外的他人担当。第 48 条规定：保证不得附有条件；附有条件的，不影响对汇票的保证责任。票据保证的目的是担保其他票据债务的履行，适用于汇票和本票，不适用于支票。

在具体操作时，票据行为表现为票据当事人把行为的意思按照法定的方式记载在票据上，并由行为人签章后将票据交付。它主要包括三方面内容，即记载、签章和交付。其中，所谓记载，就是票据当事人在票据上写明所要记载的内容，如签发票据时应写明票据的种类、金额、无条件支付命令、签发票据日期以及其他需要明确的内容，承兑汇票时写上“承兑”字样，保证时应写上“保证”或“担保”字样。《票据法》第 22 条规定，汇票必须记载下列事项：（1）表明“汇票”的字样；（2）无条件支付的委托；（3）确定的金额；（4）付款人名称；（5）收款人名称；（6）出票日期；（7）出票人签章。汇票上未记载前款规定事项之一的，汇票无效。所谓签章，是指签名、盖章或签名加盖章，它表明行为人对其行为承担责任。《票据法》第7条规定：票据上的签章，为签名、盖章或者签名加盖章。法人和其他使用票据的单位在票据上的签章，为该法人或者该单位的盖章加其法定代表人或者其授权的代理人的签章。在票据上的签名，应当为该当事人的本名。所谓交付，是指票据行为人应将票据交付给执票人。票据行为人在票据上进行记载，并进行签章后，票据还不能发生法律效力，只有票据被交付给了对方，票据才能发生法律效力。《票据法》第20条规定：出票是指出票人签发票据并将其交付给收款人的票据行为。《票据法》第27条第1、2、3款规定：持票人可以将汇票权利转让给他人或者将一定的汇票权利授予他人行使。出票人在汇票上记载“不得转让”字样的，汇票不得转让。持票人行使第27条第1款规定的权利时，应当背书并交付汇票。

（二）票据行为的特性

1. 要式性

票据行为依法定方式进行，才能产生正常效力，这种性质为票据行为的要式性或称票据的定型性。主要体现在三个方面：（1）签章。票据行为人必须依照签章规则在票据上签章，未在票据上签章或者签章不合规则的，其票据行为无效。比如《票据法》第5条第1款规定：票据当事人可以委托其代理人在票据上签章，并应当在票据上表明其代理关系。（2）书面。票据行为的意思表示必须记载在票据上，否则，不能产生票据效力。比如《票据法》第46条规定：保证人必须在汇票或者粘单上记载下列事项：①表明“保证”的字样；②保证人名称和住所；③被保证人的名称；④保证日期；⑤保证人签章。（3）款式。票据上应记载的内容、书写格式和收发室之处等，应依法定款式为之。比如《票据法》第76条规定：本票上记载付款地、出票地等事项的，应当清楚、明确。本票上未记载付款地的，出票人的营业场所为付款地。本票上未记载出票地的，出票人的营业场所为出票地。

2. 无因性

票据行为具备法定形式要件即可生效，不论其实质基础关系如何，票据关系的效力与基础关系相分离，因此，票据行为具有无因性。票据行为的无因性主要表现在：（1）票据行为独立产生效力，不因基础关系的无效、瑕疵或者消灭等而影响效力。（2）票据权利人行使权利，仅应持有和提示票据，证明票据转移的连续性，不负其他举证责任，不须证明取得票据的原因及其有效。比如，《票据法》第 77 条规定：本票的出票人在持票人提示见票时，必须承担付款的责任。

3. 文义性

票据行为的事实及其意思表示内容是以票据上记载的文字意义而确定的，这种性质为票据行为的文义性。票据记载以外的事项，不得影响或改变票据记载事项的效力。比如，《票据法》第 4 条第 1 款规定：票据出票人制作票据，应当按照法定条件在票据上签章，并按照所记载的事项承担票据责任。第 3 款规定：其他票据债务人在票据上签章的，按照票据所记载的事项承担票据责任。

4. 独立性

在同一张有效票据上进行的各个票据行为均独立产生效力，除受因形式欠缺而无效的基本票据行为影响外，不受其他票据行为的影响，此种性质为票据行为的独立性。可以进一步阐释为两方面：(1) 各个票据行为均独立发生，不因某一票据行为而当然发生其他票据行为。(2) 各个票据行为均效力独立，某一票据行为有效或者无效，并不当然使其他票据行为生效或无效。比如，《票据法》第 6 条规定：无民事行为能力人或者限制民事行为能力人在票据上签章的，其签章无效，但是不影响其他签章的效力。第 14 条第 2 款规定：票据上有伪造、变造的签章的，不影响票据上其他真实签章的效力。

5. 协同性

同一张票据上的票据行为人应对票据债务承担连带责任，这种性质为票据行为的协同性或连带性。比如，《票据法》第 50 条规定：被保证的汇票，保证人应当与被保证人对持票人承担连带责任。汇票到期后得不到付款的，持票人有权向保证人请求付款，保证人应当足额付款。

二、票据权利

(一) 票据权利的概念和种类

《票据法》第 4 条第 4 款规定：本法所称票据权利，是指持票人向票据债务人请求支付票据金额的权利，包括付款请求权和追索权。《最高人民法院关于审理票据纠纷案件若干问题的规定》第 5 条规定：付款请求权是持票人享有的第一顺序权利，追索权是持票人享有的第二顺序权利，即汇票到期被拒绝付款或者具有《票据法》第 61 条第

2 款所列情形的，持票人请求背书人、出票人以及汇票的其他债务人支付《票据法》第 70 条第 1 款所列金额和费用的权利。

1. 付款请求权

票据法规定持票人最基本的权利是请求付款人按票据金额给付。作为票据的第一顺序权利，实践中人们将付款请求权称为主票据权利。付款人包括汇票的承兑人，本票的出票人、付款人，保付支票的付款人、参加承兑人、参加付款人等，对持票人承担付款责任。其构成要件包括：(1) 持票人持有处在有效期内的票据，其中汇票和本票的有效期自票据到期日起 2 年以内；见票付的汇票和本票，自出票日起 2 年以内；支票自出票日起 6 个月以内（见《票据法》第 17 条的规定）。如果票据已经过了此期限，持票人的票据权利便丧失。(2) 持票人须将原票据向付款人提示付款，如果不能提供票据原件的，不能请求付款，付款人也不得付款。《票据法》第 53 条规定：持票人应当按照下列期限提示付款：①见票即付的汇票，自出票日起一个月内向付款人提示付款；②定日付款、出票后定期付款或者见票后定期付款的汇票，自到期日起十日内向承兑人提示付款。持票人未按照前款规定期限提示付款的，在作出说明后，承兑人或者付款人仍应当继续对持票人承担付款责任。通过委托收款银行或者通过票据交换系统向付款人提示付款的，视同持票人提示付款。(3) 持票人只能请求付款人支付票据上确定的金额，付款人须一次性将债务履行完毕，因此，持票人也不得向付款人请求少于票据确定的金额付款。《票据法》第 54 条规定：持票人依照前条规定提示付款的，付款人必须在当日足额付款。(4) 持票人得到付款后，必须将票据移交给付款人，原票据上的权利可能由付款人承受，向其他债务人请求付款，从而使付款请求权呈持续状态。《票据法》第 55 条第 1 款规定：持票人获得付款的，应当在汇票上签收，并将汇票交给付款人。(5) 付款人支付票据金额后，如果发现该票据有伪造、变造情况的，有权向持票人（接受付款人）请求返还所给付的金额。这是对票据权利不确切的处置。

2. 追索权

持票人行使付款请求权受到拒绝承兑或拒绝付款时，或有其他法定事由请求付款未果时，向其前手请求支付票据金额的权利即为追索权。由于这个请求是在第一次请求未果后的再次请求，所以将其称为第二次请求权。追索权的追索对象视票据种类的不同，可以分别包括出票人、背书人、保证人、承兑人和参加承兑人，这些人在票据中的地位是连带债务人，持票人可以不按照汇票债务人的先后顺序，对其中的任何一人、数人或者全体行使追索权；持票人对汇票债务人中的一人或者数人已经进行追索的，对其他汇票债务人仍可行使追索权。被追索人清偿债务后，与持票人享有相同权利。《票据法》第 61 条规定：汇票到期被拒绝付款的，持票人可以对背书人、出票人以及汇票的其他债务人行使追索权。汇票到期日前，有下列情形之一的，持票人也可以行使追索权：(1) 汇票被拒绝承兑的；(2) 承兑人或者付款人死亡、逃匿的；(3) 承兑人或者付款人被依法宣告破产的或者因违法被责令终止业务活动的。第 66 条第 1 款规定：持票人应当自收到被拒绝承兑或者被拒绝付款的有关证明之日起三日内，将被拒绝事由书面通知其前手；其前手应当自收到通知之日起三日内书面通知其再前手。持票人也可以同时向各汇票债务人发出书面通知。

(二) 票据权利的取得

票据是一种完全有价证券，“权票不分”，取得票据权利必须占有票据并取得票据的所有权。根据我国《票据法》及相关法律法规，持票人取得票据权利必须满足三个条件：一是必须给付对价，二是手段必须合法，三是主观上应当具备善意。至于票据权利取得的方式，从票据法理论上来说，其与所有权的取得同样都有两种途径，即原始取得和继受取得。

1. 票据权利的原始取得

票据权利的原始取得，是指持票人最初取得票据权利，而不是从其他前手权利人处受让票据权利。一般认为，票据权利的原始取得包括两种情形：一种是持票人直接通过出票人的出票行为取得票据权利，简称出票取得；另一种是持票人依法从无票据权利处分权人手中善意取得票据权利，简称善意取得。

(1) 出票取得。票据的出票取得，是指票据的出票人在作成票据，并将票据交付给持票人时，持票人即取得票据权利。票据是设权证券，出票是创设票据权利的票据行为，出票人签发票据并交付给收款人（持票人）时，持票人就原始实现了对票据的占有，因而原始取得了票据权利。以汇票为例，《票据法》第 20 条规定：出票是指出票人签发票据并将其交付给收款人的票据行为。第 21 条规定：汇票的出票人必须与付款人具有真实的委托付款关系，并且具有支付汇票金额的可靠资金来源。不得签发无对价的汇票用以骗取银行或者其他票据当事人的资金。

(2) 善意取得。票据权利的善意取得，是指票据受让人依票据法规定的票据转让方式，善意且无重大过失地从无处分权人处取得票据，从而取得票据权利的一种票据权利法定取得方式。我国《票据法》没有直接规定票据权利的善意取得制度，但第 12 条规定：以欺诈、偷盗或者胁迫等手段取得票据的，或者明知有前列情形，出于恶意取得票据的，不得享有票据权利。持票人因重大过失取得不符合本法规定的票据的，也不得享有票据权利。学界多认为该条规定从反面承认了票据权利的善意取得。

2. 票据权利的继受取得

票据权利的继受取得，是指持票人从有权处分票据权利的前手，依背书转让或单纯交付转让方式受让票据权利的取得方式。从票据法理论上，一般认为，票据权利的继受取得包括票据法上的继受取得和非票据法上的继受取得。

（1）票据法上的继受取得，是指以背书转让或单纯交付转让的方式取得票据权利。票据是流通证券，票据权利转让非常频繁，票据法也极为重视票据的转让性，因而票据权利通常都经过此种方式取得。以汇票为例，《票据法》第 27 条规定：持票人可以将汇票权利转让给他人或者将一定的汇票权利授予他人行使。出票人在汇票上记载“不得转让”字样的，汇票不得转让。持票人行使第 1 款规定的权利时，应当背书并交付汇票。背书是指在票据背面或者粘单上记载有关事项并签章的票据行为。

（2）非票据法上的继受取得，是指依照其他法律规定的方式而非依票据法规定的方式取得票据权利。在票据实务中，常见的非票据法上的继受取得方式有税收、继承、法人或其他组织的分立与合并、法院的司法裁决、仲裁机构的仲裁裁决和行政部门的行政决定等。《票据法》第 11 条第 1 款规定：因税收、继承、赠与可以依法无偿取得票据的，不受给付对价的限制。

第三节　汇票、本票与支票

案例导入

永康市宏凯商贸有限公司与上海浦东发展银行股份有限公司宁波分行票据利益返还请求权纠纷案

原告永康市宏凯商贸有限公司与被告上海浦东发展银行股份有限公司宁波分行（上海浦东发展银行宁波分行）票据利益返还请求权纠纷一案，于 2020 年 7 月 2 日向宁波市海曙区人民法院（以下简称海曙区法院）起诉，诉请被告向原告返还票号为 3100005126029×××的银行承兑汇票项下票据利益款 20 000 元。海曙区法院于同日立案受理后，公开开庭进行了审理并当庭宣告判决。

海曙区法院认定：2017 年 9 月 13 日，宁波夸克国际贸易有限公司委托上海浦东发展银行宁波分行签发了一张编号为 3100005126029×××的银行承兑汇票，收款人为宁波敦元贸易有限公司，付款行为上海浦东发展银行宁波分行，出票金额为 20 000 元，汇票到期日为 2018 年 3 月 13 日。此后，该汇票经背书，原告持有了该汇票，但原告未在汇票到期日前向被告主张权利。2020 年 5 月，原告委托永康农商银行开发区支行向被告承兑。被告于 2020 年 5 月 26 日出具拒绝付款理由书，以票据逾期超两年为由拒绝付款。

海曙区法院认为：根据法律规定，持票人对票据出票人和承兑人的票据权利，自票据到期日起二年内不行使而消灭。持票人因超过票据权利时效或者因票据记载事项欠缺而丧失票据权利的，仍享有民事权利。本案中，原告作为涉案票据持票人所享有的票据权利至 2020 年 3 月 13 日即已消灭，但原告所持银行承兑汇票记载事项符合法律规定，被告也无相反证据证明原告非票据合法持有人，原告仍享有民事权利，其可以请求出票人或者承兑人返还与未支付的票据金额相当的利益。为此，原告要求被告返还票据利益款 20 000 元的诉请，合理合法，本院予以支持。

海曙区法院判决如下：

被告上海浦东发展银行股份有限公司宁波分行（上海浦东发展银行宁波分行）于本判决生效之日起十日内返还原告永康市宏凯商贸有限公司票据利益款 20 000 元。

如果未按本判决指定的期间履行给付金钱义务，应当依照《中华人民共和国民事诉讼法》第二百五十三条及相关司法解释之规定，加倍支付迟延履行期间的债务利息（加倍部分债务利息＝债务人尚未清偿的生效法律文书确定的除一般债务利息之外的金钱债务×日万分之一点七五×迟延履行期间）。

案件受理费 300 元，减半收取 150 元，由原告永康市宏凯商贸有限公司负担。

本判决为终审判决。

资料来源：（2020）浙 0203 民初 5027 号民事判决书。

【点评】

本案值得关注的地方是：根据法律规定，持票人对票据出票人和承兑人的票据权利，自票据到期日起二年内不行使而消灭。持票人因超过票据权利时效或者因票据记载事项欠缺而丧失票据权利的，仍享有民事权利。在本案中，原告作为涉案票据持票人所享有的票据权利至 2020 年 3 月 13 日即已消灭，但原告所持银行承兑汇票记载事项符合法律规定，被告也无相反证据证明原告非票据合法持有人，原告仍享有民事权利，其可以请求出票人或者承兑人返还与未支付的票据金额相当的利益。

一、汇票

（一）汇票的概念、特征和种类

1. 汇票的概念

我国《票据法》第 19 条规定："汇票是出票人签发的，委托付款人在见票时或者在指定日期无条件支付确定的金额给收款人或者持票人的票据。"显然，汇票基本的法律关系至少有三个当事人：出票人、受票人和收款人。其中，出票人是开立票据并将其交付给他人的法人、其他组织或者个人。出票人对持票人及正当持票人承担票据在提示付款或承兑时必须付款或者承兑的保证责任。受票人又叫"付款人"，是指受出票人委托支付票据金额的人、接受支付命令的人。收款人是凭汇票向付款人请求支付票据金额的人。

2. 汇票的特征

（1）汇票关系中有三个基本当事人：出票人、受票人（付款人）和收款人。其中出票人和付款人为票据义务人，收款人为票据权利人。

（2）汇票是委托他人进行支付的票据。汇票的出票人仅仅是签发票据的人，不是票据的付款人，他必须另行委托付款人支付票据金额。

（3）汇票通常都需要由付款人进行承兑，以确认其愿意承担绝对的付款义务。在付款人未承兑时，汇票上所载的付款人并无绝对的付款义务。

（4）汇票是在见票时或者指定的到期日无条件支付给持票人一定金额的票据。汇票不以见票即付为限，许多汇票都有一定的到期日，体现了汇票的信用功能。

（5）汇票对于当事人特别是出票人和付款人，没有特别的限制，既可以是银行，也可以是公司、企业或个人。

3. 汇票的种类

（1）银行汇票和商业汇票。

根据汇票当事人身份的不同，汇票可分为银行汇票和商业汇票。《票据法》第 19 条第 2 款规定：汇票分为银行汇票和商业汇票。

《中国人民银行支付结算办法》第 53 条第 1 款规定，银行汇票是出票银行签发的，由其在见票时按照实际结算金额无条件支付给收款人或者持票人的票据。

《中国人民银行支付结算办法》第 72 条规定：商业汇票是出票人签发的，委托付款人在指定日期无条件支付确定的金额给收款人或者持票人的票据。第 73 条规定：商业汇票分为商业承兑汇票和银行承兑汇票。商业承兑汇票由银行以外的付款人承兑。银行承兑汇票由银行承兑。商业汇票的付款人为承兑人。

（2）即期汇票和远期汇票。

根据汇票付款期限的不同，汇票可以分为即期汇票和远期汇票。

即期汇票也称为见票即付的汇票，是指汇票上没有到期日的记载或者明确记载见票即付，收款人或者持票人一经向付款人提示汇票、请求付款，该汇票即为到期，付款人就应当承担付款责任的汇票。

远期汇票是指汇票上记载了到期日，付款人在到期时承担付款责任的汇票。根据记载到期日方式的不同，又可以分为定日付款的汇票、出票后定期付款的汇票、见票后定期付款的汇票。定日付款的汇票又称为定期汇票，是以确定的日期为到期日的汇票；出票后定期付款的汇票又称为约期汇票，是约定以出票日后一定期间届满为到期日的汇票；见票后定期付款的汇票又称为注期汇票，是收款人或者持票人向汇票上所记载的付款人提示见票并从付款人在汇票上注明见票日之后一定期间届满时为到期日的汇票。

根据《票据法》第 25 条的规定，付款日期可以按照下列形式之一记载：（1）见票即付；（2）定日付款；（3）出票后定期付款；（4）见票后定期付款。上述规定的付款日期为汇票到期日。

（3）光单汇票和跟单汇票。

根据汇票付款是否需要附随其他单据，汇票可以分为光单汇票和跟单汇票。

光单汇票是在进行付款时无须附随其他单据的汇票，也就是票据法规定的通常的汇票。

跟单汇票又称信用汇票、押汇汇票，是需要附随提单、仓单、保险单、装箱单、商业发票等单据，才能进行付款的汇票。

（二）汇票的出票、背书、承兑、保证与付款

1. 汇票的出票

（1）出票的含义。出票是票据活动中的最初始的行为，也是创设票据从而创设了票据权利的行为。从票据法理论上来说，出票由作成票据和交付票据两项行为构成。作成票据，是指出票人依照票据法的规定，在票据上记载法定内容并签名或盖章的行

为。交付票据，则是指出票人依据自己的本意将作成的票据实际交给他人占有的行为。欠缺作成或交付行为中的任何一项，出票行为皆不成立。《票据法》第 20 条规定：出票是指出票人签发票据并将其交付给收款人的票据行为。

（2）出票的记载事项。汇票是要式有价证券，出票是要式票据行为，因此，汇票出票必须依据票据法的规定记载一定的事项，即符合法定的格式或款式，才发生效力。同时，出票的记载事项，对依出票行为而创设的票据权利内容起着决定作用，出票的记载事项也就成为其他票据行为的基础。汇票出票的记载事项分为绝对应记载事项、相对应记载事项与不具票据法上效力的记载事项。

1）绝对应记载事项。《票据法》第 22 条规定：汇票必须记载下列事项：①表明“汇票”的字样；②无条件支付的委托；③确定的金额；④付款人名称；⑤收款人名称；⑥出票日期；⑦出票人签章。汇票上未记载前款规定事项之一的，汇票无效。

2）相对应记载事项。《票据法》第 23 条规定：汇票上记载付款日期、付款地、出票地等事项的，应当清楚、明确。汇票上未记载付款日期的，为见票即付。汇票上未记载付款地的，付款人的营业场所、住所或者经常居住地为付款地。汇票上未记载出票地的，出票人的营业场所、住所或者经常居住地为出票地。

3）不具有票据法上效力的记载事项。《票据法》第 24 条规定：汇票上可以记载本法规定事项以外的其他出票事项，但是该记载事项不具有汇票的效力。

（3）出票的效力。出票是创设票据的行为，以产生票据权利义务为目的。汇票出票后，即产生出票的效力。

1）对出票人的效力。《票据法》第 26 条规定：出票人签发汇票后，即承担保证该汇票承兑和付款的责任。出票人在汇票得不到承兑或者付款时，应当向持票人清偿本法第 70 条、第 71 条规定的金额和费用。可见，出票人必须对其签发的汇票获得承兑和获得付款承担担保责任，即出票行为对出票人产生担保承兑与担保付款的效力。

2）对收款人（持票人）的效力。出票人作成汇票并将汇票实际交付给收款人后，收款人便取得了汇票上的权利，包括付款请求权和追索权。在付款人或最后持票人对汇票进行承兑之前，收款人或最后持票人的付款请求权是一种期待权。在付款人承兑以后，该期待权即成为现实权。如果被拒绝承兑或拒绝付款，持票人还可行使追索权。

3）对付款人的效力。出票是单方法律行为，无须出票人与付款人事先形成合意。但是，付款人毕竟只是因受委托而付款，是否付款取决于其是否承兑。只有承兑后，才产生付款人的付款责任，否则，付款人不承担付款责任。可见，出票的委托行为并不能约束付款人，付款人因自己的承兑行为而受约束。《票据法》第 41 条规定：付款人对向其提示承兑的汇票，应当自收到提示承兑的汇票之日起三日内承兑或者拒绝承兑。

2. 汇票的背书

（1）背书的概念。汇票的背书是指持票人以转让汇票权利或其他为目的，在汇票背面或者粘单上记载有关事项并签章的票据行为，是转让票据权利的一种方式，也是票据得以流通的基础。

（2）背书的种类。依背书的目的不同，背书可分为转让背书和非转让背书。转让背书是持票人以转让票据权利为目的的背书。非转让背书是指持票人以非转让票据权利的其他目的而为的背书。非转让背书又可分为委任背书和设质背书两种。

依背书的效力不同，转让背书又可分为一般转让背书和特殊转让背书。一般转让背书是指具有完全的、无限制效力的转让背书。特殊转让背书是指其转让效力受到一定限制的转让背书。一般转让背书依其记载事项完全与否分为完全背书和空白背书。特殊转让背书包括禁止背书的背书、回头背书和期后背书等。

（3）背书的记载事项。包括应记载事项、可记载事项和不得记载事项。

1）应记载事项。背书应记载背书人签章、被背书人名称和背书日期。《票据法》第 29 条规定：背书由背书人签章并记载背书日期。背书未记载日期的，视为在汇票到期日前背书。第 30 条规定：汇票以背书转让或者以背书将一定的汇票权利授予他人行使时，必须记载被背书人名称。第 28 条规定：票据凭证不能满足背书人记载事项的需要，可以加附粘单，粘附于票据凭证上。粘单上的第一记载人，应当在汇票和粘单的粘接处签章。

2）可记载事项。依据《票据法》第 34 条的规定，汇票上可记载“不得转让”字样。背书人记载“不得转让”字样的汇票，不得转让，其后手若再背书转让的，原背书人对后手的被背书人不承担保证责任。第 35 条第 1 款规定：背书记载“委托收款”字样的，被背书人有权代背书人行使被委托的汇票权利。但是，被背书人不得再以背书转让汇票权利。

3）不得记载事项。《票据法》第 33 条规定：背书不得附有条件。背书时附有条件的，所附条件不具有汇票上的效力。将汇票金额的一部分转让的背书或者将汇票金额分别转让给二人以上的背书无效。

（4）背书的效力。背书的效力主要指转让背书的效力。转让背书主要有以下三种效力：

1）权利转移。这是背书的基本效力。背书是以背书人转移票据权利为目的的票据行为。被背书人由背书而受让票据后，即取得票据所有权及票据上的一切权利。对善意取得人而言，只要是善意的，即无恶意或无重大过失，从背书连续的汇票持票人那里依背书方式取得票据，即使该背书人为非权利人而背书无效时，善意取得人仍能取得票据权利。

2）担保责任。《票据法》第 37 条规定：背书人以背书转让汇票后，即承担保证其后手所持汇票承兑和付款的责任。背书人在汇票得不到承兑或者付款时，应当向持票人清偿本法第 70 条、第 71 条规定的金额和费用。

3）权利证明。就持票人而言，只要所持票据上的背书为连续时，就应推定其为票据权利人，不需另行举证，即可行使票据权利。就票据债务人而言，当背书连续时，不必要求持票人提出证明，就可向持票人付款；只要票据债务人是善意的，即使向非真正权利人的持票人付了款，也免除其付款责任，无须再向真正的权利人付款。票据债务人若对背书连续的持票人主张其为非票据权利人时，应负举证责任。对于背书不连续的持票人，票据债务人应当拒绝付款，除非其能另行提出其为真正权利人的确切证据，否则付款人对该持票人的付款责任自负。

（5）背书转让的限制情形。主要有以下几种：

1）出票人的限制背书。汇票的出票人在票据上记载“不得转让”字样，汇票不得转让（《票据法》第 27 条）。

2）背书人的限制背书。背书人可以在票据上记载“不得转让”字样，如果其后手再背书转让的，原背书人对后手的被背书人不承担保证责任（《票据法》第 34 条）。

3）附条件背书。背书不得附有条件，背书时附条件的，所附条件不具有汇票上的效力（《票据法》第 33 条）。

4）分别背书和部分背书。将汇票金额的一部分转让的背书或将汇票金额分别转让给二人以上的背书无效（《票据法》第 33 条）。

5）期后背书。期后背书属于无效背书，不能发生一般背书的效力，而只具有通常的债权转让的效力。但期后背书的背书人仍须承担票据责任。《票据法》第 36 条规定：汇票被拒绝承兑、被拒绝付款或者超过付款提示期限的，不得背书转让；背书转让的，背书人应当承担汇票责任。

3. 汇票的承兑、保证与付款

（1）承兑。承兑是汇票特有的一种制度，根据《票据法》第 38 条的规定，承兑是指汇票付款人承诺在汇票到期日支付汇票金额的票据行为。定日付款或者出票后定期付款的汇票，持票人应当在汇票到期日前向付款人提示承兑。提示承兑是指持票人向付款人出示汇票，并要求付款人承诺付款的行为（《票据法》第 39 条）。见票后定期付款的汇票，持票人应当自出票日起一个月内向付款人提示承兑。汇票未按照规定期限提示承兑的，持票人丧失对其前手的追索权。见票即付的汇票无需提示承兑（《票据法》第 40 条）。付款人对向其提示承兑的汇票，应当自收到提示承兑的汇票之日起三日内承兑或者拒绝承兑。付款人收到持票人提示承兑的汇票时，应当向持票人签发收到汇票的回单。回单上应当记明汇票提示承兑日期并签章（《票据法》第 41 条）。付款人承兑汇票的，应当在汇票正面记载“承兑”字样和承兑日期并签章；见票后定期付款的汇票，应当在承兑时记载付款日期。汇票上未记载承兑日期的，以第 41 条第 1 款规定期限的最后一日为承兑日期（《票据法》第 42 条）。

（2）保证。汇票的债务可以由保证人承担保证责任。保证人由汇票债务人以外的他人担当（《票据法》第 45 条）。保证人必须在汇票或者粘单上记载下列事项：表明“保证”的字样；保证人名称和住所；被保证人的名称；保证日期；保证人签章（《票据法》第 46 条）。保证人在汇票或者粘单上未记载“被保证人的名称”的，已承兑的汇票，承兑人为被保证人；未承兑的汇票，出票人为被保证人。保证人在汇票或者粘单上未记载“保证日期”的，出票日期为保证日期（《票据法》第 47 条）。保证不得附有条件；附有条件的，不影响对汇票的保证责任（《票据法》第 48 条）。保证人对合法取得汇票的持票人所享有的汇票权利，承担保证责任。但是，被保证人的债务因汇票记载事项欠缺而无效的除外（《票据法》第 49 条）。被保证的汇票，保证人应当与被保证人对持票人承担连带责任。汇票到期后得不到付款的，持票人有权向保证人请求付款，保证人应当足额付款（《票据法》第 50 条）。保证人为二人以上的，保证人之间承担连带责任（《票据法》第 51 条）。保证人清偿汇票债务后，可以行使持票人对被保证人及其前手的追索权（《票据法》第 52 条）。

（3）付款。提示付款人：提示付款人应为合法持票人。根据《票据法》第 53 条的规定，持票人应当按照下列期限提示付款：①见票即付的汇票，自出票日起一个月内向付款人提示付款；②定日付款、出票后定期付款或者见票后定期付款的汇票，自到期日起十日内向承兑人提示付款。持票人未按照前款规定期限提示付款的，在作出说明后，承兑人或者付款人仍应当继续对持票人承担付款责任。通过委托收款银行或者通过票据交换系统向付款人提示付款的，视同持票人提示付款。

付款程序：付款人必须在当日足额付款（《票据法》第 54 条）；付款人及其代理付款人付款时，应当审查汇票背书的连续，并审查提示付款人的合法身份证明或者有效证件（《票据法》第 57 条）。

二、本票

（一）本票的概念和特征

1. 本票的概念

根据《票据法》第 73 条的规定，本票是出票人签发的，承诺自己在见票时无条件支付确定的金额给收款人或者持票人的票据。这种票据只涉及出票人和收款人两方。出票人签发本票并自负付款义务。《票据法》所称本票，是指银行本票。本票不需经承兑，出票人出票后即负付款责任（《票据法》第 77 条）。

2. 本票的特征

（1）本票是票据的一种，具有一切票据所共有的性质，是无因证券、设权证券、文义证券、要式证券、金钱债权证券、流通证券等。

（2）本票是自付证券，它是由出票人自己对收款人支付并承担绝对付款责任的票据。这是本票和汇票、支票最重要的区别。在本票法律关系中，基本当事人只有出票人和收款人，债权债务关系相对简单。

（3）无须承兑。本票在很多方面适用汇票法律制度。由于本票是由出票人本人承担付款责任，无须委托他人付款，所以，本票无须承兑。

（二）本票的出票、见票和付款

1. 本票的出票

（1）出票人的资格。《票据法》第 74 条规定：本票的出票人必须具有支付本票金额的可靠资金来源，并保证支付。

（2）绝对应记载事项。本票必须记载下列事项：①表明“本票”的字样；②无条件支付的承诺；③确定的金额；④收款人名称；⑤出票日期；⑥出票人签章。本票上未记载前款规定事项之一的，本票无效（《票据法》第 75 条）。

（3）相对应记载事项。本票上记载付款地、出票地等事项的，应当清楚、明确。本票上未记载付款地的，出票人的营业场所为付款地。本票上未记载出票地的，出票人的营业场所为出票地（《票据法》第 76 条）。

2. 本票的见票和付款

（1）本票的见票。《票据法》第 77 条规定：本票的出票人在持票人提示见票时，必须承担付款的责任。第79条规定：本票的持票人未按照规定期限提示见票的，丧失对出票人以外的前手的追索权。

（2）本票的付款。《票据法》第78条规定：本票自出票日起，付款期限最长不得超过二个月。

此外，《票据法》第80条规定：本票的背书、保证、付款行为和追索权的行使，除本章规定外，适用本法第二章有关汇票的规定。本票的出票行为，除本章规定外，适用本法第24条关于汇票的规定。

三、支票

（一）支票的概念、特征和种类

1. 支票的概念

根据《票据法》第81条的规定，支票是出票人签发的，委托办理支票存款业务的银行或者其他金融机构在见票时无条件支付确定的金额给收款人或者持票人的票据。

支票必须记载下列事项：（1）表明“支票”的字样；（2）无条件支付的委托；（3）确定的金额；（4）付款人名称；（5）出票日期；（6）出票人签章。支票上未记载上述规定事项之一的，支票无效（《票据法》第84条）。支票上的金额可以由出票人授权补记，未补记前的支票，不得使用（《票据法》第85条）。支票上未记载收款人名称的，经出票人授权，可以补记。支票上未记载付款地的，付款人的营业场所为付款地。支票上未记载出票地的，出票人的营业场所、住所或者经常居住地为出票地。出票人可以在支票上记载自己为收款人（《票据法》第86条）。支票限于见票即付，不得另行记载付款日期。另行记载付款日期的，该记载无效（《票据法》第90条）。

2. 支票的特征

（1）支票是票据的一种，它和汇票、本票一样具有票据所具有的共同特征。

（2）支票是见票即付的票据，不像汇票、本票有即期和远期之分。其原因在于，支票是支付证券，其主要功能在于代替现金进行支付。

（3）支票的无因性受到一定限制。根据我国《票据法》第87条的规定，支票的出票人所签发的支票金额不得超过其付款时在付款人处实有的存款金额。出票人签发的支票金额超过其付款时在付款人处实有的存款金额的，为空头支票。禁止签发空头支票。

3. 支票的种类

（1）以支票上权利人的记载方式为标准，可以分为记名支票、无记名支票和指示支票。我国《票据法》第 84 条未将支票的收款人名称作为法定绝对必要记载事项，而第 86 条规定，支票上未记载收款人名称的，经出票人授权，可以补记。显然，我国承认无记名支票的存在。

（2）以支票的付款方式为标准，可以分为现金支票和转账支票。现金支票只能用来支取现金；转账支票只能用来转账，不能支取现金。《票据法》第 83 条规定：支票可以支取现金，也可以转账，用于转账时，应当在支票正面注明。支票中专门用于支取现金的，可以另行制作现金支票，现金支票只能用于支取现金。支票中专门用于转账的，可以另行制作转账支票，转账支票只能用于转账，不得支取现金。

（3）以支票当事人是否兼任为标准，可以分为一般支票和变式支票。变式支票又分为对己支票（出票人自己为付款人）、指己支票（出票人自己为收款人）、付受支票（付款人也是收款人）。《票据法》第 86 条第 4 款规定，出票人可以在支票上记载自己为收款人。

（二）支票的出票和付款

1. 支票的出票

支票的出票人不得签发与其预留本名的签名式样或者印鉴不符的支票（《票据法》第 88 条）。

2. 支票的付款

出票人必须按照签发的支票金额承担保证向该持票人付款的责任。出票人在付款人处的存款足以支付支票金额时，付款人应当在当日足额付款（《票据法》第 89 条）。

支票的持票人应当自出票日起十日内提示付款；异地使用的支票，其提示付款的期限由中国人民银行另行规定。超过提示付款期限的，付款人可以不予付款；付款人不予付款的，出票人仍应当对持票人承担票据责任（《票据法》第 91 条）。

付款人依法支付支票金额的，对出票人不再承担受委托付款的责任，对持票人不再承担付款的责任。但是，付款人以恶意或者有重大过失付款的除外（《票据法》第 92 条）。

此外，《票据法》第 93 条规定，支票的背书、付款行为和追索权的行使，除本章规定外，适用本法第二章有关汇票的规定。支票的出票行为，除本章规定外，适用本法第 24 条、第 26 条关于汇票的规定。

思考练习

一、单选题

1. 在我国，决定商业银行票据贴现利率的机构是（　　）。

A. 商业银行　　B. 中国人民银行

C. 国家金融监督管理总局　　D. 证券交易所

2. 出票是指出票人签发票据并（　　）的票据行为。

A. 将其背书给被背书人　　B. 将其交付给收款人

C. 将其交付给付款人　　D. 将其交付给承兑人

3. 法人和其他使用票据的单位在票据上的签章，为（　　）。

A. 该法人或该单位的盖章

B. 该法人或者该单位的盖章加其法定代表人或者其授权的代理人的签章

C. 该法人的法定代表人的签章

D. 该法人的法定代表人授权的代理人的签章

4. 根据《票据法》，下列哪项不是票据的基本特征？（　　）

A. 流通性　　B. 无因性　　C. 可转让性　　D. 唯一性

5. 下列票据中没有保证关系的票据是（　　）。

A. 商业承兑汇票　　B. 银行本票

C. 转账支票　　D. 银行承兑汇票

二、多选题

1. 票据权利包括（　　）。

A. 背书权　　B. 拒绝承兑权　　C. 付款请求权　　D. 追索权

2. 票据上的记载事项必须符合本法的规定。（　　）不得更改，更改的票据无效。

A. 票据金额　　B. 背书人名称　　C. 日期　　D. 收款人名称

3. 汇票到期被拒绝付款的，持票人可以对（　　）行使追索权。

A. 付款人　　B. 背书人

C. 出票人　　D. 汇票的其他债务人

4. 汇票必须记载的事项有（　　）。

A. 确定的金额　　B. 付款人名称

C. 收款人名称　　D. 出票人签章

5. 支票付款人的票据义务是（　　）。

A. 无条件支付支票金额　　B. 审查背书的连续性

C. 审查持票人的真实身份　　D. 担保支票能够得到付款

三、案例分析题

甲公司向某工商银行申请一张银行承兑汇票，该银行做了必要的审查后受理了这份申请，并依法在票据上签章。甲公司得到这张票据后没有在票据上签章便将该票据直接交付给乙公司作为购货款。乙公司又将此票据背书转让给丙公司以偿债。到了票据上记载的付款日期，丙公司持票向承兑银行请求付款时，该银行以票据无效为理由拒绝付款。

问

（1）从以上案情来看，汇票是否有效？为什么？

（2）根据我国《票据法》关于汇票出票行为的规定，有效汇票应该记载哪些事项？

（3）本案中，银行可以拒绝付款吗？为什么？

第八章 ▶ 证券市场信息披露与证券欺诈

本章导读

在上市公司信息披露真实、准确、完整、及时的情况下，投资者的投资行为是其意思自治的结果。上市公司信息的真实、准确、完整、及时将直接决定着股票价格和投资成败。要保证上市公司披露的信息符合真实、准确、完整、及时的要求，既依赖上市保荐制度和上市后督导制度，依赖券商、会计师事务所和律师事务所的尽职调查，更依赖以信息披露为重点的、由侧重事先准入的监管变为侧重事中和事后的全过程监管。可以说，建立健全以信息披露为中心的股票发行上市制度，其重点不在于"上市"本身，而在于上市后的监管。要保障信息披露制度的落实必须保证这个制度有足够的威慑力。目前，证券欺诈民事维权存在着认定难、立案难、取证难、赔偿难等诸多困难，对违法违规者构不成震慑力。必须尊重各类金融产品的定价规律，重视市场预警机制，强化多渠道、宽领域的监管与监督。

学习目标

1. 了解信息披露的价值、形式、内容及违规的法律后果；
2. 掌握虚假陈述的表现形式及其法律责任；
3. 掌握内幕交易的表现形式及其法律责任；
4. 掌握操纵市场的表现形式及其法律责任。

第一节　信息披露制度

案例导入

董某序与大连大福控股股份有限公司、代某、周某林证券虚假陈述责任纠纷案

原告董某序与被告大连大福控股股份有限公司（以下简称大福控股）、代某、周某林证券虚假陈述责任纠纷一案，辽宁省大连市中级人民法院（以下简称大连市中院）于2020年1月10日立案后，公开开庭进行了审理。

董某序向大连市中级人民法院提出诉讼请求：1. 大福控股、代某、周某林赔偿经济损失26 246.67元（包括投资差额损失26 161元，印花税及佣金手续费85.67元），投资差额损失的利息141.66元；2. 诉讼费由大福控股、代某、周某林承担。事实和理由：董某序根据大福控股的信息披露公告，认为大福控股已经进行了真实、充分、完整、及时、准确的信息披露，并根据信息披露情况对“大连控股”股票进行投资，造成损失。证监会处罚认定大福控股的违法事实为：……。根据《最高人民法院关于审理证券市场因虚假陈述引发的民事赔偿案件的若干规定》的规定（以下简称《若干规定》），三被告应对投资者的上述经济损失承担赔偿责任。

大福控股辩称，不同意董某序的诉讼请求。第一，虽然大福控股因信息披露违反《证券法》遭受行政处罚，但行政处罚并不必然导致大福控股负有证券侵权民事责任。第二，涉案行为不具有重大性。第三，董某序的投资决定与大福控股的涉案行为之间不存在交易因果关系，大福控股隐瞒、延迟披露的行为并没有导致董某序做出错误的投资判断。第四，董某序的案涉诉请已超过诉讼时效，丧失胜诉权。

周某林与代某均未参加庭审，未作答辩。

大连市中级人民法院认为，信息披露制度是证券市场存在与发展的基石，是维护投资者利益的重要保障。证券虚假陈述是对信息披露义务的违反，损害了投资者获取真实准确的公开信息的权利，并进而损害其财产权益。因此，信息披露义务人实施了虚假陈述行为后，应对由此受损的投资者进行赔偿。综合原、被告双方的诉辩理由，本案的争议焦点为：1. 被告大福控股被中国证券监督管理委员会大连监管局1号处罚决定所处罚的行为是否构成重大事件，被告大福控股的行为是否属于《证券法》和《若干规定》中规定的“虚假陈述”；2. 本案虚假陈述的实施日、揭露日、基准日如何确定；3. 被告大福控股的被处罚行为与原告董某序主张的损害结果之间是否存在符合《若干规定》中规定的因果关系；4. 原告董某序购买“大连控股”股票至虚假陈述揭露日期间是否存在证券市场系统风险，被告大福控股所称经营不善、重组失败是否为《若干规定》第十九条第四项中因果关系的否定情形；5. 原告董某序主张的损失数额如何确定。

大连市中级人民法院认为，被告的行为属于《证券法》和《若干规定》中规定的“虚假陈述”；与原告董某序主张的损害结果之间具有因果关系，但原告董某序买卖“大连控股”股票所受损失不能完全归责于被告大福控股的虚假陈述行为；被告代某、周某林系与被告大福控股构成案涉共同虚假陈述，应对原告董某序的投资损失承担连带责任……

大连市中级人民法院判决如下：被告大连大福控股股份有限公司于本判决生效之日起十日内赔偿因虚假陈述给原告董某序造成的经济损失13 161元；被告代某、周某林对被告大连大福控股股份有限公司的前述第一项债务承担连带赔偿责任；驳回原告董某序的其他诉讼请求。

资料来源：（2020）辽02民初40号民事判决书。

【点评】

本案值得关注的地方是，法院认为被告大福控股未披露对外提供担保和涉及公司重大诉讼事项的情形构成重大事件，被告的行为属于《证券法》和《若干规定》（2003）中规定的“虚假陈述”。在判决书中，法院陈述其主要理由如下：《若干规定》（2003）第十七条规定，证券市场虚假陈述，是指信息披露义务人违反证券法律规定，在证券发行或者交易过程中，对重大事件作出违背事实真相的虚假记载、误导性陈述，或者在披露信息时发生重大遗漏、不正当披露信息的行为。其特别强调的是“对重大事件作出违背事实真相的虚假记载、误导性陈述，或者在披露信息时发生重大遗漏、不正当披露信息的行为”才构成虚假陈述。《若干规定》（2003）第十七条第二款进而规定：“对于重大事件，应当结合证券法①第五十九条、第六十条、第六十一条、第六十二条、第七十二条及相关规定的内容认定。”修改后的《证券法》（2019）相对应的是第78、80、81条规定。该法第80条第2款、第81条第2款和《上市公司信息披露管理办法》

① 此处指1998年的《证券法》。

第22条第2款以列举方式明确规定了构成“重大事件”的情形，“涉及公司的重大诉讼”、“公司订立重要合同……可能对公司的资产、负债、权益和经营成果产生重要影响”和“报告期内重大诉讼、仲裁等重大事件及对公司的影响”属于上市公司应中期报告和立即报告、公告的“重大事件”。本案中，被告未经相关决策程序对外提供担保和发生涉及公司的重大诉讼事项，属于对公司的资产、负债、权益和经营成果产生重要影响之情形，应予依法报告和公告。

一、信息披露概述

（一）信息披露的概念和特征

1. 信息披露的概念

信息披露制度有广义和狭义之分。广义的证券信息披露制度包括涉及证券市场信息公开事宜的所有法律制度；狭义的证券信息披露制度是指证券发行公司于证券的发行与流通诸环节中，为维护公司股东或债券人的合法权益，依法将与其证券相关的一切真实信息予以公开，以供投资者作证券投资判断参考的法律制度。

关于上市公司证券信息披露制度应包括的内容，各国立法大体一致，一般主要分为五大部分：公司业务和生产设施状况的说明；公司证券及其市场信息的说明；公司财务资料和财务报表；管理层对公司财务状况和经营业绩的讨论和分析；高级管理人员的经验、报酬及利益冲突等有关资料。也就是说，凡属于可能对公司证券价格产生重大影响的信息，有助于平息对公司证券造市或操纵情况的信息，可能影响证券持有人利益的证券信息和涉及证券持有人公平待遇的信息，均在披露之列。

上述信息披露依据披露内容可分为证券发行市场的信息披露和证券流通市场的信息披露两部分。其中，证券发行市场的信息披露中最主要的信息公开文件是招募说明书，它是发行人向特定人或非特定人发出的邀请其认购或购买公司证券的书面意思表示，其宗旨在于让投资者了解发行人的有关情况，使投资者得以对证券的投资价值和特质作出估价。同时，它还是发行人向证券监管机关申报发行证券的重要法律文件，是证券监管机关对发行人的财务、营业等状况进行实质性审查，以确定是否符合发行条件的重要依据。证券流通市场的信息披露是指证券在有组织的证券交易所和场外交易市场进行交易理应公开的信息。为防止证券市场上的欺诈和操纵行为，便于投资者及时、准确地掌握市场信息，上市公司必须定期向公众公开其经营的财务状况，以及及时地、不定期地提供可能对上市公司证券买卖活动及价格有重大影响的任何消息，保证投资者能够获得足够的分析研究资料，作出理智的投资决策，通过证券市场运作，形成公开的市场价格，促进证券交易迅速合理，以保证投资者的交易安全，形成有效率的交易市场，促进国民经济健康发展。

2. 信息披露制度的特征

（1）信息披露制度是一种正式约束。这种正式约束性表现在两个方面：首先，信息披露制度是以法律法规的方式正式颁布的，而不是由民间或这一制度的执行主体自行约定的。其次，由于它是法律主管部门规定的，因此，它也具有法律的强制执行效力，即可以由法律执行机关强制其执行。

（2）信息披露的规范对象是所有与证券发行、交易有关的主体。其中，信息披露主体主要由证券发行人和特定状况下的投资人组成。作为证券发行人，其获得市场融资资格与融通资金的代价之一就是向社会公众也就是潜在的投资者公布所有与证券发行相关的信息，使得投资者能够据此判断该证券的投资价值。所谓特定状况下的投资人，是指已实施了投资行为且其投资、买卖行为有可能对该证券价格乃至这个证券市场产生一定影响的投资人。

（3）信息披露具有受众广泛性。虽然信息披露制度的规范对象是特定的，但其服务对象却是广泛的，包括市场中已有的购买者和潜在的购买者。从长远的角度来看，市场中已有的投资者都有可能是某种证券的潜在购买者，而且市场外部的资金也随时有可能介入市场而成为某种证券的潜在购买者。可以说，信息披露制度面对的是这个社会，受众相当广泛。

（4）信息披露制度具有连续性。对于证券发行者而言，一旦其证券获得在市场上出售的资格，就要按照有关的规定披露相关的信息。在证券发行上市后，它仍然要持续地、定期和不定期地向投资者公布可能影响证券现有价格的有关信息。

（二）信息披露的形式、途径和内容

1. 信息披露的形式

上市公司信息披露的载体主要表现为招股说明书、募集说明书、上市公告书、定期报告和临时报告等文件。其中，招股说明书指拟上市公司（发行人）在其股票首次公开发行（IPO）前公告的文件；募集说明书的内容主要涉及上市公司进行债券发行、配股、定向增发股票等再融资行为时需予以公开披露的信息；上市公告书主要包含对招股说明书所涉及的信息的概要说明以及公司近期与上市有关的财务信息两部分；定期报告是一系列以会计期间为标准划分的反映上市公司运行状况的文件，主要包括年

度报告、半年度报告；临时报告指面临突发的对上市公司股票价格产生较大影响的事件（如公司高管人员的变动，经营范围发生变化，公司主要办公场所的变更等）时，上市公司需向社会公开与该事件有关的信息，是上市公司持续履行信息披露义务的客观要求，上市公司及时披露临时报告克服了定期报告对证券市场变动反映的滞后性，能够有效地降低证券市场上信息不对称的程度，使得广大投资者能够及时了解相关情况，并依据自身的风险承受度做出合理的投资决策。

2. 信息披露的途径

针对指定披露传统媒介，上市公司应当将需进行信息披露的文件刊登在中国证券监督管理委员会（以下简称中国证监会）指定的全国性期刊上；同时，随着互联网信息传播平台的迅速发展，中国证监会官方网站（含各地证券监督管理派出机构）、沪深证券交易所官方网站以及巨潮资讯网作为证监会指定的上市公司信息披露平台，其为投资者查询各上市公司的重大公告提供了便利的条件。

上市公司也可以将需要披露的相关信息置于本公司或者关联方的公司网站以及相关中介机构如证券公司、律师事务所、会计师事务所等的官方网站，以便投资者可以多渠道查询；在特殊情况下上市公司还可以通过召开信息发布会、网络电视直播等形式进行公告，增强信息的互动性。

在信息披露程序上，上市公司在指定媒介进行信息披露前应当向中国证监会报告，中国证监会可以对上市公司信息的披露时机、方式和内容提出要求。针对相关信息，上市公司应当将资料副本同时报中国证监会、沪深证券交易所、中国证券业协会等机构备案，同时应在公司住所地和交易网点、营业部门或分公司备置，以便投资者及时进行查阅。

3. 信息披露的内容

（1）重大融资信息披露。涉及重大融资信息披露的文件是招股说明书、募集说明书。其中，拟上市公司招股说明书中需披露的主要内容根据《公开发行证券的公司信息披露内容与格式准则第 57 号——招股说明书》（2023 年）的规定，除发行人因信息披露可能违反国家保密规定或者严重损害公司利益外，发行人（拟上市公司）应当在招股说明书中披露以下主要内容：发行概览、风险因素、发行人基本情况、业务与技术、财务会计信息与管理层分析、募集资金运用与未来发展规划、公司治理与独立性、投资者保护、其他重要事项。其他重要事项包括：对报告期经营活动、财务状况或未来发展等具有重要影响的已履行、正在履行和将要履行的合同情况，对外担保情况，对财务状况、经营成果、声誉、业务活动、未来前景等可能产生较大影响的诉讼或仲裁事项，以及控股股东或实际控制人、子公司，发行人董事、监事、高级管理人员和其他核心人员作为一方当事人可能对发行人产生影响的刑事诉讼、重大诉讼或仲裁事项。上市公司募集说明书中需披露的主要内容根据《公开发行证券的公司信息披露内容与格式准则第 34 号——发行优先股募集说明书》(2023 年)、《公司债券发行与交易管理办法》(2023 年)及《公开发行证券的公司信息披露内容与格式准则第 24 号——公开发行公司债券申请文件》(2023 年)而定，上市公司以发行优先股或者债券(含可转债)的方式筹集资金时，应当制作募集说明书并予以披露。

(2) 持续性信息披露。持续性信息披露的载体包括定期报告和临时报告。根据《上市公司信息披露管理办法》规定，上市公司应当披露的定期报告包括年度报告、中期报告。其中，年度报告应当在每个会计年度结束之日起 4 个月内，中期报告应当在每个会计年度的上半年结束之日起 2 个月内。定期报告反映的是公司运行的相关信息，公司运行的情况与公司股东尤其是中小投资者的利益密切相关，上市公司应当依据《公开发行证券的公司信息披露内容与格式准则第 2 号——年度报告的内容与格式》(2025 年)、《公开发行证券的公司信息披露内容与格式准则第 3 号——半年度报告的内容与格式》(2025 年)的规定进行公司报告的定期披露。

与此同时，临时报告适用的是“价格敏感标准”，即凡是能对证券市场上公司股票价格客观上产生较大影响的信息都应当进行披露。此处不再赘述。

二、信息披露法律制度的主要内容

(一) 信息披露法律制度的现状

当前，我国就上市公司信息披露制度已经形成了较为成熟的法律体系：《证券法》和《公司法》对上市公司信息披露义务做出了原则性的规定，《刑法》通过刑事责任的承担对资本市场上的信息披露违法行为产生了一定的震慑作用；《国务院关于股份有限公司境内上市外资股的规定》《股票发行与交易管理暂行条例》等行政法规对证券市场的特定领域的信息披露工作做出了具体性规定；中国证监会制定的一系列部门规章以《上市公司信息披露管理办法》为核心，以《公开发行证券的公司信息披露内容与格式准则》为具体操作指引，对实务中上市公司信息披露义务的履行具有极为重要的指导性意义。除上述规定外，相关自律性机构如中国证券业协会、沪深交易所等，其制定的《中国证券业协会自律措施实施办法》以及《上海证券交易所股票上市规则》等自律性文件亦对上市公司信息披露义务进行了规范。与此同时，当前我国正逐步建立与国际会计准则接轨的《企业会计准则》体系与审计准则体系，对提高上市公司信息披露的内容产生了良好的规范效果。

综上，我国已经初步建立了较为完善的全方位、多层次的信息披露制度体系。按照法律效力的强弱，可以将该体系分为四个层次：

1. 基本法律层次

主要指国家立法机关（全国人民代表大会和全国人大常委会）制定的各种相关法律，包括《证券法》《会计法》《公司法》《注册会计师法》，其具有最高的法律效力，是对证券市场信息披露行为的总体性要求。

2. 行政法规层次

主要指国务院制定的规范证券市场的行政法规，包括《上市公司股东大会规则》《股票发行与交易管理暂行条例》《中华人民共和国外资银行管理条例》等。

3. 部门规章层次

主要指证券监督管理委员会制定的规范信息披露行为的规章，如《公开发行证券的公司信息披露内容与格式准则》《上市公司信息披露管理办法》等。总体而言，部门规章是在基本法律和行政法规的基础上做出的具体规定，其主要是为了落实基本法律而做出具体的细节规定。

4. 自律规范层次

主要包括证券交易所制定的市场规则和行业协会制定的行业守则，如《深圳证券交易所股票上市规则》《深圳证券交易所股票上市公告书内容与格式指引》等。这些自律规则一般是基于某种授权而制定的，具有一定的强制约束力。

（二）违反信息披露法律制度的责任

1. 刑事责任

相关规定主要有：

（1）《证券法》第 219 条规定：违反本法规定，构成犯罪的，依法追究刑事责任。

（2）在《刑法》中，第 160 条规定了欺诈发行证券罪，第 161 条规定了违规披露、不披露重要信息罪，第 180 条规定了内幕交易、泄露内幕信息罪和利用未公开信息交易罪，第 181 条规定了编造并传播证券、期货交易虚假信息罪，第 182 条规定了操纵证券、期货市场罪，第 229 条规定了提供虚假证明文件罪。这些法条都对关于信息披露的犯罪行为进行了详细规定，分别在犯罪主体、犯罪客观方面、犯罪主观方面做出了科学严谨的描述。

上述罪名有两个特点：一是入罪门槛高，这些罪名成立的客观要件都要求数额巨大、情节严重；二是量刑比较轻。司法实践中，这些犯罪行为的量刑结果大多是罚金几十万元和有期徒刑5年以下，威慑效果有待进一步强化。

2. 行政责任

《证券法》第197条规定：信息披露义务人未按照本法规定报送有关报告或者履行信息披露义务的，责令改正，给予警告，并处以五十万元以上五百万元以下的罚款；对直接负责的主管人员和其他直接责任人员给予警告，并处以二十万元以上二百万元以下的罚款。发行人的控股股东、实际控制人组织、指使从事上述违法行为，或者隐瞒相关事项导致发生上述情形的，处以五十万元以上五百万元以下的罚款；对直接负责的主管人员和其他直接责任人员，处以二十万元以上二百万元以下的罚款。

此外，《证券法》第181条、第193条、第211条等，均有涉及违反信息披露要求行为的后果的具体规定，包含“责令改正、给予警告、处以罚款”等内容。

3. 民事责任

我国《证券法》针对证券违法行为设置了民事赔偿条款，但主要是原则性的宽泛规定，具体的责任承担方式的设定尚不够完善，实际操作性不强；而且它在赔偿原则和赔偿范围方面坚持“填平原则”，即以赔偿投资者的实际损失为限，机会成本等间接损失不予考虑。在这种情况下，当投资者的利益受到侵犯时，可选的方法通常有两种：基于合同法理论获得救济或者基于侵权法理论获得救济。

第二节 虚假陈述及其法律责任

▶ 案例导入

沈某与河南亚太能源科技股份有限公司、张某林新增资本认购纠纷案

原告沈某与被告河南亚太能源科技股份有限公司（以下简称亚太公司）、张某林新增资本认购纠纷一案，原告于2019年3月7日向本院提起诉讼。河南省商丘市梁园区人民法院（以下简称梁园区法院）受理后，公开开庭审理了本案。

原告沈某向本院提出诉讼请求：1. 判决被告亚太公司赔偿原告损失338 000元及利息38 000元。2. 两被告依法承担连带责任；诉讼费用由两被告承担。事实和理由：因亚太公司与原告签署完《股权认购委托协议》后宣布定增失败，原告未开通新三板账户，原告所认购的股份在全国股转系统并未完成登记。由于亚太公司在定增股份时未及时披露企业年报、关于公司涉及的重大诉讼、公司及控股股东被列为失信被执行人等信息导致原告向张某林转款30万元，致使原告自2017年8月8日因证券交易损失30万元。张某林作为亚太公司的董事兼总经理在原告要求其出具收据时仍选择隐瞒相关信息，因此两被告应当承担连带赔偿责任。

被告亚太公司辩称：首先，定增股票是公司的业务，签订的有转让股票协议，承诺做业绩在合同上也有体现，这都是事实。因为股转公司停盘，无法给原告转让股票，不是公司故意的，是客观原因存在。其次，公司也让原告去开通新三板账户，不开通该账户无法进行股票交易，他们没有开通该账户，这也是无法交易的原因，无法交易不是公司造成的。

被告张某林辩称：我是受公司董事长刘某军委托办理此项业务的，履行的是职务行为，不应承担连带责任。

梁园区法院认为，原、被告签订的《股票发行认购委托协议》系当事人真实意思表示，内容不违背法律、行政法规的强制性规定，该协议合法有效。本案中，原告按约支付了股票认购款30万元，因被告亚太公司原因导致定增股权不能实现，双方合同无法履行，被告亚太公司构成根本性违约，进而使原告合同目的不能实现。新增资本认购是指有限责任公司新增资本认购、股份有限公司发行新股的认购行为，原告与两被告签订《股票发行认购委托协议》的行为，其目的是认购被告亚太公司发行的定增股票，原、被告之间的法律关系构成新增资本认购法律关系。原告主张被告未及时披露公司年报、重大诉讼等信息，给原告造成股票认购款的经济损失，被告亚太公司的行为违反股票发行公开的原则。虚假陈述是指证券市场的参与主体及相关人员违反证券信息披露制度，在证券活动中作出虚假陈述或者信息误导的行为，其具体表现为虚假记载、误导性陈述、重大遗漏、不正当披露等，故证券虚假陈述责任法律关系与新增资本认购纠纷不是同一法律关系；且按照《最高人民法院关于审理证券市场因虚假陈述引发的民事赔偿案件的若干规定》第三条规定“因下列交易发生的民事诉讼，不适用本规定：（一）在国家批准设立的证券市场以外进行的交易；（二）在国家批准设立的证券市场上通过协议转让方式进行的交易”，本案中，原、被告是通过协议的方式进行交易，故不属于虚假陈述的法律关系的范畴；第六条规定“投资人以自己受到虚假陈述侵害为由，依据有关机关的行政处罚决定或人民法院的刑事裁判文书，对虚假陈述行为人提起的民事赔偿诉讼，符合民事诉讼法第一百零八条的，人民法院应当受理”，原告主张应提交被告因未披露或重大遗漏信息的相关行政部门作出的行政处罚决定书，现已提交的河南证监局实施出示函措施的决定的公告，其内容不是针对被告亚太公司定增股权的问题，且也不属于行政处罚的性质，故原告对自己的主张应承担举证不能的法律后果。依照《中华人民共和国民事诉讼法》第六十四条、《最高人民法院关于审理证券市场因虚假陈述引发的民事赔偿案件的若干规定》第六条之规定，判决如下：

驳回原告沈某诉讼请求。

资料来源：(2019) 豫1402民初3237号民事判决书。

【点评】

本案要点在于对虚假陈述的具体认定。法院指出，虚假陈述是指证券市场的参与主体及相关人员违反证券信息披露制度，在证券活动中作出虚假陈述或者信息误导的行为，其具体表现为虚假记载、误导性陈述、重大遗漏、不正当披露等，故证券虚假陈述责任法律关系与新增资本认购纠纷不是同一法律关系；且按照《最高人民法院关于审理证券市场因虚假陈述引发的民事赔偿案件的若干规定》第三条规定“因下列交易的民事诉讼，不适用本规定：（一）在国家批准设立的证券市场以外进行的交易；（二）在国家批准设立的证券市场上通过协议转让方式进行交易”，鉴于在本案中，原、被告是通过协议的方式进行交易，因此法院认定双方之间的情形不属于虚假陈述责任法律关系的范畴。

一、虚假陈述概述

（一）虚假陈述的概念

根据我国有关法律的规定，上市公司需要对其经营状况和前景进行定期披露，使得证券市场的监管者和投资主体能够实时或者定期跟进其动态，否则，上市公司的经营行为会由于缺乏监督和有效的预防而出现不良状况。有学者认为：“虚假陈述，应当是广泛包括了各种违反信息披露义务的行为，行为人在其出具的披露文件中有虚假记载、误导性陈述或者重大遗漏等问题出现，都可以认定其行为属于虚假陈述。”还有学者认为：“虚假陈述指包括证券市场主体和相关人员在内的个体，对证券活动中的有关事实、性质判断以及对未来前景预测等诸多事项作出不准确的陈述，并最终致使投资者不了解真相而出现投资损失的行为。”《最高人民法院关于审理证券市场因虚假陈述侵权民事赔偿案件的若干规定》第 4 条则将证券虚假陈述界定为“信息披露义务人违反法律、行政法规、监管部门制定的规章和规范性文件关于信息披露的规定，在披露的信息中存在虚假记载、误导性陈述或者重大遗漏的”。

（二）证券虚假陈述的表现形式

证券虚假陈述的表现形式指的是虚假陈述行为的外在表现方式，主要可分为三种：虚假记载、误导性陈述和重大遗漏。

1. 虚假记载

虚假记载指信息披露义务人在披露信息时，将不存在的事实在信息披露文件中予以记载的行为。虚假记载是作为的虚假陈述行为，是最为常见的虚假陈述行为之一，如年度报告虚增利润、虚构未签署的合同、虚构不存在的资产等。

2. 误导性陈述

误导性陈述指虚假陈述行为人在信息披露文件中或者通过媒体，作出使投资人对其投资行为发生错误判断并产生重大影响的陈述。误导性陈述可能是在语言的表述上存在歧义，或者意思模糊不清，导致投资者产生与事实不相符合的认识。

3. 重大遗漏

重大遗漏指信息披露义务人在信息披露文件中，未将应当记载的事项完全或者部分予以记载。从责任主体主观心态区分，重大遗漏可以分为过失遗漏和故意遗漏；从遗漏行为程度区分，可以分为全部遗漏和部分遗漏。不管是哪种类型的重大遗漏，其后果都是因为重要内容未被披露，导致投资者产生错误的判断，做出错误的投资决策。

二、虚假陈述的法律责任

（一）刑事责任

相关规定主要有：

（1）《证券法》第 219 条规定：违反本法规定，构成犯罪的，依法追究刑事责任。

（2）欺诈发行证券罪。《刑法》第 160 条规定：在招股说明书、认股书、公司、企业债券募集办法等发行文件中隐瞒重要事实或者编造重大虚假内容，发行股票或者公司、企业债券、存托凭证或者国务院依法认定的其他证券，数额巨大、后果严重或者有其他严重情节的，处五年以下有期徒刑或者拘役，并处或者单处罚金；数额特别巨大、后果特别严重或者有其他特别严重情节的，处五年以上有期徒刑，并处罚金。控股股东、实际控制人组织、指使实施前款行为的，处五年以下有期徒刑或者拘役，并处或者单处非法募集资金金额百分之二十以上一倍以下罚金；数额特别巨大、后果特别严重或者有其他特别严重情节的，处五年以上有期徒刑，并处非法募集资金金额百分之二十以上一倍以下罚金。单位犯前两款罪的，对单位判处非法募集资金金额百分之二十以上一倍以下罚金，并对其直接负责的主管人员和其他直接责任人员，依照第一款的规定处罚。

（3）违规披露、不披露重要信息罪。《刑法》第 161 条规定：依法负有信息披露义务的公司、企业向股东和社会公众提供虚假的或者隐瞒重要事实的财务会计报告，或者对依法应当披露的其他重要信息不按照规定披露，严重损害股东或者其他人利益，或者有其他严重情节的，对其直接负责的主管人员和其他直接责任人员，处五年以下有期徒刑或者拘役，并处或者单处罚金；情节特别严重的，处五年以上十年以下有期徒刑，并处罚金。

（二）行政责任

《证券法》第 182 条规定：保荐人出具有虚假记载、误导性陈述或者重大遗漏的保荐书，或者不履行其他法定职责的，责令改正，给予警告，没收业务收入，并处以业务收入一倍以上十倍以下的罚款；没有业务收入或者业务收入不足一百万元的，处以一百万元以上一千万元以下的罚款；情节严重的，并处暂停或者撤销保荐业务许可。对直接负责的主管人员和其他直接责任人员给予警告，并处以五十万元以上五百万元以下的罚款。

第 193 条规定：违反本法第 56 条第 1 款、第 3 款的规定，编造、传播虚假信息或者误导性信息，扰乱证券市场的，没收违法所得，并处以违法所得一倍以上十倍以下的罚款；没有违法所得或者违法所得不足二十万元的，处以二十万元以上二百万元以下的罚款。违反本法第 56 条第 2 款的规定，在证券交易活动中作出虚假陈述或者信息误导的，责令改正，处以二十万元以上二百万元以下的罚款；属于国家工作人员的，还应当依法给予处分。

第 197 条第 2 款规定：信息披露义务人报送的报告或者披露的信息有虚假记载、误导性陈述或者重大遗漏的，责令改正，给予警告，并处以一百万元以上一千万元以下的罚款；对直接负责的主管人员和其他直接责任人员给予警告，并处以五十万元以上五百万元以下的罚款。发行人的控股股东、实际控制人组织、指使从事上述违法行为，或者隐瞒相关事项导致发生上述情形的，处以一百万元以上一千万元以下的罚款；对直接负责的主管人员和其他直接责任人员，处以五十万元以上五百万元以下的罚款。

第 211 条规定：证券公司及其主要股东、实际控制人违反本法第 138 条的规定，未报送、提供信息和资料，或者报送、提供的信息和资料有虚假记载、误导性陈述或者重大遗漏的，责令改正，给予警告，并处以一百万元以下的罚款；情节严重的，并处撤销相关业务许可。对直接负责的主管人员和其他直接责任人员，给予警告，并处以五十万元以下的罚款。

第 213 条第 3 款规定：证券服务机构违反本法第 163 条的规定，未勤勉尽责，所制作、出具的文件有虚假记载、误导性陈述或者重大遗漏的，责令改正，没收业务收入，并处以业务收入一倍以上十倍以下的罚款，没有业务收入或者业务收入不足五十万元的，处以五十万元以上五百万元以下的罚款；情节严重的，并处暂停或者禁止从事证券服务业务。对直接负责的主管人员和其他直接责任人员给予警告，并处以二十万元以上二百万元以下的罚款。

（三）民事责任

《证券法》第 85 条、163 条，最高人民法院 2022 年发布的《关于审理证券市场因虚假陈述侵权民事赔偿案件的若干规定》，对于证券市场中因虚假陈述引发的民事赔偿诉讼作出了特别规定。其最大突破在于，对于证券虚假陈述的民事诉讼中的因果关系采取了推定的方式，极大地减少了受害投资者的举证责任。

1. 因果推定

投资者在虚假陈述实施日及以后，至揭露日或者更正日之前买入该证券，在虚假陈述揭露日或者更正日及以后，因卖出该证券发生亏损，或者因持续持有该证券而产生亏损，即推定投资者的损失与虚假陈述行为之间存在因果关系。

2. 投资差额损失

（1）在基准日及以前卖出证券的，投资人的投资差额损失，以买入证券平均价格与实际卖出证券平均价格之差，乘以投资人所持证券的数量计算。

（2）在基准日之后卖出或者仍持有证券的，投资人的投资差额损失，以买入证券平均价格与虚假陈述揭露日或者更正日起至基准日期间，每个交易日收盘价的平均价格之差，乘以投资人所持证券的数量计算。

3. 连带赔偿责任

发行人、上市公司公告的招股说明书、公司债券募集办法、财务会计报告、上市报告文件、年度报告、中期报告、临时报告以及其他信息披露资料，有虚假记载、误导性陈述或者重大遗漏，致使投资者在证券交易中遭受损失的，发行人、上市公司应当承担赔偿责任。

（1）发行人、上市公司的董事、监事、高级管理人员和其他直接责任人员以及保荐人、承销的证券公司，应当与发行人、上市公司承担连带赔偿责任，但是能够证明自己没有过错的除外。

（2）发行人、上市公司的控股股东、实际控制人有过错的，应当与发行人、上市公司承担连带赔偿责任。

（3）证券服务机构在其制作、出具的文件有虚假记载、误导性陈述或者重大遗漏，给他人造成损失的，应当与发行人、上市公司承担连带赔偿责任，但是能够证明自己没有过错的除外。

第三节 内幕交易及其法律责任

▶ 案例导入

郑某内幕交易案

被告人郑某是桂林正翰科技开发有限责任公司实际控制人，广西桂林正翰辐照中心有限责任公司董事长、法定代表人。郑某因涉嫌内幕交易罪、行贿罪于 2018 年 10 月 11 日被逮捕。

湖南省长沙市人民检察院以长检刑一刑诉（2019）7 号起诉书指控被告人郑某涉嫌内幕交易、行贿一案，于 2019 年 6 月 20 日向湖南省长沙市中级人民法院（以下简称长沙市中院）提起公诉。长沙市中院审查受理后，依法组成合议庭，于 2020 年 6 月 18 日公开开庭审理了本案。

长沙市人民检察院指控的内幕交易的事实：

湖南投资集团公司股份有限公司（以下简称湖南投资公司）系上市公司。2004 年，湖南投资公司与长沙市水利建设投资管理有限公司共同成立湖南君逸房地产开发有限公司（以下简称君逸公司），经营、开发长沙市开福区捞刀河南岸五合垸约 1 555 亩宗地（以下简称五合垸宗地）。2006 年 3 月，湖南投资公司董事长、法定代表人谭某（另案处理）计划将五合垸宗地转让，以在短时间内形成利润，改善湖南投资公司业绩，抬高公司 A 股股价。为确保五合垸宗地登记至君逸公司名下，2006 年 6 月，谭某安排设立湘水雅境房地产开发有限公司（以下简称湘水雅境公司）用于摘牌、转让五合垸宗地。2006 年 8 月 2 日，湖南投资公司和湖南中意房地产开发有限公司共同注册成立湘水雅境公司。2006 年 8 月 24 日，谭某组织召开湖南投资公司董事会审议通过投资设立湘水雅境公司议案。2006 年 10 月 11 日，湘水雅境公司以 10.25 亿元竞买五合垸宗地。2006 年 11 月 7 日，谭某代表湖南投资公司与世纪金源投资集团有限公司（以下简称世纪金源公司）签订《股权转让协议》，将湘水雅境公司全部股权以及该公司名下五合垸宗地以人民币 10.35 亿元的价格一并转让给世纪金源公司。

2006 年 6 月 5 日，湖南投资公司成立股权分置改革领导小组，谭某兼任组长，负责湖南投资公司股权分置改革全面工作。2006 年 7 月 3 日，湖南投资公司对外发布《湖南投资公司股份有限公司股权分置改革说明书》，公告股改初始方案。同年 7 月 17 日，湖南投资公司控股股东环路公司向湖南省国资委请示报告 10 股配送 9 股的股改方案。同年 7 月 19 日，湖南省国资委批复同意。同年 7 月 21 日，湖南投资公司对外发布上述股权分置改革方案公告。

湖南投资公司通过控股子公司竞买五合垸国有土地使用权的信息，在公开披露前属于内幕信息，该内幕信息敏感期起点为 2006 年 4 月 4 日，止于 2006 年 10 月 13 日。湖南投资公司转让五合垸国有土地使用权的信息，在公开披露前属于内幕信息，该内幕信息敏感期起点为 2006 年 11 月 7 日，止于 2007 年 4 月 17 日。湖南投资公司进行股权分置改革的信息，在公开披露前属于内幕信息，该内幕信息敏感期起点不晚于 2006 年 6 月 5 日，止于 2006 年 7 月 3 日。

2004 年，被告人郑某认识了湖南投资公司董事长谭某，郑某向谭某介绍其实际控制的桂林正翰科技开发有限责任公司（以下简称正翰科技公司）的相关情况，谭某在经郑某介绍后对正翰科技公司进行实地考察，对该公司申请国家专利情况及未来发展的前景较为看好。2005 年，湖南投资公司开始投资入股正翰科技公司，并最终实现控股。后来湖南投资公司又与正翰科技公司合资成立广西桂林正翰辐照中心有限责任公司（以下简称正翰辐照中心），湖南投资公司占股 64%。在湖南投资公司购买正翰科技公司股份及合资成立正翰辐照中心过程中，谭某与郑某建立了较好的私人关系。到 2006 年上半年，湖南投资公司策划出让五合垸土地并进行股权分置改革，因郑某与湖南投资公司安排在正翰科技公司及正翰辐照中心的工作人员同在一起工作，在工作中便打听到湖南投资公司出让五合垸土地及股权分置改革配送比例等会对湖南投资股票造成影响的情况，为进一步确认湖南投资公司出让五合垸土地及股权分置改革会对股票造成何影响，郑某便直接找谭某询问相关情况，谭某将相关内幕信息透露给郑某：2006 年 6 月，谭某向郑某透露了湖南投资公司股权分置改革预案的配股比例是 10 股配送 5 点几股；2006 年 7 月，谭某告诉郑某，湖南投资公司股改最终方案配送比例是10股配送7股以上；2006年10月，谭某向郑某透露五合垸土地将转卖给北京世纪金源公司，获利很大。获得谭某透露的内幕信息后，郑某利用其实际控制的“郑某”“桂林市翰通投资咨询有限责任公司”“陈某”等四个证券账户，在2006年4月4日至2007年4月17日期间，多次买入卖出湖南投资股票，先后分别买入湖南投资股票共计661.6419万股，共计买入金额3 363.750332万元；共计卖出湖南投资股票661.6419万股，共计卖出金额3 706.304764万元；共计盈利342.554432万元。

长沙市中院确认，被告人郑某系湖南投资公司股改配送方案、公司的重大投资行为等内幕信息的知情人，利用上述信息在内幕信息敏感期内利用其控制个人账户大量买入该股票200余万股，非法获利共计83.0838万元，翰通投资公司单位犯罪行为已超过追诉期限。

长沙市中院最终判决如下：

一、被告人郑某犯内幕交易罪，判处有期徒刑一年十一个月，并处罚金八十四万元；

二、没收被告人郑某非法所得人民币83.0838万元，上缴国库。

资料来源：(2019) 湘01刑初58号刑事判决书。

【点评】

本案很有价值的地方在于通过具体案例对内幕信息敏感期的确定进行了界定。根据“两高”《关于办理内幕交易、泄露内幕信息刑事案件具体应用法律若干问题的解释》第5条的规定，内幕信息敏感期指内幕信息自形成至公开的期间，而政策、决定的形成时间应当认定为内幕信息的形成之时，影响内幕信息形成的动议、筹划、决策或者执行人员，其动议、筹划、决策或者执行初始时间，应当认定为内幕信息的形成之时。结合本案证据，本案的内幕信息可以根据中国证监会《关于谭某等人内幕交易、泄露内幕信息案有关问题的认定函》所回复的，认定本案的涉湖南投资公司的内幕信息有三个阶段，谭某是三项内幕信息知情人。

一、内幕交易概述

（一）内幕交易的概念与特点

1. 内幕交易的概念

内幕交易通常是指在其工作、职位条件或其他方面占有优势地位而获取到重要且未公开的有关股票或股票发行人信息的人员，利用该信息买卖或建议他人买卖股票，或将该信息透露给他人促成股票交易的行为。

2. **内幕交易的特点**

（1）内幕信息是来自股票发行人或与股票有关的、尚未向公众披露的、有确定内容的重要信息。尚未向公众披露是内幕信息的首要特点，该信息只为特定有限的人所掌握，还未向广大投资人公布。同时该信息有确切的内容，一旦公之于众即会成为对于投资者的利好或利空信息，使相关股票价格造成较大波动。

（2）对于内幕交易主体的认定，各国有着不同的界定范围。一般而言，内幕交易主体具有特定的职责或工作条件，比他人获取内幕信息有着天然的优势地位，往往是内幕信息的第一手知悉者。例如，上市公司的股东、董事或高级管理人员等，在其工作中能够比投资者提前接触到可能会影响该公司股票价格的重大信息。

（3）内幕交易行为主要体现在内幕交易主体在内幕信息公开前，自己或建议他人利用该信息买卖相关股票，或将内幕信息泄露给他人进行股票交易，从而在该信息公布前利用该信息获取违法收益或避免常规损失。该行为违背了证券市场的公平原则，侵害了广大投资者的利益。

（二）内幕交易的认定

1. 内幕交易的客体要件

内幕交易的客体要件，是内幕交易存在的前提和基础。从主要资本市场法域的相关规定分析，“重大性”和“非公开性”的内幕信息认定标准已被普遍接受。《证券法》第 52 条规定：证券交易活动中，涉及发行人的经营、财务或者对该发行人证券的市场价格有重大影响的尚未公开的信息，为内幕信息。本法第 80 条第 2 款、第 81 条第 2 款所列重大事件属于内幕信息。

（1）重大性。重大性也称实质性，通常是指内幕信息一旦公开，可能会充分地影响相关证券的市场价格。反之，如果信息不具有重大性，就无法使内幕交易主体达到获利或避免损失的目的，因此，重大性从量的角度指明了内幕信息的本质。我国在《证券法》第 80 条第 2 款、第 81 条第 2 款中分别明确列举了十一种、十种内幕信息类型，并设置了兜底条款“其他事项”以防挂一漏万。

（2）非公开性。非公开性是指信息尚未被一般投资者知悉，其体现的是内幕信息的本质。掌握内幕信息的人在接受、分析、利用内幕信息上较其他投资者具有更多优势，更便于创造出不同的谋利方式。对于非公开性的标准，主要资本市场法域的界定分为两种。第一种是从“公开者”的角度出发，强调公开的行为，即形式公开模式，以中国、日本为代表；第二种则是从“获悉者”的角度出发，强调信息传递的结果，即实质公开模式，以美国、欧盟为代表。

2. 内幕交易的主体要件

内幕交易的主体指拥有内幕信息，并能够实施内幕交易行为的主体。对于禁止内幕交易法律应当适用于何种主体，可分别归纳为特殊主体认定法和一般主体认定法。

（1）特殊主体认定法。特殊主体认定法主张内幕交易主体应具有一定的特殊身份，如在信息来源公司存在特定职务或与之有特定关系等。特殊主体认定法最初以“信义关系理论”为基础，以传统内部人为规制对象，一般限定为与信息来源公司之间具有信义义务的董事、监事、高级管理人员、控股股东等传统公司内幕交易主体。随着实践的发展，信义关系理论扩展至从内部人处获得内幕信息的信息受领人，甚至针对会计师、律师、投资银行等特殊主体提出了“拟制内部人”概念。即从传统内部人扩展到因履行职务或受到信赖而合法接触到内幕信息的外部人身上。

（2）一般主体认定法。一般主体认定法认为内幕交易主体可为所有掌握内幕信息之人，其识别要素在于该主体是否掌握内幕信息。

结合我国《证券法》第 51 条的规定，可以发现，我国立法采用的是特殊主体认定法，即着眼于主体必须与上市公司等内幕信息来源之间存在特定的身份关系、信赖关系或其他联系，而非仅以拥有内幕信息这一客观事实作为内幕交易的认定条件。《证券法》第 51 条规定：“证券交易内幕信息的知情人包括：（一）发行人及其董事、监事、高级管理人员；（二）持有公司百分之五以上股份的股东及其董事、监事、高级管理人员，公司的实际控制人及其董事、监事、高级管理人员；（三）发行人控股或者实际控制的公司及其董事、监事、高级管理人员；（四）由于所任公司职务或者因与公司业务往来可以获取公司有关内幕信息的人员；（五）上市公司收购人或者重大资产交易方及其控股股东、实际控制人、董事、监事和高级管理人员；（六）因职务、工作可以获取内幕信息的证券交易场所、证券公司、证券登记结算机构、证券服务机构的有关人员；（七）因职责、工作可以获取内幕信息的证券监督管理机构工作人员；（八）因法定职责对证券的发行、交易或者对上市公司及其收购、重大资产交易进行管理可以获取内幕信息的有关主管部门、监管机构的工作人员；（九）国务院证券监督管理机构规定的可以获取内幕信息的其他人员。”

3. 内幕交易的行为要件

内幕交易行为是内幕交易的外在表现形式，指内幕交易主体借由内幕信息而实施的违法行为。《证券法》第 53 条规定：证券交易内幕信息的知情人和非法获取内幕信息的人，在内幕信息公开前，不得买卖该公司的证券，或者泄露该信息，或者建议他人买卖该证券。持有或者通过协议、其他安排与他人共同持有公司百分之五以上股份的自然人、法人、非法人组织收购上市公司的股份，本法另有规定的，适用其规定。内幕交易行为给投资者造成损失的，应当依法承担赔偿责任。此条明确规定了内幕交易的三种行为形态。

（1）自己实施内幕交易的行为。该行为表现为，内幕交易主体知悉内幕信息后，在该信息公开之前，买入或卖出与内幕信息相关的证券。这是最为典型的内幕交易表现形式。

（2）泄露内幕信息的行为。在不具有法定原因的情况下，内幕交易主体通过明示或暗示，书面或口头等方式，将内幕信息透露、提供给其他人。

（3）建议他人实施内幕交易行为。内幕交易主体在掌握内幕信息的情况下，为他人提供咨询建议，使其进行证券交易。具体的表现形式可为提供建议、鼓励、推荐，甚至是诱导和唆使等。

4. 内幕交易的主观要件

区别内幕交易和合法的证券交易的本质在于内幕交易主体在进行内幕交易时持有的故意或过失的主观心理，即内幕交易的主观要件。内幕交易的主观要件可分为知悉和利用两个方面。知悉即指内幕交易主体知道、清楚内幕信息，而利用则是指内幕交易主体在知悉的基础上，直接根据该内幕信息作出相关的交易决定。

二、内幕交易的立法过程和法律责任

（一）相关制度的立法过程

早在 1990 年 10 月，中国人民银行就制定和颁布了《证券公司管理暂行办法》，该办法第 17 条就对内幕交易作了禁止性规定。1993 年 4 月 22 日，国务院发布《股票发行与交易管理暂行条例》，该条例是我国第一个全国性的证券立法，以行政法规的方式出现，并且第一次对内幕交易的行政责任、民事责任和刑事责任均做了初步规定：一是在第 72 条明确规定了相应的行政处罚手段，对内幕交易者针对不同情况处以没收非法获取的股票和其他非法所得并罚款；二是在第 77 条对违反条例作了规定，明令内幕人员给他人造成损失者，应当承担民事赔偿责任；三是在第 78 条对刑事责任作了原则性规定，对违反条例构成犯罪的，要依法追究刑事责任。这些为我国内幕交易法律责任体系的构建奠定了基础。1993 年 9 月 2 日，国务院证券委员会公布《禁止证券欺诈行为暂行办法》，对内幕交易者的行政责任形式做了扩充，第 14 条规定："发行人在发行证券中有内幕交易行为的，根据不同情况，单处或者并处警告、责令退还非法所筹款项、没收违法所得、罚款、停止或者取消其发行证券资格。"1997 年，《刑法》在修订时，明确规定了内幕交易、泄露内幕信息罪，成为打击内幕交易的有力武器。1998 年 12 月 29 日，《中华人民共和国证券法》通过，于 1999 年 7 月 1 日开始实行，该法第 70 条进一步将内幕人员界定为"知悉证券交易内幕信息的知情人员或者非法获取内幕信息的其他人员"，并在第 68 条对内幕人员的范围进行了列举，在第 69 条第 1 款对内幕信息的概念和范围进行了界定，在第 69 条第 2 款对内幕信息的表现形式进行了列举。在此基础上，《证券法》于 2004 年、2013 年、2014 年进行了第一次、第二次、第三次修正，于 2005 年、2019 年进行了第一次、第二次修订。2005 年的修订明确增加了内幕交易行为人的民事责任，其第 76 条第 3 款规定"内幕交易行为给投资者造成损失的，行为人应当依法承担赔偿责任"，这样就构建了行政责任、刑事责任和民事责任三管齐下，共同规制内幕交易行为的法律责任体系。2007 年 3 月 27 日，为了进一步增强《证券法》的可操作性，中国证券监督管理委员会发布《证券市场内幕交易行为认定指引（试行）》，该指引细化了法律条文，将内幕人员范围扩大为所有知悉内幕信息者，明确了构成内幕交易的三要素和内幕信息的公开标准，列举了内幕信息的客观表现形式，较《证券法》的规定更加具体。2012 年，最高人民法院、最高人民检察院出台《关于办理内幕交易、泄露内幕信息刑事案件具体应用法律若干问题的解释》，进一步以司法解释的形式对内幕信息知情人泄露内幕信息定罪量刑等进行了具体规定。

（二）内幕交易的法律责任

1. 刑事责任

相关规定主要有：

（1）《证券法》第 219 条规定：违反本法规定，构成犯罪的，依法追究刑事责任。

（2）《刑法》第 180 条第 1 款规定：证券、期货交易内幕信息的知情人员或者非法获取证券、期货交易内幕信息的人员，在涉及证券的发行，证券、期货交易或者其他对证券、期货交易价格有重大影响的信息尚未公开前，买入或者卖出该证券，或者从事与该内幕信息有关的期货交易，或者泄露该信息，或者明示、暗示他人从事上述交易活动，情节严重的，处五年以下有期徒刑或者拘役，并处或者单处违法所得一倍以上五倍以下罚金；情节特别严重的，处五年以上十年以下有期徒刑，并处违法所得一倍以上五倍以下罚金。

2. 行政责任

《证券法》第 191 条规定：证券交易内幕信息的知情人或者非法获取内幕信息的人违反本法第 53 条的规定从事内幕交易的，责令依法处理非法持有的证券，没收违法所得，并处以违法所得一倍以上十倍以下的罚款；没有违法所得或者违法所得不足五十万元的，处以五十万元以上五百万元以下的罚款。单位从事内幕交易的，还应当对直接负责的主管人员和其他直接责任人员给予警告，并处以二十万元以上二百万元以下的罚款。国务院证券监督管理机构工作人员从事内幕交易的，从重处罚。违反本法第五十四条的规定，利用未公开信息进行交易的，依照前款的规定处罚。

《证券市场禁入暂行规定》第 4 条至第 10 条规定了市场禁入者的认定。被认定为市场禁入者的人员将在三年到十年内，甚至永久性地不得从事证券业务或担任公司高级管理人员。比如，其第 9 条规定：被认定为市场禁入者的律师、注册会计师或资产评估人员，自中国证监会宣布决定之日起三至十年内不得从事任何证券业务和担任上市公司高级管理人员，情节特别严重的，永久性不得从事任何证券业务。第 10 条规定：证券投资基金管理机构的高级管理人员及其内设业务部门负责人、证券投资基金托管机构的高级管理人员及其内设业务部门负责人，有下列行为之一或对该行为负有直接责任或直接领导责任的，除依法给予行政处罚外，中国证监会将视情节，认定其为市场禁入者：（1）不履行信息披露义务或在信息披露时有虚假、严重误导性陈述或者重大遗漏的行为，严重损害投资者利益的；（2）利用职务之便进行内幕交易，为机构、个人或他人获取利益的；（3）利用资金、信息等优势或者其他手段操纵市场价格的；（4）挪用所管理和托管的基金资产的；（5）违反基金章程、信托契约等规定进行投资，造成重大经济损失的；（6）个人累计三次受到中国证监会或其授权的地方证管办警告以上行政处罚的；（7）其他严重违反证券法律、法规、规章和中国证监会有关规定的行为。

3. 民事责任

《证券法》第 53 条规定：证券交易内幕信息的知情人和非法获取内幕信息的人，在内幕信息公开前，不得买卖该公司的证券，或者泄露该信息，或者建议他人买卖该证券。持有或者通过协议、其他安排与他人共同持有公司百分之五以上股份的自然人、法人、非法人组织收购上市公司的股份，本法另有规定的，适用其规定。内幕交易行为给投资者造成损失的，应当依法承担赔偿责任。

第 54 条规定：禁止证券交易场所、证券公司、证券登记结算机构、证券服务机构和其他金融机构的从业人员、有关监管部门或者行业协会的工作人员，利用因职务便利获取的内幕信息以外的其他未公开的信息，违反规定，从事与该信息相关的证券交易活动，或者明示、暗示他人从事相关交易活动。利用未公开信息进行交易给投资者造成损失的，应当依法承担赔偿责任。

第四节　操纵市场及其法律责任

▶ 案例导入

谢某峰诉中国证券监督管理委员会案

原告谢某峰不服被告中国证券监督管理委员会（以下简称中国证监会）作出的〔2018〕60号《行政处罚决定书》（以下简称被诉处罚决定）及〔2019〕12号《行政复议决定书》（以下简称被诉复议决定），向北京市第一中级人民法院（以下简称北京一中院）提起行政诉讼。北京一中院立案后，公开开庭进行了审理。

2018年7月13日，被告中国证监会作出被诉处罚决定。该处罚决定认定原告谢某峰存在以下违法事实：

一、谢某峰控制使用账户情况

（一）谢某峰实际控制账户组

2015年1月至12月期间，谢某峰实际控制“谢某峰”（普通账户和信用账户）、“凌某棣”（普通账户和信用账户）、“凌某连”（信用账户）、“潘某仙”（信用账户）、浙江亿方博投资发展有限公司（以下简称亿方博）（普通账户和信用账户）、浙江通源控股集团有限公司（以下简称浙江通源）（信用账户）、大黄蜂价值精选私募基金、大黄蜂价值成长私募基金等11个账户（以下简称账户组），其中除“谢某峰”普通账户使用营业部专线交易外，账户组其余账户交易绝大部分发生于亿方博交易室，上述账户在亿方博的交易室里集中进行交易。

（二）账户组资金来源（略）

（三）账户组交易下单情况（略）

二、2015年1月至12月，谢某峰控制账户组操纵证券市场

2015年期间，谢某峰控制账户组，采用盘中拉抬、虚假申报及大额封涨停等多种方式操纵“红宇新材”等 7 只股票，累计盈利 6 543 998.61 元。被告中国证监会认定谢某峰的上述行为构成《证券法》第二百零三条所述操纵证券市场的行为决定：没收谢某峰违法所得 6 543 998.61 元，并处以 19 631 995.83 元的罚款。

原告不服，向被告申请行政复议。被告于 2019 年 2 月 11 日决定维持被诉处罚决定。原告谢某峰不服被诉处罚决定及被诉复议决定，提起上诉，请求予以撤销。其诉讼理由为：

1. 被告关于涉案账户组的控制关系、责任主体认定存在错误；2. 即便前述认定成立，原告也没有实施操纵证券的主观故意，客观上也没有影响证券市场价格；3. 被告在作出行政处罚时，未穷尽调查手段，未全面、客观、公正调查，违反《中华人民共和国行政处罚法》第三十六条的规定，导致认定事实不清；4. 本案违法所得计算错误。

被告中国证监会请求驳回原告的诉讼请求。其答辩理由为：1. 被告认定原告实际控制账户组事实清楚、证据确凿；2. 被告认定原告控制账户组实施了操纵行为，事实清楚、证据确凿；3. 被诉处罚决定适用法律正确、量罚适当；4. 被诉处罚决定及被诉复议决定程序合法。

北京一中院认为：本案的争议焦点在于，被告认定原告实际控制涉案账户组操纵证券市场，并对原告作出被诉处罚决定，是否具有事实和法律依据。

一、关于涉案账户组是否为原告所实际控制的问题

认定行为人是否实际控制涉案账户组，需要从账户之间以及账户与行为人之间的关联性来进行考量。被告有关原告控制使用涉案账户组的认定正确，本院予以支持。

二、关于原告的行为是否构成操纵证券市场行为的问题

被告认定原告实施了操纵行为并无不当。

三、关于本案被诉处罚决定及被诉复议决定的行政程序问题

认定被告作出被诉处罚决定和被诉复议决定均履行了相应的行政程序，并无违法之处。

四、关于被诉处罚决定违法所得认定的问题

被告在具体认定时，对原告交易“红宇新材”等 5 只股票的行为以“盈亏相抵”方式认定违法所得，对“天神娱乐”“国祯环保”2 只股票则未“盈亏相抵”，而是将亏损数额以零计算。被告将原告交易“红宇新材”等 7 只股票的行为整体以一个操纵行为进行处断，与区分前述两种情形对违法所得进行认定标准不一致，与（2019）京 01 行初 67 号郁某高诉中国证监会行政处罚一案行政判决书所查明的认定违法所得的做法亦不一致，且没有合理说明，不符合前述法律规定，构成认定事实不清。被告由此作出的被诉处罚决定缺乏充分的事实根据，依法应予撤销。被诉复议决定予以维持亦属认定事实不清，依法应一并撤销。

北京一中院判决如下：

一、撤销被告中国证券监督管理委员会于二〇一八年七月十三日作出的〔2018〕60号《行政处罚决定书》；

二、撤销被告中国证券监督管理委员会于二〇一九年二月十一日作出的〔2019〕12号《行政复议决定书》。

资料来源：(2019) 京01行初387号行政判决书。

【点评】

本案富有价值的地方在于通过具体案例对于操纵证券市场行为进行了界定。在判决书中，法院指出：《证券法》(2014年修正) 第七十七条第一款第一项和第四项规定："禁止任何人以下列手段操纵证券市场：（一）单独或者通过合谋，集中资金优势、持股优势或者利用信息优势联合或者连续买卖，操纵证券交易价格或者证券交易量；……（四）以其他手段操纵证券市场。"本案中，原告实际控制了涉案账户组，利用账户组进行的证券交易均应视为原告个人实施的行为。法院的依据是：从被告提供的账户组交易涉案股票的情况看，2015年1月至12月期间，原告控制账户组，交易"红宇新材"等7只股票。账户组持仓量、资金量均较一般投资者具有显著优势，其间申买量、申卖量、撤单量、成交量、成交额均明显高于一般投资者。从交易行为上看，账户组采用盘中拉抬、虚假申报及大额封涨停等典型操盘手法，操纵股价意图明显，上述交易手法符合操纵市场行为的一般特征。原告利用其控制的账户组实施的涉案交易行为，构成操纵证券市场行为。

一、操纵市场概述

（一）操纵证券市场行为的概念和特征

1. 概念

操纵市场又称为操纵行情，是指某一个人或者某一集团，利用其资金优势、信息优势、持股优势或者滥用职权影响证券市场，人为地制造证券行情，即抬高、压低甚至稳定某种证券的价格水平，使证券市场供需关系无法发挥其自动调节作用，诱使一般投资者盲目跟从、参与买卖，从而为自己谋取利益。

2. 特征

（1）操纵证券市场的主体是特定的。随着证券市场的升温，操纵证券市场行为主体激增，尤其是大股东和拥有一定资金实力的投资者常常制造股市活跃表象，诱导散户进入证券市场，进而通过减持获取违法利益。

（2）侵害对象具有不特定性。证券市场的价格变动对每位投资者的利益都产生极大的影响，一旦有操纵证券市场的行为，侵害对象常为不特定的、数量极大的投资者。

（3）操纵手法多样化、隐蔽化。当下，操纵证券市场的手段层出不穷，且更具隐蔽性，特别是当今的证券市场，股改后的大股东为规避监管部门的审查，利用内幕交易与操纵证券市场相结合的侵权行为越发频繁，暴利获取渠道更显隐蔽。

（二）操纵证券市场行为的种类

1. 相对委托

相对委托又称为“对敲”“合谋”，即行为人通过与他人串通、合谋，根据事先所达成的协议中的时间、价格、数量、方式等进行证券交易，其行为目的在于影响证券价格、证券交易量等证券市场行情。构成要件有三：其一，主体两人以上，且参与主体具有主观故意，要求主观上具有合谋意图。其二，操纵市场参与者事先就时间、价格、数量、形式、方式等达成一致。其三，客观上造成危害后果，如影响证券价格、证券交易量等。

2. 洗售

洗售的实质是一种自买自卖型的、在同一人的实际控制的账户间进行证券交易的操纵行为，学界又称之为“对冲”，其目的在于影响交易价格、证券交易量，而并非对证券实质所有权发生实际转移。我国并未对影响证券交易价格、交易量的标准作出具体规定，有学者认为只要是证券价格、交易量发生变化，便认定为洗售。

3. 连续交易

连续交易即通过抬高或压低证券价格的方式操纵证券市场，以自己或他人的名义连续以高价或低价进行证券交易。常见表现为：其一，行为人进行连续交易；其二，通过抬高、压低证券交易价格，使证券交易市场证券交易势态扑朔迷离，证券交易量受到严重影响。

4. 蛊惑交易操纵

“蛊惑交易”可以理解为，操纵市场的行为人故意编造、传播、散布虚假重大信息，误导投资者的投资决策，使市场出现预期中的变动而自己获利。由于证券市场变幻莫测，操纵者手段也是千变万化，很难通过立法全部归纳总结，所以《证券法》第55条第1款第8项作出“操纵证券市场的其他手段”这一概括性规定。

5. 虚假申报操纵

虚假申报操纵，是指行为人持有或者买卖证券时，进行不以成交为目的的频繁申报和撤销申报，制造虚假买卖信息，误导其他投资者，以便从期待的交易中直接或间接获取利益的行为。行为人在同一交易日内，在同一证券的有效竞价范围内，连续或者交替进行3次以上申报和撤销申报，可认定为频繁申报和撤销申报。

6. 抢先交易操纵

抢先交易俗称“抢帽子交易”，属于信息型操纵证券市场，即行为人在其证券发行前或股票评级提高后却未正式公布前，抢先进行相关证券交易以获取利益。抢先交易通常利用网络、媒体等对上市公司的评价，进而通过信息传播对证券交易价格产生巨大的影响。

7. 特定价格操纵

特定价格操纵是指行为人通过拉抬、打压或者锁定手段，致使相关证券的价格达到一定水平的行为。满足三个条件即可认定存在此类型：相关证券某一时点或时期的价格为参考价格、结算价格或者资产价值的计算价格；行为人具有拉抬、打压或锁定证券交易价格的行为；致使相关证券的价格达到一定水平。

8. 特定时段操纵

特定时段操纵主要是结合相对委托、洗售、连续交易在开盘、收盘时实施影响证券交易价格的行为，分为尾市交易操纵和开盘价格操纵。其中，尾市交易操纵是指在收市阶段，通过拉抬、打压或者锁定等手段，操纵证券收市价格的行为。具有下列情形的，可以认定为尾市交易操纵：交易发生在收市阶段；行为人具有拉抬、打压或锁定证券交易价格的行为；证券收市价格出现异常；行为人的行为是证券收市价格变动的主要原因。开盘价格操纵是指在集合竞价时段，通过抬高、压低或者锁定等手段，操纵开盘价的行为。

二、操纵市场的法律责任

（一）操纵证券市场行为的立法沿革

最早的规范操纵证券市场行为的法律文件是上海市人民政府于1990年出台的《上

海市证券交易管理办法》，第一部全国性法规是 1993 年国务院出台的《股票发行与交易管理暂行条例》，且在同一年的 9 月，国务院又出台了《禁止证券欺诈行为暂行办法》，开始逐步禁止各种操纵证券市场行为。其中，《禁止证券欺诈行为暂行办法》界定了操纵证券市场行为，将操纵证券市场行为定性为证券欺诈行为，但当时对其中的"操纵市场""影响价格""制造假象"等要素的内涵并不明确。1997 年，《刑法》初次规定操纵证券交易价格罪。1999 年 7 月，《证券法》实施，对虚假陈述行为人的民事损害赔偿责任做出了规定，而对于操纵证券市场行为人则只规定了行政处罚及刑事责任。2000 年最高人民法院《民事案件案由规定（试行）》增加了第 165 条操纵证券交易市场纠纷的案由。2001 年，最高人民法院发布《关于涉及证券民事赔偿案件暂不予受理的通知》，要求各法院对内幕交易、欺诈、操纵市场三种行为引起的民事赔偿案件暂不予以受理，对此最高人民法院给出的解释是：资本市场正处于不断规范与发展阶段，出现了上述三种行为，这些行为损害了证券市场的公正、侵害了投资者的合法权益，但是目前由于立法及司法条件存在局限，尚不能受理及审理这类案件，因此对于操纵证券市场等民事赔偿案件暂时不予受理。2003 年最高人民法院发布《关于审理证券市场因虚假陈述引发的民事赔偿案件的若干规定》，该规定的出现，使得虚假陈述证券民事赔偿案件有了法律支撑，虽然当时该规定并不适用操纵证券市场引发的民事赔偿案件，但是对建立和完善证券市场侵权民事赔偿责任制度意义重大。2006 年 1 月 1 日，新《证券法》的施行，进一步对证券市场法律责任进行了完善，规定了操纵证券市场行为的行政和刑事责任，对民事责任的规定相较于 2004 年《证券法》增加了第 77 条第 2 款，但该条文只是为投资者向人民法院提起民事损害赔偿案件提供了方向性指引，并无具体的审理意见。随后，证监会于 2007 年出台《证券市场操纵行为认定指引（试行）》，全国人大常委会于 2014 年和 2019 年分别审议通过《证券法》，最高人民法院和最高人民检察院于 2019 年 6 月颁布《关于办理操纵证券、期货市场刑事案件适用法律若干问题的解释》，这一系列规范性文件的出台，逐步规定了操纵证券市场行为的内涵及具体类型。

（二）操纵证券市场行为的法律责任

1. 刑事责任

相关规定主要有：

（1）《证券法》第 219 条规定：违反本法规定，构成犯罪的，依法追究刑事责任。

（2）《刑法》第 182 条对操纵证券、期货市场罪作出了规定。有下列情形之一，操纵证券、期货市场，影响证券、期货交易价格或者证券、期货交易量，情节严重的，处五年以下有期徒刑或者拘役，并处或者单处罚金；情节特别严重的，处五年以上十年以下有期徒刑，并处罚金：①单独或者合谋，集中资金优势、持股或者持仓优势或者利用信息优势联合或者连续买卖的；②与他人串通，以事先约定的时间、价格和方式相互进行证券、期货交易的；③在自己实际控制的账户之间进行证券交易，或者以自己为交易对象，自买自卖期货合约；④不以成交为目的，频繁或者大量申报买入、卖出证券、期货合约并撤销申报的；⑤利用虚假或者不确定的重大信息，诱导投资者进行证券、期货交易的；⑥对证券、证券发行人、期货交易标的公开作出评价、预测或者投资建议，同时进行反向证券交易或者相关期货交易的；⑦以其他方法操纵证券、期货市场的。单位犯前款罪的，对单位判处罚金，并对其直接负责的主管人员和其他直接责任人员，依照前款的规定处罚。

2. 行政责任

（1）限制交易措施。《证券法》第 170 条第 1 款第七项规定：在调查操纵证券市场、内幕交易等重大证券违法行为时，经国务院证券监督管理机构主要负责人或者其授权的其他负责人批准，可以限制被调查的当事人的证券买卖，但限制的期限不得超过三个月；案情复杂的，可以延长三个月。

（2）证券市场禁入措施。《证券法》第 221 条规定：违反法律、行政法规或者国务院证券监督管理机构的有关规定，情节严重的，国务院证券监督管理机构可以对有关责任人员采取证券市场禁入的措施。前款所称证券市场禁入，是指在一定期限内直至终身不得从事证券业务、证券服务业务，不得担任证券发行人的董事、监事、高级管理人员，或者一定期限内不得在证券交易所、国务院批准的其他全国性证券交易场所交易证券的制度。

（3）行政处罚措施。《证券法》第 192 条规定：违反本法第 55 条的规定，操纵证券市场的，责令依法处理其非法持有的证券，没收违法所得，并处以违法所得一倍以上十倍以下的罚款；没有违法所得或者违法所得不足一百万元的，处以一百万元以上一千万元以下的罚款。单位操纵证券市场的，还应当对直接负责的主管人员和其他直接责任人员给予警告，并处以五十万元以上五百万元以下的罚款。

3. 民事责任

如果操纵证券市场行为给其他投资人造成损失，那么投资人可以向操纵证券市场行为人主张民事赔偿责任。目前，最高人民法院还未出台有关审理操纵证券市场民事纠纷案件的司法解释，操纵市场民事赔偿纠纷的许多具体问题规定尚不明确。

从各国（地区）的立法实践来看，确定损害赔偿范围及数额的主要方式有以下两种：其一，以投资者所受实际损失为准进行计算；其二，以投资者所受损失为依据，但不得超过操纵证券市场行为人所得利益，即以操纵证券市场行为人所得利益为限进行损害赔偿数额计算。

《证券法》第 55 条第 2 款规定：操纵证券市场行为给投资者造成损失的，应当依法承担赔偿责任。但是，《证券法》并没有对操纵证券市场损害赔偿范围进行规定，尽管《关于审理证券市场因虚假陈述侵权民事赔偿案件的若干规定》在司法实践操作层面使得虚假陈述的民事责任得以落实，为操纵证券市场民事责任赔偿提供相关指引，但是司法实践中并未出现因操纵证券市场行为而获民事赔偿的司法案例，因此，关于操纵证券市场侵权行为应尽快出台司法解释，以使对于损害赔偿范围的确定不仅仅停留在理论层面。为此应当解决好以下两个问题：其一，损害赔偿的计算应当以投资者受到的损害为基础还是以操纵证券市场行为人所获利益为基础？其二，损害赔偿的数额应采取何种方式进行计算？

对于第一个问题，损害赔偿的计算以投资者所受的实际损失为准进行计算更为合理。理由如下：第一，《证券法》把保障投资者的合法权益作为立法目的，诚然，投资者受到的损害多于甚至远多于操纵证券市场行为人所获得的利益，以投资者受到的损害为基础进行计算，加重了操纵证券市场行为人的责任，也对投资者的利益进行了最大限度保护，从而增强投资者对证券市场的信心，维护证券市场持久健康发展。第二，有利于减少操纵证券市场行为的发生。

对于第二个问题，具体计算方法主要有以下几种：第一，价差法。该种方法包括三部分内容——损失的构成（包括买卖价差损失、佣金损失、税金损失、利息损失）、损失的计算（买卖价差损失＋佣金损失＋税金损失＋利息损失－红利）、计算的财务法则（按入库顺序出库，先入库者先出库）。第二，实际诱因计算法。是指被告仅对由其行为导致的价格波动负赔偿责任，对其他外来因素而导致的价格波动不负有赔偿责任。第三，实际价值计算法。该方法以受害者实际进行交易的价格与当时证券的实际价值的差额为赔偿额。对于证券当时的实际价值，主要通过三种方法予以确定：（1）以操纵行为被揭露或公布时该证券的价格为基准；（2）以操纵行为被揭露或公布后一段时间内该证券的平均价格为基准；（3）以操纵行为进行前一段时间内该证券的平均价格为基准。证券市场交易形式纷繁复杂，证券市场风云变幻，立法者对此无法做出预先的判断，不同情况所适用的方法亦应有所区分，宜赋予法官一定的自由裁量权，根据不同原告的诉讼主张做出不同判断。

思考练习

一、单选题

1. 信息披露的方式不包括（　　）。

A. 招股说明书　　B. 上市公告书

C. 定期报告　　D. 上市交易公告书

2. 根据《中华人民共和国证券法》，股份有限公司申请股票上市，公司股本总额不少于人民币（　　）。

A. 3 000 万元　　B. 5 000 万元　　C. 1 亿元　　D. 1.5 亿元

3. 证券市场误导性陈述，是指虚假陈述行为人在信息披露文件中或者通过媒体，作出使投资人对其投资行为发生（　　）的陈述。

A. 错误判断

B. 错误判断并产生特别重大影响

C. 错误判断并产生一般影响

D. 错误判断并产生重大影响

4. 持有公司一定比例以上的股份的股东，属于知悉证券交易内幕信息的知情人员，这个比例是（　　）。

A. 3%　　B. 5%　　C. 7%　　D. 10%

5. 根据《证券法》，下列不属于操纵证券市场的是（　　）。

A. 通过与他人串通、合谋，根据事先所达成的协议中的时间、价格、数量、方式等进行证券交易

B. 以自己或他人的名义连续以高价或低价进行证券交易

C. 通过拉抬、打压或者锁定手段，致使相关证券的价格达到一定水平

D. 根据内幕消息买卖证券或者暗示他人买卖证券

二、多选题

1. 证券市场信息披露的原则包括（　　）。

A. 真实性原则　　B. 准确性原则

C. 完整性原则　　D. 及时性原则

2. 证券市场虚假陈述，是指信息披露义务人违反证券法律规定，在证券发行或交易过程中，实施的（　　）行为。

A. 虚假记载　　B. 误导性陈述

C. 重大遗漏　　　　　　　　　　　　D. 不正当披露

3. 下列行为中，涉嫌内幕交易的是（　　）。

A. 某股民在证券营业厅偶然听见别的股民说C公司要并购重组，该股民赶紧买入了C公司的股票

B. 某股民在聚会时听H公司董事会秘书说H公司要重组，该股民赶紧买入了H公司的股票

C. 某基金经理在调研时听上市公司M的高管说M公司的一件重大诉讼案将会败诉，随即全部卖出其管理的基金持有的M公司股票

D. 某研究员经分析上市公司Z公布的财务报告，得出Z公司近期可能出现亏损，于是建议公司的基金经理全部卖出基金持有的Z公司股票

4. 下列构成欺诈客户的行为是（　　）。

A. 违背客户的委托为其买卖证券

B. 为客户投资提供咨询，但因市场变化导致亏损

C. 未经客户的委托，擅自为客户买卖证券

D. 挪用客户账户上的资金

三、案例分析题

2023年10月20日，股民陈某在上网时利用黑客技术进入了甲上市公司的内部信息系统，得知甲上市公司近期将增资的计划，陈某就立即买入了甲上市公司的股票1万股。陈某在买入公司股票后，又将甲公司近期将增资的消息在网上发布传播。

问

（1）陈某买入甲上市公司股票的行为是否合法？为什么？

（2）陈某将获悉的消息在网上发布传播的行为是何种性质的行为？

（3）陈某应承担何种行政法律责任？为什么？

参考文献

[1]《商法学》编写组．商法学．2 版．北京：高等教育出版社，2022.

[2] 吴志攀．金融法概论．5 版．北京：北京大学出版社，2011.

[3] 崔建远．合同法．7 版．北京：法律出版社，2021.

[4] 郭明瑞．担保法．北京：法律出版社，2010.

[5] 邱杓丹，吴之欧．合同法案例研习．北京：法律出版社，2018.

[6] 国家法官学院案例开发研究中心．中国法院 2018 年度案例：借款担保纠纷．北京：中国法制出版社，2018.

[7] 李玉泉．保险法．3 版．北京：法律出版社，2019.

[8] 谢怀栻，程啸．票据法概论．增订 2 版．北京：法律出版社，2017.

[9] 韩强，孙瑜．融资租赁法律原理与实务．杭州：浙江大学出版社，2018.

[10] 钟丽静．融资租赁法律关系认定研究．厦门：厦门大学，2019.

[11] 钟瑞栋，陈向聪．信托法．厦门：厦门大学出版社，2007.

[12] 赵亚飞．商事信托法律问题研究．上海：华东政法大学，2017.

[13] 李智，等．商事主体与商事信托法律制度研究．上海：上海三联书店，2016.

[14] 祁琳．我国商事信托制度演化的法律．上海：华东政法大学，2017.

[15] 李荃．信托合同研究．青岛：中国海洋大学，2010.

[16] 温世扬．保险法．3 版．北京：法律出版社，2016.

[17] 范健．保险法．北京：法律出版社，2017.

[18] 徐光照．人身保险合同中保险利益的认定．南京：南京师范大学，2011.

[19] 张腾龙．人身保险合同若干问题研究．成都：四川大学，2005.

[20] 逯湃．论票据的信用功能：兼论我国票据法修订的基本思路．兰州：甘肃政法大学，2016.

[21] 吕来明．票据法学．2 版．北京：北京大学出版社，2017.

[22] 黄薇．民法典释义（上、中）．北京：法律出版社，2020.

［23］朱伟一．证券法．北京：中国政法大学出版社，2018.

［24］吴浩．票据法上的民事责任研究．长春：吉林大学，2008.

［25］朱锦清．证券法学．5版．北京：北京大学出版社，2022.

［26］何佳楠．证券虚假陈述民事责任制度研究．北京：华北电力大学，2019.

［27］董苗苗．内幕交易民事赔偿责任研究．沈阳：辽宁大学，2018.

［28］王路遥．内幕交易民事责任问题研究．成都：四川师范大学，2007.

［29］彭真明，等．证券欺诈民事救济制度研究．北京：中国社会科学出版社，2008.

［30］杨少伟．我国上市公司信息披露行为的研究．武汉：华中科技大学，2017.

［31］阮晓勇．证券信息披露法律制度研究．苏州：苏州大学，2003.

［32］邢会强．证券欺诈规制的实证研究．北京：中国法制出版社，2016.